AF552231

suhrkamp taschenbuch
wissenschaft 464

In seiner umfangreichen Einleitung, einer zusammenfassenden Darstellung der Wirkung Durkheims, sagt René König über die Bedeutung der *Regeln der soziologischen Methode*: »Wir sind der Überzeugung, daß in diesem Buch Durkheims eine ähnlich wichtige Schöpfung für die Soziologie vorliegt wie in Descartes' *Discours de la méthode* von 1637 für die allgemeine Philosophie, ohne daß man jedoch darum behaupten wollte, daß sich die Philosophie insgesamt darin erschöpfe, eine Entfaltung des Cartesianismus zu sein. Gewiß, ohne Descartes kommt man in die neuzeitliche Philosophie nicht hinein; sein methodischer Zweifel eröffnet allererst jene Dimension des Denkens, die das neuzeitliche Philosophieren vom mittelalterlichen Interpretieren abhebt. Aber gerade damit beginnt auch die definitive und nicht mehr aufhebbare Abwendung von der Alten Welt; zunehmend entdeckt das neue Denken sein autonomes dialektisches Gesetz und sieht sich nicht mehr in methodisch bedingter Abwehrstellung gegen das Gewesene, sondern in seinem eigenen Element. Ähnlich kommt man ohne Durkheim nicht in die Soziologie hinein; sein Grundsatz, ›Soziales nur durch Soziales zu erklären‹, ist der Beginn aller Soziologie als selbständiger Wissenschaft.«

Emile Durkheim
Die Regeln der soziologischen Methode

Herausgegeben und eingeleitet von
René König

Suhrkamp

Titel der Originalausgabe:
Les règles de la méthode sociologique
Presses Universitaires de France, Paris 1895,
Zweite Auflage 1950

10. Auflage 2022

Erste Auflage 1984
suhrkamp taschenbuch wissenschaft 464

Die vorliegende Ausgabe folgt der 1980
erschienenen sechsten Auflage
Suhrkamp Taschenbuch Verlag

Umschlag nach Entwürfen von
Willy Fleckhaus und Rolf Staudt
Druck und Bindung: C. H. Beck, Nördlingen
Printed in Germany
ISBN 978-3-518-28064-5

www.suhrkamp.de

INHALT

Inhaltsübersicht 9

Einleitung von René König 21

EMILE DURKHEIM
DIE REGELN DER SOZIOLOGISCHEN METHODE

Vorwort 85

Vorwort zur zweiten Auflage 88

Einleitung 103

1. Kapitel: Was ist ein soziologischer Tatbestand? 105

2. Kapitel: Regeln zur Betrachtung der soziologischen Tatbestände 115

3. Kapitel: Regeln für die Unterscheidung des Normalen und des Pathologischen 141

4. Kapitel: Regeln für die Aufstellung der sozialen Typen 165

5. Kapitel: Regeln für die Erklärung der soziologischen Tatbestände 176

6. Kapitel: Regeln der Beweisführung 205

Schluß 218

Verzeichnisse 223

Bibliographischer Anhang 225
Namensverzeichnis 239
Sachverzeichnis 241

INHALTSÜBERSICHT

Einleitung von René König 21

DIE REGELN DER SOZIOLOGISCHEN METHODE 83

Vorwort 85

Vorwort zur zweiten Auflage 88

EINLEITUNG 103

Der rudimentäre Zustand in der Methodologie der Sozialwissenschaften — Gegenstand des Werkes

1. KAPITEL WAS IST EIN SOZIOLOGISCHER TATBESTAND? 105

Der soziologische Tatbestand kann nicht definiert werden durch seine Allgemeinheit innerhalb einer Gesellschaft — Unterscheidende Merkmale des soziologischen Tatbestands:
1. Sein dem Individualbewußtsein gegenüber externer Charakter — 2. Der Zwang, den er auf das Bewußtsein ausübt oder auszuüben fähig ist — Anwendung dieser Definition auf Sitten und soziale Strömungen — Verifikationen dieser Definition.
Andere Form, den soziologischen Tatbestand zu charakterisieren: seine Unabhängigkeit von seinen individuellen Manifestationen. — Anwendung dieser Charakteristik auf Sitten und soziale Strömungen. — Der soziologische Tatbestand wird allgemein, weil er sozial ist, er ist nicht sozial, weil er allgemein ist. — Inwiefern diese zweite Definition sich in die erste einfügt.
Wie sich die Tatsachen der sozialen Morphologie in dieselbe Definition einfügen. — Allgemeine Formel des soziologischen Tatbestands.

2. KAPITEL REGELN ZUR BETRACHTUNG DER SOZIOLOGISCHEN TATBESTÄNDE 115

Grundregel: Die soziologischen Tatbestände wie Dinge zu betrachten. 115

I. Ideologische Phase, durch welche alle Wissenschaften hindurchgehen und im Laufe derer sie vulgäre und praktische Begriffe bearbeiten, anstatt Dinge zu beschreiben und zu erklären. — Warum diese Phase sich in der Soziologie noch länger hinausziehen mußte als in den anderen Wissenschaften. — Der Soziologie Comtes und Spencers und der gegenwärtigen Nationalökonomie und Ethik entnommene Tatsachen und Nachweis, daß dieses Stadium noch nicht überwunden ist. — Gründe, darüber hinauszugehen: 1. Die soziologischen Tatbestände müssen wie Dinge behandelt werden, weil sie die unmittelbaren Data der Wissenschaft sind, während die Ideen, als deren Entwicklung sie angesehen werden, nicht direkt gegeben sind. 2. Sie haben alle Eigenschaften der Dinglichkeit.
Analogien dieser Reform mit jener, welche jüngst die Psychologie umgestaltet hat. — Gründe für die Hoffnung auf einen zukünftigen, raschen Fortschritt der Soziologie.

II. Unmittelbare Folgerungen aus der vorhergehenden Regel: 128
1. Alle Vorbegriffe aus der Wissenschaft auszuscheiden. — Von dem mystischen Gesichtspunkt, welcher der Anwendung dieser Regel entgegensteht. 128
2. Art, das positive Objekt der Untersuchung festzustellen: die Tatsachen nach ihren gemeinsamen äußeren Merkmalen zu gruppieren. — Beziehungen des so gebildeten Begriffs zum Vulgärbegriff. — Beispiele von Irrtümern, denen man sich bei Außerachtlassung dieser Regel oder bei einer falschen Anwendung derselben aussetzt: Spencer und seine Theorie der Entwicklung der Ehe; Garafalo und

seine Definition des Verbrechens; der allgemeine Irrtum, der Gesellschaften niederer Stufe eine Moral abspricht. — Daß die Äußerlichkeit der in diese anfängliche Definition aufgenommenen Eigenschaften kein Hindernis für wissenschaftliche Erklärung darstellt. 130

3. Diese äußeren Merkmale müssen außerdem möglichst objektiv sein. Mittel, um das zu erreichen: die soziologischen Tatbestände von der Seite nehmen, wo sie sich von ihren individuellen Manifestationen losgelöst zeigen. 138

3. KAPITEL REGELN FÜR DIE UNTERSCHEIDUNG DES NORMALEN UND DES PATHOLOGISCHEN 141

Theoretischer und praktischer Nutzen dieser Unterscheidung. Sie muß wissenschaftlich möglich sein, damit sich die Wissenschaft ihrer bedienen kann, um dem Verhalten Richtung zu geben. 141

I. Prüfung der gewöhnlich angewendeten Kriterien: der Schmerz ist kein unterscheidendes Kennzeichen der Krankheit, weil er einen Bestandteil des Zustandes der Gesundheit bildet; auch nicht die Verminderung der Lebenschancen, weil sie häufig durch normale Tatsachen (Alter, Entbindungen) herbeigeführt wird und keine unmittelbare Folge der Krankheit ist; ferner ist dieses Kriterium häufig unanwendbar, insbesondere in der Soziologie.
Unterscheidung der Krankheit von der Gesundheit wie auch des Normalen vom Abnormalen. — Der spezifische oder Durchschnittstyp. — Notwendigkeit der Berücksichtigung des Alters, um festzustellen, ob eine Tatsache normal ist oder nicht.
Inwiefern sich diese Definition des Pathologischen mit dem gebräuchlichen Begriff der Krankheit deckt: das Abnormale ist akzidentell; warum das Abnormale ein Lebewesen im allgemeinen minderwertig macht. 143

II. Nutzen der Verifikation der Ergebnisse dieser Methode durch Aufsuchen der Ursachen der Normalität eines Tatbestands, d. h. seiner Allgemeinheit. — Notwendigkeit dieser Verifikation, sobald es sich um Tatbestände handelt, die sich auf Gesellschaften mit noch nicht abgeschlossener Geschichte beziehen. — Warum dieses zweite Kriterium nur ergänzend und an zweiter Stelle angewendet werden kann. — Formulierung der Regeln. 151

III. Anwendung dieser Regeln auf einige Fälle, insbesondere auf die Frage des Verbrechens. — Weshalb die Existenz einer Kriminalität ein normales Phänomen ist. — Beispiele von Irrtümern, in die man verfällt, wenn man diese Regeln nicht einhält. — Die Wissenschaft selbst wird unmöglich. 155

4. KAPITEL REGELN FÜR DIE AUFSTELLUNG DER SOZIALEN TYPEN 165

Die Unterscheidung des Normalen und des Abnormalen erfordert die Aufstellung der sozialen Arten. — Nutzen dieses Artbegriffes, der zwischen dem Begriffe des genus homo und dem der besonderen Gesellschaften vermittelt. 165

I. Ein monographisches Verfahren ist nicht das Mittel zu ihrer Aufstellung. — Unmöglichkeit, auf diesem Wege zu einem Ziele zu gelangen. — Nutzlosigkeit einer derart aufgebauten Klassifikation. 167

II. Definition der einfachen Gesellschaft: die Horde. — Beispiele einiger Formen der Kombination einer Gesellschaft mit ihresgleichen und der zusammengesetzten Gesellschaften untereinander. Innerhalb der so gebildeten Arten sind Varietäten zu unterscheiden, je nachdem die Teilsegmente verschmelzen oder nicht. Formulierung der Regel. 169

III. Inwiefern das Vorausgegangene die Existenz von sozialen Arten beweist. Unterschiede im Wesen der Art zwischen der Biologie und der Soziologie. 173

5. KAPITEL REGELN FÜR DIE ERKLÄRUNG DER SOZIOLOGISCHEN TATBESTÄNDE 176

I. Der teleologische Charakter der gebräuchlichen Erklärungen. — Der Nutzen eines Phänomens erklärt seine Existenz nicht. — Die Dualität dieser zwei Fragen, erwiesen durch die Tatsachen des Überlebens, der Unabhängigkeit des Organs und der Funktion und der Mannigfaltigkeit der Dienste, welche ein und dieselbe Institution nacheinander leisten kann. — Notwendigkeit der Untersuchung der causae efficientes der soziologischen Tatbestände. Überwiegende Bedeutung dieser Ursachen in der Soziologie, demonstriert durch die Allgemeinheit selbst der belanglosesten sozialen Bräuche. Die causa efficiens muß unabhängig von der Funktion bestimmt werden. — Warum die erste Untersuchung der zweiten vorausgehen muß. — Nutzen der letzteren. 176

II. Psychologischer Charakter der im allgemeinen befolgten Erklärungsmethode. Diese Methode verkennt die Natur der soziologischen Tatbestände, die kraft Definition nicht auf rein psychologische Tatbestände reduziert werden können. Die soziologischen Tatbestände können nur durch soziologische Tatbestände erklärt werden. Wieso dies der Fall ist, obwohl die Gesellschaft nur das Individual-Bewußtsein zum Stoffe hat. — Bedeutung der Tatsache der Assoziation, die ein neues Sein und eine neue Gattung von Realitäten entstehen läßt. — Die Scheidung zwischen der Soziologie und Psy-

chologie analog der zwischen der Biologie und den physikalisch-chemischen Wissenschaften.
Ob dieser Satz auf die Tatsache der Formation der Gesellschaft anwendbar ist.
Positive Beziehung zwischen den psychischen und den sozialen Phänomenen. Jene sind unbestimmte Materie, welche der soziale Faktor umformt: Beispiele. Sofern die Soziologen ihnen eine direktere Rolle bei der Genese des sozialen Lebens zuerkannt haben, erklärt sich das daraus, daß sie Bewußtseinszustände, die nur umgeformte soziale Phänomene sind, für rein psychische Tatsachen gehalten haben.
Andere Beweise zur Stützung derselben These. 1. Unabhängigkeit der sozialen Phänomene vom ethnischen Faktor, welcher der organisch-psychischen Ordnung angehört. 2. Die soziale Entwicklung ist aus rein psychischen Ursachen nicht erklärbar.
Formulierung der Regeln zu diesem Thema. Weil diese Regeln bei soziologischen Erklärungen nicht beachtet wurden, haben diese einen allzu allgemeinen Charakter, der sie diskreditiert. — Notwendigkeit einer eigentlich soziologischen Bildung. 182

III. Primäre Bedeutung der Tatsachen der soziologischen Morphologie für die soziologischen Erklärungen: das innere Milieu ist der Ursprung aller sozialen Prozesse von Bedeutung. Die in besonderer Weise überwiegende Rolle des menschlichen Elementes in diesem Milieu. Das soziologische Problem besteht vor allem in der Auffindung der Eigenschaften dieses Milieus, die auf die sozialen Phänomene die größte Wirkung haben. Zwei Arten von Eigenschaften entsprechen dieser Bedingung in besonderem Maße: das Volumen der Gesellschaft und die dynamische Dichte, gemessen durch den Grad der Verschmelzung der Segmente.
Die sekundären Eigenschaften des inneren Milieus; ihre Beziehung zu dem allgemeinen Milieu und zu dem Detail des sozialen Lebens.
Bedeutung dieses Begriffes des sozialen Milieus.

Verwirft man ihn, so kann die Soziologie keine Kausalbeziehungen mehr feststellen, sondern nur Beziehungen der Aufeinanderfolge, die eine wissenschaftliche Voraussage nicht zulassen: Beispiele Comte und Spencer entnommen. Bedeutung dieses Begriffes für die Erklärung der Tatsache, daß sich der praktische Wert sozialer Bräuche ändern kann, ohne von willkürlichen Einrichtungen abzuhängen. Beziehung dieser Frage zu jener der sozialen Typen. Das so aufgefaßte soziale Leben ist von internen Ursachen abhängig. 194

IV. Allgemeiner Charakter dieser soziologischen Auffassung. Für Hobbes ist die Verbindung zwischen dem Psychischen und Sozialen synthetisch und künstlich; für Spencer und die Nationalökonomen natürlich, aber analytisch; für uns ist sie natürlich und synthetisch; inwiefern diese Eigenschaften vereinbar sind. Allgemeine Konsequenzen daraus. 201

6. KAPITEL REGELN DER BEWEISFÜHRUNG 205

I. Die vergleichende Methode oder das indirekte Experiment ist die Methode der Soziologie. Unzweckmäßigkeit der sogenannten historischen Methode Comtes. Entgegnung auf die Einwendungen Mills bezüglich der Anwendung der vergleichenden Methode auf die Soziologie. Bedeutung des Prinzips: zu derselben Wirkung gehört stets dieselbe Ursache. 205

II. Warum von den verschiedenen Arten des Verfahrens der vergleichenden Methode die Methode der parallelen Variationen das beste Instrument der soziologischen Forschung ist. Ihre Überlegenheit: 1. Sofern sie die Kausalität von innen ergreift; 2. sofern sie die Verwendung ausgewählterer und kritischer Belege ermöglicht. Daß der Soziologie, obwohl auf ein Verfahren allein beschränkt, auf Grund des Reichtums der Variationen, über den der Soziologe verfügt, gegenüber den anderen Wissenschaften keine Unterlegenheit zukommt. Notwendigkeit, nur kontinuierliche und ausgedehnte Variationsserien und nicht isolierte Variationen zu vergleichen. 208

III. Verschiedene Arten der Bildung dieser Reihen. Fälle, in denen die Glieder der Reihe einer einzigen Gesellschaft entnommen werden müssen. Fälle, in denen die Glieder der Reihe einer einzigen Gesellschaft entnommen werden können. Fälle, in denen sie verschiedenen Gesellschaften von der gleichen Gattung entnommen müssen. Fälle, in denen man verschiedene Arten vergleichen muß. Warum dieser Fall der allgemeinste ist. Die vergleichende Soziologie ist die Soziologie schlechtweg. Vorsichtsmaßregeln zur Vermeidung gewisser Irrtümer im Verlauf dieser Vergleichungen. 213

SCHLUSS 218

Allgemeine Eigenschaften der Methode
1. Ihre Unabhängigkeit von aller Philosophie (eine Unabhängigkeit, welche auch der Philosophie selbst zugute kommt) und von allen praktischen Doktrinen. Beziehungen der Soziologie zu diesen Doktrinen. Inwiefern sie die Parteien zu beherrschen ermöglicht.
2. Ihre Objektivität. Die soziologischen Tatbestände wie Dinge betrachtet. Inwiefern dieses Prinzip die ganze Methode beherrscht.
3. Ihr soziologischer Charakter: Die soziologischen Tatbestände bei voller Wahrung ihrer Spezifität erklärt; die Soziologie als autonome Wissenschaft. Der Gewinn dieser Autonomie ist der bedeutendste Fortschritt, welcher der Soziologie zu tun übrigbleibt.
Größere Autorität einer derart gehandhabten Soziologie.

Bibliographischer Anhang

A. Die Werke von Emile Durkheim 225

B. Sekundärliteratur über E. Durkheim unter besonderer Berücksichtigung des Problems der Methode 230

Namensverzeichnis 239

Sachverzeichnis 241

Einleitung
von René König

I

Wenn wir heute etwas mehr als fünfundachtzig Jahre nach ihrem ersten Erscheinen 1894 als Artikel in der Revue Philosophique, 1895 als Buch), *Emile Durkheims* »Regeln der soziologischen Methode« in deutscher Übersetzung neu herausgeben und in einer längeren »Einleitung« kommentieren, so geschieht das im Geiste jener theoretischen Neuorientierung der allgemeinen Soziologie, die seit 1937 mit *Talcott Parsons*[1] in den Vereinigten Staaten und seit 1938 mit *Georges Gurvitch*[2] in Frankreich anhebt und sich in ihrer Stellung gegenüber *Durkheim* gleichermaßen fernhält von dogmatischer Orthodoxie und ebenso gedankenloser Ablehnung[3]. Wir sind vielmehr der Überzeugung, daß in diesem Buche *Durkheims* eine ähnlich wichtige Schöpfung für die Soziologie vorliegt wie in *Descartes'* »Discours de la méthode« von 1637 für die allgemeine Philosophie, ohne daß man jedoch darum behaupten wollte, daß sich die Philosophie insgesamt darin erschöpfe, eine Entfaltung des Cartesianismus zu sein. Gewiß, ohne *Descartes* kommt man in die neuzeitliche Philosophie nicht hinein; sein methodischer Zweifel eröffnet allererst jene Dimension des Denkens, die das neuzeitliche Philosophieren vom mittelalterlichen Interpretieren abhebt. Aber gerade damit beginnt auch die definitive und nicht mehr aufhebbare Abwendung von der Alten Welt; zunehmend entdeckt das neue Denken sein autonomes dialektisches Gesetz und sieht sich nicht mehr in methodologisch bedingter Abwehrstellung gegen das Gewesene, sondern in seinem eigenen Element. Ähnlich kommt man ohne *Durkheim* nicht in die Soziologie hinein; sein Grundsatz, »Soziales nur durch Soziales zu erklären«, ist der Beginn aller Soziologie als selbständiger Wissenschaft. Andererseits aber wird deutlich, daß er in der Auseinandersetzung mit der Zeitsituation notwendig und mindestens teilweise an diese gebunden bleibt im Sinne

1 *Talcott Parsons*, The Structure of Social Action, 2. Aufl. Glencoe, Ill., 1949 (zuerst 1937).

2 *Georges Gurvitch*, Essais de sociologie, Paris 1938.

3 Vgl. *René König*, Emile Durkheim (1858—1917), in: *R. König*, Emile Durkheim zur Diskussion, München 1978.

einer »imitation par opposition«. Trotzdem ist der weitere Weg aber klar vorgezeichnet, nämlich nach der Umschreibung der Dimension des Sozialen als eines autonomen Seins *Durkheim* durch sich selbst zu überwinden, um die in ihm zum erstenmal ihrer selbst bewußt gewordene allgemeine soziologische Theorie von seinen eigenen Vorurteilen zu befreien. Die oben angedeutete Einstellung, mit der im folgenden *Durkheims* »Regeln« kommentiert werden sollen, nährt sich also aus der Vorstellung der Existenz einer allgemeinen soziologischen Theorie, die jenseits steht sowohl von *Durkheim*scher Orthodoxie als auch von jener bloßen Ablehnung, für die das Problem der Soziologie als Wissenschaft überhaupt noch nie aufgetaucht ist.

Ein gutes Beispiel für die letztere Auffassung findet sich unmittelbar nach dem Erscheinen der »Regeln« in der Kritik von *Gabriel Tarde* (1894)[1], mit der er seinerseits auf einige ihn unmittelbar betreffende Bemerkungen *Durkheims* reagierte. Zwar sieht er deutlich *Durkheims* Bemühen, »die einzelnen Tendenzen zu einer emanzipierten Soziologie«[2] zusammenzufassen; er unterstreicht auch deutlich die damit zusammenhängenden »ontologischen« Bemühungen[3] *Durkheims,* d. h. seinen Versuch zur Umreißung einer autonomen Dimension sozialen Daseins, der ihn zu der sprachlich sicher fragwürdigen (wenn nicht gar verfehlten) Formulierung vom »Kollektivbewußtsein« führte. Statt nun aber die beabsichtigte Dimensionalanalyse *Durkheims* zu vertiefen, wie es dieser selbst etwa im Vorwort zur zweiten Auflage der »Regeln« und später in einigen anderen Abhandlungen tat[4], weiß *Tarde* gegen die das Kollektivbewußtsein vermeintlich substantialisierende Position *Durkheims* nur eine andere »ontologische Phantasmagorie« zu setzen, nämlich eine Art von monadologischer Metaphysik[5]. Damit verfällt *Tarde* in den gleichen Fehler, den er *Durkheim* vorwirft. Überhaupt sind in dieser Hinsicht beide gleichermaßen eingeschlossen in das alte Alternativschema »Individuum – Kollektiv«, *Tarde* sogar etwas mehr als *Durkheim,* der ja als erster die Normstruktur sozialen Verhaltens (im Gegensatz zur bloßen Interaktionsstruktur der Beziehungslehre von *Tarde)* entdeckte. *Gurvitch* hat also zweifellos recht, wenn er von »gemeinsamen Irrtümern« bei *Tarde*

1 *Gabriel Tarde,* La sociologie élémentaire, in: Annales de l'Institut International de sociologie I (1894), S. 209–242.

2 a. a. O., S. 221.

3 a. a. O., S. 214.

4 Wie sie z. B. heute in dem von *C. Bouglé* herausgegebenen Bande *E. Durkheim,* Sociologie et philosophie, Paris 1924 zu finden sind, aber auch andernorts.

5 *Tarde,* a. a. O., S. 223.

und *Durkheim* spricht[1]. Diese wurden erst durch *John Dewey, James Baldwin, Theodor Litt, George H. Mead* u. a. überwunden, deren gemeinsamen Bemühungen die Ersetzung des Alternativverhältnisses von Individuum und Kollektiv durch ein Komplementaritätsverhältnis zu verdanken ist. Es wird weiter unten sehr eingehend auf diese Frage zurückzukommen sein.

Im übrigen wird die erwähnte Einstellung gegenüber *Durkheim* jenseits von Orthodoxie und Ablehnung einigermaßen erleichtert, mindestens in bezug auf die »Regeln«, wenn man diese in *Durkheims* Lebenswerk genauer zu lokalisieren sucht. Dies ist bis heute merkwürdigerweise nur teilweise geschehen. Gewiß ist schon häufig bemerkt worden, daß gewisse Differenzen zwischen den in den »Regeln« und andernorts vorgetragenen Theorien bestehen. Das ist aber nicht der wesentliche Punkt unserer obigen Bemerkung. Wir wollten vielmehr darauf hinweisen, *daß sich Durkheim bereits am Anfang seiner Laufbahn zweimal mit dem Problem der Methode befaßt hat,* nämlich zuerst in seiner lateinisch geschriebenen These über *Montesquieu* von 1892[2] und dann in den »Regeln«. Man könnte also in mancher Hinsicht sagen, *daß die »Regeln« in doppelter Weise existieren,* einmal als Interpretation von *Montesquieu* und ein zweites Mal in dem gemeinhin allein zitierten Buche von 1894/95. Meines Wissens hat bisher einzig *Georges Davy*[3] auf gewisse Beziehungen zwischen diesen beiden Büchern (auch auf gewisse Unterschiede) hingewiesen, während die Schrift über *Montesquieu* in diesem Zusammenhang von den meisten Interpreten *Durkheims* überhaupt nicht erwähnt wird[4]. Die doppelte Behandlung der Methodenfrage bei *Durkheim* wird für

1 *Gurvitch,* Essais, S. 141—144.

2 *E. Durkheim,* Quid Secundatus politicae scientiae instituendae contulerit, Bordeaux 1892. Zuerst übersetzt von *F. Alengry* in: Revue d'Histoire politique et constitutionelle, Juli—Sept. 1937. Neue, wesentlich bessere Übersetzung von *Armand Cuvillier* in: *E. Durkheim,* Montesquieu et Rousseau précurseurs de la sociologie, Paris 1953.

3 *Georges Davy,* L'explication sociologique et le recours à l'histoire d'après Comte, Mill et Durkheim, in: Revue de Métaphysique et de Morale LIV, 3—4, 1949; *ders.,* Sur les conditions de l'explication sociologique et la part qu'elle peut faire à l'individuel, in: Année sociologique, 3e série, 1948; *ders.,* Montesquieu et la science politique, in: Le Centenaire de l'Esprit des Lois de Montesquieu (1748—1948). Conférences organisées par la ville de Bordeaux, Paris 1949, teilweise wieder abgedruckt in der Ausgabe von *Cuvillier* oben zitiert in Anmerkung 2.

4 Sie kommt z. B. nicht vor bei *Talcott Parsons,* a. a. O.; ebensowenig bei dem ganz besonders primitiven *George M. Marica,* Emile Durkheim. Soziologie und Soziologismus, Jena 1932, wo sie zwar auf S. 17 unter den Früharbeiten erwähnt, aber später nicht besprochen wird.

den heutigen Betrachter insbesondere wegen der Unterschiede zwischen den beiden Darstellungen aufschlußreich. Schon *Davy* hebt hervor, daß zum Beispiel die geschichtliche Betrachtungsweise in dem Buch über *Montesquieu* stärker betont wird als später. Ungleich viel wichtiger als diese relativ nebensächliche Beobachtung, die bei *Durkheim* nach den »Regeln« durch ein ausgesprochen historisches Interesse reichlich aufgewogen wird, ist jedoch ein anderer Umstand. Es ist oft darauf hingewiesen worden, daß *Durkheims* zentrales Postulat, »de considérer les faits sociaux comme des choses«, in den »Regeln« mit der Theorie vom Kollektivbewußtsein verbunden ist; darum glauben auch viele Kritiker, wenn sie erst einmal die Theorie des Kollektivbewußtseins erschüttert hätten, damit zugleich sein zentrales Postulat aufgehoben zu haben. Die nähere Betrachtung der Schrift über *Montesquieu* lehrt nun aber, *daß hier bereits von »choses sociales« die Rede ist, ohne daß irgendwo vom Kollektivbewußtsein gesprochen würde.* Der behauptete unmittelbare Zusammenhang zwischen beiden Begriffen scheint also für *Durkheim* mindestens im Jahre 1892 nicht bestanden zu haben. Da er ferner in dieser lateinischen These den Nachweis unternimmt, daß *Montesquieu* ein »Vorläufer« der Soziologie im modernen und also wohl auch in seinem eigenen Sinne sei (eine Bemerkung, die *Davy* noch um eine Note positiver gestalten möchte[1]), ist es immerhin aufschlußreich zu sehen, daß *Durkheim* sich eine Soziologie vorstellen kann, die sein zentrales Postulat verwirklicht, ohne darum gleichzeitig etwas Analoges zu seiner Theorie vom Kollektivbewußtsein auszubilden. Eine solche Perspektive läßt zum Beispiel die Kritik von *Gurvitch* wesentlich an Grund verlieren[2]; viele Ausführungen von *Parsons* stehen ebenfalls unter der entgegengesetzten Voraussetzung, so daß von hier aus gesehen zweifellos einige Abstriche an beiden Interpretationen werden vorgenommen werden müssen. Und das sind zweifellos die bedeutendsten kritischen Auseinandersetzungen mit *Durkheim,* die heute vorgefunden werden, angesichts derer alle älteren Darstellungen zur Bedeutungslosigkeit herabsinken.

Von hier aus erhebt sich natürlich die Aufgabe, *Durkheims* frühe Methodenlehre kurz zu beschreiben, um ihre wesentlichen Elemente sichtbar zu machen und einen Vergleich mit seinen späteren Entwicklungen zu ermöglichen. Dazu ist vor allem zu sagen, daß der Begriff der »choses« auch hier vorkommt und, wie uns scheinen will, in stärke-

1 Siehe sein Vorwort zu der Neuausgabe von *Durkheims* lateinischer These.

2 *G. Gurvitch,* Le problème de la conscience collective dans la sociologie de Durkheim, in: *G. Gurvitch,* Essais, S. 115–169.

rer Betonung als später. So heißt es (in der französischen Übersetzung von *Cuvillier):* »Tout ce qui est matière de science, consiste en des choses qui possèdent une nature propre et stable et sont capables de résister à la volonté humaine; si au contraire elles sont, pour ainsi dire, flexibles à l'infini, rien ne nous excitera à les observer. Il n'y aura même en elles rien que l'observation puisse chercher à saisir; car, si elles avaient par elles-mêmes une nature propre, personne ne pourrait les arranger selon son bon plaisir. De là vient que la Science sociale n'a été longtemps qu'un art[1].« So wird also deutlich gesagt, daß man bestimmte Erscheinungen muß wie ein »Ding«, also wie einen »Gegenstand« betrachten können, damit sie wissenschaftlicher Analyse zugänglich werden. Ferner wird unterstellt, daß die solchermaßen betrachteten Erscheinungen eine vom »Wollen« des Einzelnen unabhängige Existenz haben. »Pour que la science sociale existe réellement, il faut que les sociétés possèdent une certaine nature qui résulte de la nature même des éléments dont elles se composent ainsi que de leur disposition, et qui soit la source des faits sociaux[2].« Diese relativ stabilen »Dinge« sind etwa die »Gewohnheiten« der Menschen, die oft von den unseren verschieden sind, wie *Montesquieu* beschreibt, und ihren Grund in der »Natur« bestimmter Gesellschaften haben[3]. Damit wird gleichzeitig gesetzt, daß es verschiedene Gesellschaftstypen oder -arten gibt, die alle gleichermaßen »normal« sind. So heißt es auch, daß man, um die verschiedenen Formen des Rechts zu verstehen, die »Natur« der verschiedenen Gesellschaften beobachten müsse, die auch den Menschen in verschiedenen Gesellschaften verschieden erscheinen lassen; er hat jeweils eine verschiedene »Mentalität«[4]. Die verschiedenen Gesellschaftstypen werden unterschieden 1. nach der Zahl ihrer Bevölkerung, 2. nach ihrer Verteilung und 3. nach der Kohäsion ihrer Elemente[5].

Montesquieu gibt aber nicht nur eine Klassifikation sozialer Typen; er betont auch, daß die sozialen Phänomene eigene Gesetzmäßigkeiten aufweisen, die rationaler Interpretation zugänglich sind. Diese Gesetzmäßigkeiten entfalten sich übrigens in verschiedenen Schichten. Wir haben schon bemerkt, daß für *Montesquieu* die wichtigste Ursache für die Gestalt einer Gesellschaft das »Volumen« der Bevölkerung ist. *Durkheim* macht bereits hier einen deutlichen Unterschied zwischen

1 *E. Durkheim,* Montesquieu et Rousseau, S. 41.

2 eodem loco.

3 eodem loco, S. 44 u. ö.

4 eodem loco, S. 50/1.

5 eodem loco, S. 58 ff.

»Volumen« und »Dichte« einer Bevölkerung[1], wobei ihre relativ unabhängige gegenseitige Variabilität unterstrichen wird. Damit verbinden sich dann andere determinierende Faktoren wie Klima und Bodengestalt. Aus ihrem Zusammenwirken entstehen nicht nur die allgemeinen sozialen Typen, sondern auch spezifische Institutionen. Man kann also nicht sagen, daß diese durch einen Gesetzgeber eingeführt würden, vielmehr entstehen sie spontan aus dem sozialen Leben und den Sitten, die gewissermaßen eine zweite Schicht über der ersten bilden; diese beiden zusammen werden erst in einer dritten durch das gesatzte Recht kulturell überwölbt. Das gesatzte Recht unterscheidet sich also der Natur nach nicht von den Sitten, es leitet sich vielmehr von ihnen her. Gesatztes Recht besteht nur in besser definierten Sitten, die ihrerseits nicht »willkürlich« eingerichtet worden sind, sondern aus Ursachen herfließen, die ihre Wirkung üben, ohne daß sich die Menschen dessen bewußt würden. An dieser Stelle[2] entwickelt *Durkheim* übrigens zum ersten Male seine strukturell-funktionale Analyse im Umriß, indem er das Verständnis der Institutionen aus ihrem vermeintlichen »Nutzen« zurückweist. Gewiß üben sie eine Funktion in den betreffenden Gesellschaften, und das entscheidet über ihre Fortdauer in der Zeit. Aber man kann nicht die Verhältnisse auf den Kopf stellen und sagen, daß das Wissen um diese Funktion bei ihrer Entstehung Pate gestanden habe. Damit wird die Diskussion von den Finalursachen auf die »Ursprünge« der Institutionen verschoben, wobei *Durkheim* — zu unrecht übrigens — meint, daß diese spezifische Aufgabe von *Montesquieu* vernachlässigt worden sei. Der nächste Schritt wäre die Überwindung dieser mehr entwicklungsgeschichtlichen Konzeption und ihre Ersetzung durch die *strukturell*-funktionale Analyse im strengen Sinne, wie sie aus der Lehre von den sozialen Typen kontinuierlich hervorwächst.

Zusammenfassend heißt es dann, daß die Beobachtung des sozialen Geschehens nur ein Teil der Methode ist. Zur Beobachtung kommt noch das Experiment. Da man nun aber mit Menschen nicht experimentieren dürfe, wird in der Soziologie das Experiment durch die vergleichende Methode ersetzt. Dabei besteht die Beziehung zwischen beiden Methoden darin, daß man die Erscheinungen durch Vergleichung willkürlich variiert, indem man etwa die gleichen sozialen Erscheinungen in verschiedenen Gesellschaften beobachtet und die auftretenden Korrelationen (oder, wie es später heißen wird, die »konkomitanten Variationen«) beobachtet. *Montesquieu* habe zwar diese Methode nicht aus-

1 eodem loco, S. 75 ff., 79. Diese Begriffsscheidung wird übrigens zuerst von *Karl Marx* eingeführt.

2 eodem loco, S. 86.

drücklich behandelt, aber sie unbewußt befolgt. Entscheidend ist für *Durkheim* in dieser ersten Periode seiner methodologischen Reflexion das Postulat, die sozialen Erscheinungen wie »Dinge«, also wie »Gegenstände« zu behandeln. Es ist ihm schon hier klar, daß dies Postulat nicht bedeutet, es müsse sich dabei um »materielle« Dinge handeln; denn unter diesen »Dingen« werden ja zum Beispiel soziale Bräuche und Sitten verstanden. Wesentlich ist ihm aber, daß diese durch den bloßen »Willen« nicht verändert werden können. Andererseits taucht auch schon die Auffassung auf, daß eine Deutung von Sitten und Bräuchen aus dem Willen der Menschen einzig der Psychologie zu eigen sei. Außerdem betont er die Notwendigkeit, uns nicht in der Betrachtung der soziologischen Tatbestände von unseren Gefühlen lenken zu lassen, was nur heißen würde, die Wirklichkeiten durch Gefühlszustände zu ersetzen. Es kommt ihm also neben der gegenständlichen Betrachtungsweise vor allem auf den Wirklichkeitscharakter der sozialen »Dinge« an. Diese Position wäre gewissermaßen die eines relativ naiven Realismus und Empirizismus. Zur Bewertung der *Durkheim*schen Position in den »Regeln« müßte nun 1. der Unterschied zwischen der ersten und der zweiten Periode seines methodologischen Denkens berücksichtigt und 2. untersucht werden, wie sich eine eventuelle Wandlung zum Rest seines Werkes verhält. Dabei müßte dann unter Umständen 3. erwogen werden, ob nicht später noch weitere Wandlungen seiner Position, die mit dem übrigen Werk zusammenhängen, anzusetzen wären, die entsprechend eine neuerliche Interpretation der »Regeln« nach sich ziehen würden. Es wird leicht einsichtig, daß eine Interpretation der »Regeln«, die einzig und allein von diesem Buche ausgeht, und eine solche, die sowohl die verschiedenen Perioden seiner spezifisch methodologischen Reflexion als auch deren Beziehungen zum Rest des Werkes berücksichtigt, sofern es für diese Frage relevant ist, zu ganz verschiedenen Ergebnissen führen muß. Es geht dabei vor allem natürlich um seine Lehre vom Kollektivbewußtsein, die plötzlich in den »Regeln« auftaucht. Sollte sich zum Beispiel herausstellen, daß sich diese nicht nur mit der Zeit verwandelt, sondern zentral völlig neue Aspekte entwickelt, dann könnte sich die Auseinandersetzung mit den »Regeln« nicht begnügen mit der Zurückweisung dieser Lehre, um von hier aus die Methode im ganzen zurückzuweisen, vielmehr müßte man *Durkheim* mindestens schon so viel Kredit geben, daß man eine Interpretation der »Regeln« im Zusammenhang mit seinen späteren Entwicklungen vornimmt. Dazu käme ferner eine Darstellung seiner Methodenlehre im Lichte der späteren soziologischen Theorie, die bei ihm angesetzt hat, wobei vor allem *François Simiand, Georges Gurvitch, Talcott Parsons* und *Svend Ranulf* berücksichtigt werden müssen. Dies

Unternehmen bleibt übrigens relativ unabhängig von den rein wissenschaftslogischen Ausführungen der »Regeln«, nur daß diese in Kombination mit den späteren Lehren *Durkheims* und der daraus sich entwickelnden soziologischen Theorie zu Resultaten führen mögen, die von denen der »Regeln« einigermaßen abweichen, ohne daß darum die grundsätzliche wissenschaftslogische Position aufgegeben werden müßte.

II

Zwischen der Schrift über *Montesquieu* und der Veröffentlichung der »Regeln« liegt die Veröffentlichung eines der Hauptwerke von *Durkheim* über die soziale Arbeitsteilung (1893). *Talcott Parsons* hat nun zweifellos recht mit seiner Bemerkung, daß *Durkheims* methodologisches Werk nicht von seinen empirischen Forschungen getrennt werden dürfe[1]. Allerdings bedarf die Art, wie *Parsons* vorgeht, einiger kleiner Korrekturen, die mit dem oben Gesagten zusammenhängen. Zunächst muß gesagt werden, daß bei *Durkheim* ein methodologisches Interesse ganz eindeutig schon *vor* dem Werk über die Arbeitsteilung vorhanden gewesen ist. Seine Ansichten haben sich aber vom ersten Entwurf zu der zweiten Ausführung in den »Regeln« wesentlich geändert, wobei zweifellos die Theorien aus dem Werk über die Arbeitsteilung Pate gestanden haben. Das mag auf den ersten Blick nur eine verschwindend kleine Modifikation sein, und dennoch scheint sie uns wichtig. Denn sie bestätigt, daß *Durkheim* zweifellos bereit gewesen wäre, seine Ansichten nochmals zu ändern, nachdem sich seine theoretischen Ansichten weiterentwickelt hatten. Das gibt zum mindesten uns in unserer Interpretation der »Regeln« ein gewisses Recht, manche der dort vorgetragenen Ansichten mit Hilfe späterer Theorien *Durkheims* zu korrigieren, zu interpretieren oder weiterzuführen. Eine weitere Modifikation des Ansatzes von *Parsons* scheint uns nötig mit Bezug auf seine Bemerkungen über das Selbstmordwerk von 1897. Es steht zwar fest, daß *Durkheim* sowohl in dem Werk über die Arbeitsteilung wie in den »Regeln« in einer Weise auf die Problematik des Selbstmordes hinweist, die einige Ideen von später vorausnimmt; andererseits entwickelt er sich aber gerade im Selbstmordwerk viel intensiver weiter, als es *Parsons* wahrhaben will, so daß — wie später gezeigt werden soll — hier eine Position erreicht wird, die in der Tat jenseits sowohl der »Regeln« als auch des Werkes über Arbeitsteilung liegt. Man behandelt diese Probleme also besser für sich allein.

1 *T. Parsons*, a. a. O., S. 301 ff., 343 ff.

Auf diese Weise bleibt für uns zunächst wesentlich die Einführung des Begriffes vom »Kollektivbewußtsein« in dem Werk über die Arbeitsteilung. Es ist dabei wichtig zu bemerken, wie dieser Begriff eingeführt wird und welche Bedeutung ihm zunächst zukommt. Die erste Umschreibung des Kollektivbewußtseins findet sich im 2. Kapitel des Ersten Buches[1]. Hier entwickelt er seine Vorstellung von der »mechanischen« Solidarität oder Solidarität durch Ähnlichkeit. Allerdings ist die allgemeine Definition des Kollektivbewußtseins, die er gibt, von dieser Spezifizierung und Beschränkung relativ unabhängig. Es heißt: »L'ensemble des croyances et des sentiments communs à la moyenne des membres d'une même société forme un système déterminé qui a sa vie propre; on peut l'appeler *la conscience collective* ou *commune*[2].« *Parsons* hat sicher recht[3], wenn er im unmittelbaren Zusammenhang damit betont, *Durkheims* Hauptinteresse sei in dieser Periode bereits ausgerichtet gewesen auf »gemeinsame Glaubensvorstellungen und Gefühle«, also auf das Verhältnis von durchschnittlich akzeptierten moralischen Werten zum Handeln bzw. auf das, was die heutige Soziologie als „*Erwartungsnormen*" bezeichnet. Das paßt auch vollkommen zusammen mit den Feststellungen *Durkheims* am Anfang des »Vorwortes« zur ersten Auflage des Buches über die Arbeitsteilung, er wolle »traiter *les faits de la vie morale* d'après la méthode des sciences positives«[4], also mit wissenschaftlichen Mitteln die Fakten der sozialen Obligationen (denn das heißt »vie morale«) untersuchen, also die Wirkungen der sozialen Normen auf das Handeln. Deutlich heißt es ein paar Zeilen weiter: »Les faits moraux sont des phénomènes comme les autres; ils consistent en des règles d'action qui se reconnaissent à certains caractères distinctifs; il doit donc être possible de les observer, de les décrire, de les classer et de chercher les lois qui les expliquent. C'est ce que nous allons faire pour certains d'entre eux[5].« Diese »moralische Wirklichkeit« wird ferner genau unterschieden vom Begriff der Sittlichkeit, der allein den Philosophen und Metaphysiker interessiert. *Durkheim* selber denkt bei dem genannten Ausdruck an jenes geregelte Verhalten, das sich konkret in der Geschichte und unter der Herrschaft historischer Ursachen in unserem »weltlichen Leben« entwickelt; er meint also das, wenn auch in einem stark erweiterten

1 *E. Durkheim,* De la division du travail social, 4. Aufl., Paris 1922, S. 35 ff.

2 a. a. O., S. 46.

3 *T. Parsons,* a. a. O., S. 309 f.

4 *E. Durkheim,* a. a. O., S. XXXVII/VIII.

5 Ebda.

Sinne, was *Ferdinand Tönnies* als »Sitte« bezeichnet, die sich ihrerseits von der »Sittlichkeit« durch den Zug der *»tatsächlichen Übung«* unterscheidet[1]. Diese Normen und das entsprechende Verhalten sind also die eigentlichen »Phänomene«, mit denen es die Soziologie zu tun hat, sie sind »les faits de la vie morale«, »la réalité morale«. Um nun die Wissenschaft einer solchen Wirklichkeit aufzubauen, muß man diese Phänomene nicht nur beobachten, beschreiben und klassifizieren, sondern man muß noch, um mit *Descartes* zu sprechen, den spezifischen Gesichtswinkel (biais) herausfinden, unter dem sie wissenschaftliche Gegenstände sind und somit zu »soziologischen Tatbeständen« im strengen Sinne werden. Das geschieht, indem man ein »objektives« Element an ihnen aufdeckt, das eine logisch strukturierte, d. h. *systematische* begriffliche Bestimmung und, wo immer möglich, sogar eine Messung zuläßt. In dem Werk über die Arbeitsteilung benutzt *Durkheim* die Rechtssysteme als objektive Indikatoren bzw. als sichtbare Symbole für bestimmte Verhaltenssysteme, während er im Selbstmordwerk statistische Daten zum gleichen Zweck verwendet. In den »Regeln« sucht er einen allgemeineren Ausdruck dafür, wie wir bald sehen werden.

Viel entscheidender ist dagegen die Einsicht, die schon von *Parsons* sehr klar gemacht worden ist, daß das Kollektivbewußtsein in dem Werk über die Arbeitsteilung noch in einer zweiten Form vorkommt, nämlich als Voraussetzung für die »mechanische Solidarität« durch Ähnlichkeit im Gegensatz zur differenzierenden Arbeitsteilung in der »organischen Solidarität«. Während sein allgemeiner Begriff des Kollektivbewußtseins sich von ihm bis zur heutigen Soziologie weiterentwickelt, so daß ihn *Gurvitch* in seiner Kritik an *Durkheim* mit Recht als den »wertvollsten Gewinn der Soziologie *Durkheims«*[2] bezeichnet, bemerkt *Parsons,* daß die Art und Weise, wie *Durkheim* diesen Begriff in dem zweiten Problemzusammenhang behandelt, *ihn völlig aus der Bahn seines ursprünglichen Ansatzes geworfen habe*[3]. Wir greifen dies sehr speziell erscheinende Problem hier auf, weil es uns für die Art verantwortlich zu sein scheint, wie manche methodologischen Grundfragen in den »Regeln« angegangen werden, selbst wenn diese Verschiebung, wie später gezeigt werden soll, vielleicht gar nicht immer in der Sache, sondern eher in gewissen sprachlichen Ausdrücken liegt. Dagegen möchten wir betonen, daß die erste Problemreihe aus dem Werk über die Arbeitsteilung

1 *Ferdinand Tönnies,* Die Sitte, Frankfurt 1909.

2 *G. Gurvitch,* a. a. O., S. 116.

3 *T. Parsons,* a. a. O., S. 318.

durchaus noch in der Linie der lateinischen These über *Montesquieu* liegt, nur daß jetzt für die »choses«, die in der Soziologie behandelt werden sollen, der Begriff der »réalité morale« aufgetreten ist, während dort nur allgemein und recht unverbindlich von Sitten und Bräuchen die Rede war. Mit anderen Worten: die Spezifizierung der soziologischen Tatbestände ist bereits um einen wichtigen Schritt vorangekommen.

Durkheim greift aber noch ein anderes Problem in der These über *Montesquieu* auf, was bisher den meisten Kritikern entgangen zu sein scheint, *nämlich die Theorie der sozialen Arbeitsteilung*, und zwar da, wo er von der strukturellen Differenzierung der Gesellschaften in verschiedene Typen spricht[1]. Wir haben schon oben darauf hingewiesen, daß diese Differenzierung bestimmt wird durch 1. die Zahl und 2. die Verteilung der Bevölkerung sowie 3. durch die »Kohäsion« der Elemente. Dieser letzte Begriff scheint uns von besonderer Wichtigkeit; denn er dient zur Bezeichnung dessen, was später als »Solidarität« bezeichnet wird. In dem Werke über *Montesquieu* wird zwischen Kohäsion durch »Juxtaposition« einzelner Elemente und Kohäsion durch Arbeitsteilung unterschieden, ohne daß die Ausdrücke »mechanische« und »organische Solidarität« vorkommen. Im zweiten Falle erwächst also die Kohäsion der Elemente aus ihrer Verschiedenheit, im ersten daraus, daß »alle gleichermaßen auf das gemeinsame Interesse achten«[2]. Gewiß hat er nun mit dem zuletzt charakterisierten Typ nicht eigentlich »primitive« Gesellschaften im Auge wie später, sondern er denkt dabei an die antike Polis. Aber daneben greift doch *Durkheim* auch *Montesquieus* Darstellung primitiver Gesellschaften (von Jägern und Viehzüchtern) auf, die ebenfalls eine primitive Arbeitsteilung haben und darum als niedere Formen der »Demokratie« bezeichnet werden, also als Gesellschaften, in denen »alle gleichermaßen auf das gemeinsame Interesse achten«. Gerade wenn er nun die auffällige Gleichheit unter den Mitgliedern dieser niederen Gesellschaften in der Darstellung *Montesquieus* betont, die keine institutionalisierten Herrschaftssysteme haben, klingen plötzlich Töne auf, die deutlich an das Kollektivbewußtsein im zweiten Sinne als mechanische Solidarität erinnern. So spricht er etwa von der »volonté unanime de tous les citoyens«, die sich dem »soucis excessif de l'intérêt personnel« entgegensetzt, oder von einer »âme sociale«, »falls man diesen Ausdruck benutzen darf«, die »im Geiste jedes Einzelnen zu Hause ist«. Schließlich heißt es: »Dans la conscience de chacun la partie qui exprime la

1 *E. Durkheim*, Montesquieu et Rousseau, S. 55 ff.

2 a. a. O., S. 58—68.

société et qui est la même chez tous, est étendue et puissante; celle qui se rapporte au contraire à nous seuls et à nos affaires personelles est restreinte et sans force[1].« Das ist die zweite Fassung des Begriffes des Kollektivbewußtseins »in nuce«, die deutlich von der ersten unterschieden ist. Sie ist nicht nur inhaltlich von der ersten unterschieden, sondern auch funktionell. *Die erste Fassung dient ausschließlich der theoretischen Spezifizierung der soziologischen Tatbestände, um diese als eine Wirklichkeit »sui generis« nachzuweisen; die zweite dient zur Verdeutlichung der Unterschiede zwischen zwei Strukturtypen der Gesellschaft.*

Das ist nun genau jene Auffassung des Kollektivbewußtseins bei *Durkheim*, von der *Parsons* mit Recht sagt, daß sie ihn aus der Bahn geworfen habe. Wir skizzieren hier nur kurz, warum das der Fall ist, denn wir sind ja im vorliegenden Zusammenhang nicht an dem Gesamtwerk *Durkheims*, sondern nur an den »Regeln« interessiert. Andererseits muß aber doch dieses Problem wenigstens skizziert werden, weil *überraschenderweise in dem Buch über Montesquieu noch keinerlei Beziehung besteht zwischen dieser Form des Kollektivbewußtseins und dem »fait social«;* es bezeichnet hier vielmehr einzig einen besonderen Strukturtyp der Gesellschaft. So wären also alle erwähnten Kritiken gegen *Durkheim* noch völlig gegenstandslos, so daß es auch von hier aus dem kritischen Beobachter nahegelegt wird, im Sinne *Durkheims* seine verfehlte Problemstellung, die sich speziell in den »Regeln« bemerkbar macht, wieder zurechtzurücken und gewissermaßen *Durkheim* mit *Durkheim* zu korrigieren.

Gleichzeitig erhebt sich die Frage, woher wohl diese neue Betrachtungsweise bei *Durkheim* kommt. Es wäre natürlich höchst reizvoll anzunehmen, daß er seinen Begriff des Kollektivbewußtseins im letzteren Sinne aus einer Beschäftigung mit *Jean-Jacques Rousseau* gewonnen hat, über den er in Bordeaux Vorlesungen gehalten hat, die er allerdings erst später redigierte. Zweifellos bestehen Beziehungen zum Begriff der »volonté générale«. Die heute vorliegende Fassung[2] seiner Abhandlung über *Rousseau* und den »Contrat Social« scheint aber doch erst später geschrieben worden zu sein als das Buch über *Montesquieu* und die »Regeln«, so daß man nicht mehr zu entscheiden wagt, ob sein Begriff des Kollektivbewußtseins aus dem der »volonté générale« entwickelt worden oder umgekehrt dieser Begriff vom Standpunkt der Lehre des Kollektivbewußtseins interpretiert worden

1 a. a. O., S. 62.

2 a. a. O. Le »contrat social« de Rousseau (zuerst in: Revue de Métaphysique et de Morale XXV, 1918).

ist. Immerhin steht eines fest, daß in dieser Hinsicht sowohl *Montesquieu* als auch *Rousseau* als Stammväter der Soziologie erscheinen, unangesehen der nur durch vertieftes biographisches Studium zu lösenden Frage, ob eine frühe Beschäftigung mit diesen beiden *Durkheims* entscheidende Theorien ausgelöst hat.

Es ist nicht zu leugnen, daß alle Ausführungen über die »volonté générale« die Züge betonen, die sie mit dem Kollektivbewußtsein teilt. Dabei wendet sich *Durkheim* schärfstens gegen den soziologischen »Atomismus« *Rousseaus*, ein zentrales Thema, dem wir bald wieder begegnen werden. Gerade dabei aber fällt der Ausdruck, daß dies Kollektivbewußtsein ein »Ganzes« *sui generis* sei, das Charaktere hat, die von denen des Einzelnen verschieden sind (wobei das Bild von der chemischen Verschmelzung auftaucht), das »eine neue Welt« darstelle, »die sich zur nur psychischen Welt« hinzufüge. Die Gesellschaft sei in dieser Ansicht etwas, das dem Individuum »überlegen« sei, während es in der Natur nichts gebe außer den Individuen. Aber *Rousseau* könne sich im Grunde nicht bis zu dieser Ansicht erheben, da er eben dem soziologischen Atomismus verhaftet bleibe, was auch die vielen Unklarheiten bei ihm erkläre. Am Schluß wird dann deutlich hervorgehoben, was später noch behandelt werden soll, daß er sich im Grunde des Ungenügens der Vertragstheorie völlig klar ist, die am Anfang des soziologischen Atomismus steht; denn wenn der Vertrag respektiert werden soll, setze *Rousseau* den sozialen Zustand bereits voraus, der damit das »nicht-kontraktuelle Element des Kontrakts« darstelle[1]. Der Begriff des Kollektivbewußtseins schwankt also auch hier hin und her zwischen einer abgesonderten Entität sui generis und einer »Bedingung« sozialen Daseins überhaupt im Sinne der gemeinsamen Glaubens- und Wertvorstellungen.

Parsons hat daher zweifellos recht mit der Bemerkung, welche die Grundlage für seine ganze Auseinandersetzung mit *Durkheim* bildet, daß *Durkheims* zentrales theoretisches Anliegen der Nachweis des »nicht-kontraktuellen Elementes im Kontrakt«[2] gewesen ist — im Gegensatz zu *Herbert Spencer* und *Ferdinand Tönnies*, aber auch im Gegensatz zu allen anderen, die in der modernen Wirtschaftsgesellschaft seit *Hegel*, *Lorenz von Stein* und *Karl Marx*, aber auch seit vielen anderen von der klassischen Schule der Nationalökonomie und vom »Utilitarismus« her beeinflußten Sozialdenkern, nur das »System der Bedürfnisse« der »bürgerlichen Gesellschaft« bzw. »das System der

1 a. a. O., S. 159 ff., 165, 196 ff.

2 *T. Parsons*, a. a. O., S. 311 ff., 319.

Atomistik« (*Hegel*, Enzyklopädie der Philosophischen Wissenschaften, § 523) erblicken. Auf diesem Wege gibt es überhaupt keinen Zugang zur Soziologie; dies erkannt zu haben, ist das entscheidende Verdienst *Durkheims* und seiner Schule, von der sich noch insbesondere *Paul Fauconnet, Georges Davy* und vor allem *Marcel Mauss* mit dem Problem des »nicht-kontraktuellen Elements des Kontrakts« beschäftigt haben. Im übrigen ist diese Erkenntnis *Durkheims* zu einem allgemein akzeptierten Grundsatz der modernen Soziologie geworden. Das uns interessierende Problem liegt aber nun in folgenden zwei miteinander kontrastierenden Tatbeständen: 1. Der Begriff Kollektivbewußtsein tritt auf, um die gemeinsamen Glaubens- und Wertvorstellungen zu umschreiben, die der Existenz des Vertrags systematisch (und nicht historisch) vorausgesetzt werden müssen und die die Sanktionen für die Einhaltung des Vertrags begründen; 2. Der Begriff Kollektivbewußtsein wird benutzt, um die »mechanische Solidarität« zu begründen, von der es dann aber heißt, daß in der arbeitsteiligen Gesellschaft, die gleichzeitig die vorwiegend »kontraktuelle« Gesellschaft ist, die mechanische Solidarität zurückgehe und damit konsequenterweise auch das Kollektivbewußtsein, das durch eine zunehmende Individualisierung der einzelnen Bewußtseine abgelöst werde. Es liegt auf der Hand, daß beide Theorien völlig unvereinbar miteinander sind. Das erste Mal würde eine Differenzierung verschiedener sozialer Typen darauf hinauslaufen, daß verschiedene Inhalte des gleichen Kollektivbewußtseins unterschieden werden, das zweite Mal führt die Differenzierung zweier sozialer Grundtypen zur Entgegensetzung von Kollektivbewußtsein einerseits und Individualbewußtsein andererseits als mechanische und organische Solidarität. Gleichzeitig aber müssen nun hiermit bestimmte Züge des Begriffs vom Kollektivbewußtsein notwendigerweise überspannt werden, *nämlich alle jene, die es dem Individualbewußtsein auf irgendeine Weise entgegensetzen, während in dem ersten Begriff des Kollektivbewußtseins ein solcher Gegensatz weder der Wirklichkeit noch der Anlage nach gegeben ist.* Es ist nun ein durchaus unglückliches Übereintreffen, daß *Durkheim* seine methodologischen Überlegungen unter dem *unmittelbaren* Einfluß dieser Ideen aufnimmt; denn dies ist nicht ohne Folgen geblieben, wie wir sehr bald zu zeigen haben werden, obwohl es andererseits auch nicht schwerfällt, *Durkheim* gegen *Durkheim* selber zu verteidigen. Aber es bleibt dennoch nicht von der Hand zu weisen, daß die »Regeln« bei einer auch nur um ein weniges größeren zeitlichen Distanzierung von dem Werk über die Arbeitsteilung, etwa nach dem Selbstmordwerk (1897), mindestens sprachlich einen anderen Charakter angenommen hätten; denn im Selbstmordwerk ist *Durkheim* schon weit entfernt von den Unklarheiten aus dem Werk über die Arbeitsteilung, wie ebenfalls *Parsons* schon hervorgehoben hat[1].

Es erweist sich also in der Tat als unmöglich, die »Regeln« adäquat zu würdigen, wenn man sie nicht 1. in bezug auf das übrige (frühere) methodologische Werk *Durkheims* betrachtet und 2. in bezug setzt zu seinem sonstigen Werk. Beides zusammengenommen erlaubt erst eine rechte Würdigung seiner Aussagen, die selbst in den »Regeln« nicht immer eindeutig sind, nach ihrer wirklichen Bedeutung, die auch vor den sonstigen Theorien *Durkheims* standhält. Im übrigen möchten wir noch betonen, daß das zentrale Thema des Werks über die Arbeitsteilung, nämlich der Nachweis des »nicht-kontraktuellen Elements des Kontrakts«, mit dem der soziologische »Atomismus« überwunden werden soll, seine Parallele findet, was von den meisten Kritikern *Durkheims* nicht beachtet wird, in der analogen, und zwar historisch zum Teil gleich gelagerten, *Überwindung des psychologischen Atomismus* und Ersetzung durch eine eigentliche Sozialpsychologie. Wir finden in dieser Hinsicht *Durkheim* auf den gleichen Wegen wandeln wie in den genau gleichen Jahren *Wilhelm Dilthey,* etwa in seinen »Ideen über eine beschreibende und zergliedernde Psychologie« von 1894[2]. Nur ist *Durkheims* Anlaß ein anderer, nämlich die Auseinandersetzung mit seinem Gegenspieler *Gabriel Tarde* und seiner psychologischen Interaktionstheorie des Sozialen, die er speziell in den »Regeln« angreift. Die Voraussetzung, unter der er ihn angreift, ist aber die Überwindung des psychologischen Atomismus, ohne die die Entwicklung einer Lehre vom Kollektivbewußtsein gar nicht möglich ist. Im Selbstmordwerk wird diese Problematik einmal ausgezeichnet beschrieben, wenn er sagt, daß in der *Tarde*schen Interaktionslehre mit ihrem Haupterklärungsmittel der Nachahmung theoretisch unterstellt werde, daß ein individuelles Verhalten sich nach dem Vorbild eines anderen bilde. In Wahrheit gebe es aber kein Vorbild und keine Kopie für sich, *sondern »gegenseitige Durchdringung« und »Fusion«*, eben den *Kollektivzustand:* »En réalité, il n'y a là ni modèles ni copies. Il y a pénétration, fusion d'un certain nombre d'états au sein d'un autre qui s'en distingue: c'est l'état collectif[3].«

Dies entspricht genau der gleichen Kritik, die im deutschen Sprachbereich von *Theodor Litt* gegen den Versuch der Wiederbelebung der alten Beziehungslehre durch *Leopold von Wiese* erhoben worden ist; die Wirkung dieser Kritik reicht weiter zu *Gurvitch,* womit die

1 a. a. O., S. 324—338, siehe auch S. 320.

2 *Wilhelm Dilthey,* Gesammelte Schriften, Berlin und Leipzig 1924, Bd. V.

3 *E. Durkheim,* Le suicide, 2. Aufl. Paris 1930, S. 111.

Beziehung zur gegenwärtigen soziologischen Theorie wieder erreicht ist. So sagt *Litt* zum Abschluß seiner Kritik an der Beziehungslehre: »Es ist ... deutlich geworden, inwiefern die an den Begriffen ,Beziehung' und ,Wechselwirkung' orientierte Theorie den sozialen Atomismus, dem das gesellschaftliche Ganze zum Aggregat wird, nicht überwindet, sondern erneut. Sie verfängt sich in dem inneren Widerspruch, daß die Grundbegriffe, durch die sie die lebendige Einheit der Gesellschaft sichergestellt glaubt, überhaupt nur auf der Grundlage einer mechanischen Scheidung der Elemente und in Korrelation mit dieser Scheidung ihren rechten Sinn haben. Sie kann infolgedessen nicht umhin, die Einzelwesen so substanzialisiert zu denken, daß die Gesellschaft in Relationen aufgelöst, funktionalisiert wird. Hat die Person einmal soviel Eigenrecht und Eigenbestand erhalten, wie das die fraglichen Begriffe implizieren, so ist die Auffassung der Gesellschaft bereits in dem Sinne festgelegt, daß sie sich in ein Geflecht von Relationen muß auflösen, also der Wesenhaftigkeit, des Eigenrechtes muß berauben lassen[1].« An anderer Stelle heißt es: »Hier sind nicht Wesen, die, aus sich geworden und in sich bestehend, erst nachträglich eine Verbindung anknüpfen, sondern Wesen, die das, was sie sind, nur kraft solcher Verbundenheit und Abgestimmtheit ihres lebendigen Füreinander sind[2].« Was von *Litt* oben als »Eigenrecht der Gesellschaft« bezeichnet wird, entspricht genau *Durkheims* Anspruch, das soziale Dasein als eine Wirklichkeit sui generis aufzuweisen, so daß es auch nicht weiter verwunderlich ist, wenn heute *Gurvitch* den *Litt*schen Begriff von der »Reziprozität der Perspektiven« benutzt, um *Durkheims* Theorie vom Kollektivbewußtsein gegen *Durkheim* selbst zu retten[3], obwohl *Litt* sicher nichts von *Durkheim* wußte, als er sein Buch schrieb, sondern von *Dilthey* herkommt. Wir hatten allerdings schon Gelegenheit, darauf hinzuweisen, daß um die Mitte der neunziger Jahre, als *Durkheim* die »Regeln« veröffentlichte, er auf ähnlichen Wegen ging wie *Dilthey*.

Diese Ausführungen mögen auch zur Abklärung einer anderen Frage beitragen, ohne die man gar nicht in die »Regeln« hineinkommt: *Wo immer Durkheim gegen die Psychologie polemisiert, meint er gar nicht Psychologie im allgemeinen, sondern einzig die erwähnte atomistische Psychologie*. Mit anderen Worten: er meint immer nur sehr pointiert

1 *Th. Litt*, Individuum und Gemeinschaft, 3. Aufl. Leipzig und Berlin 1926, S. 230/1; vgl. auch *R. König*, Hrsg., Soziologie (Fischer-Lexikon), 19. Aufl. 1980, Artikel »Beziehungslehre«.

2 a. a. O., S. 230.

3 *G. Gurvitch*, a. a. O., S. 116.

jene Psychologie, die — wie oben gesagt — »das Eigenrecht der Gesellschaft« aufhebt. Man kann das auch als »Psychosoziologie« bezeichnen. Dagegen betreibt er selber in seinem Selbstmordwerk sehr deutlich Psychologie, aber Sozialpsychologie, die von der »gegenseitigen Penetration und Fusion einzelner Bewußtseinszustände in einem anderen« ausgeht, das sich von ihnen unterscheidet, nämlich dem Kollektivbewußtsein, wie es oben hieß. Selbst wenn wir mit der Interpretation von *Parsons* sonst völlig einig gehen, so möchten wir doch bemerken, daß seine eigene Argumentation wesentlich an Schlagkraft gewonnen hätte, wenn er sie in der gezeichneten Richtung erweitert hätte. Folgende Bemerkung würde damit erst ganz verständlich, die übrigens auch deutlich an *Litt* anklingt und gleichzeitig die Position der modernen Soziologie in bezug auf das Kollektivbewußtsein besonders glücklich umschreibt: »The analytical distinction between ‚individual' and ‚social' cannot run parallel with that between the concrete entities ‚individual' and ‚society'. Just as society cannot be said to exist in any concrete sense apart from the concrete individuals who make it up, so the concrete human individual whom we know cannot be accounted for in terms of ‚individual' elements alone, but there is a social component of his personality[1].« Im übrigen sind die Stellen, wo *Durkheim* Sozialpsychologie faktisch treibt, obwohl er gleichzeitig gegen die Psychologie (im alten Sinne) polemisiert, insbesondere im Selbstmordwerk und dort wieder in den familiensoziologischen Ausführungen zu finden[2].

Wir kehren nunmehr zu unserem eigentlichen Problem zurück, nämlich der doppelten Verwendungsweise des Begriffs vom Kollektivbewußtsein, die — und das ist der entscheidende Sinn dieser ganzen Ausführungen — sich insbesondere in den »Regeln« verhängnisvoll bemerkbar macht, während *Durkheim* sehr bald später diese Schwierigkeit mindestens teilweise überwunden hat. Die sprachlich stark unterstrichene Entgegensetzung von Individual- und Kollektivbewußtsein fließt also nicht her aus *Durkheims* zentralem Anliegen, das »extra-kontraktuelle Element des Kontrakts« aufzuweisen, sondern aus den spezifischen Erklärungsmitteln für die mechanische Solidarität im Gegensatz zur organischen. Wenn man die »Regeln« liest, sollte man sich das beständig gegenwärtig halten und gegenüber jenen sprachlichen Wendungen, die den Gegensatz zwischen Kollektiv- und Individualbewußtsein betonen, viel mehr auf jene achten, wo von einer »Penetration« und

1 *T. Parsons,* a. a. O., S. 337.

2 *E. Durkheim,* Suicide, Buch II, Kap. III und V. Vgl. auch *R. König,* E. Durkheim, a. a. O., S. 564/5, 579/80 u. ö.

»Fusion« die Rede ist und von Vorgängen, die man heute als »Internalisierung« d. h. »Verinnerlichung« bzw. innere Aneignung sozialer Normen bezeichnet, wie sie in den »Regeln« beschrieben werden. Es soll also eine Interpretation der »Regeln« vorgenommen werden, in der jene Linien betont werden, die aus diesem Buche noch immer das wesentlichste methodologische Werk der modernen Soziologie machen, und alle jene Momente sollen beiseite geschoben werden, die aus dem zweiten Begriff des Kollektivbewußtseins stammen, der weder *Durkheims* zentralem theoretischen Anliegen entspricht, noch in der späteren soziologischen Theorie eine wesentliche Rolle gespielt hat.

III

Das erste Kapitel der »Regeln« fragt nach der *Definition soziologischer Tatbestände* (fait social). Wir rechtfertigen diese vom Üblichen abweichende Übersetzung mit dem Inhalt des Kapitels und auch mit einer Reihe wichtiger Bemerkungen von *Parsons*, die sogleich entwickelt werden sollen. Vorher bemerken wir jedoch, daß die Verwendung des Begriffs »fait social« bei *Durkheim* selber nicht eindeutig und konsequent ist, weswegen wir auch in unserer Bearbeitung der Übersetzung nicht immer von soziologischen Tatbeständen, sondern gelegentlich von sozialen Tatsachen oder gar Phänomenen gesprochen haben. Davon wären dann noch *soziologische Daten* zu unterscheiden. Schon dem Herausgeber und den Übersetzern *Durkheims* ins Englische war die Unklarheit der Begriffsverwendung aufgefallen[1]; sie verfügten aber auch über eine theoretische Vorbereitung durch *Parsons*[2], während bei der alten deutschen Übersetzung von solchen wissenschaftslogischen Überlegungen nichts zu finden ist.

Unter »fait social«, also unter einem *soziologischen Tatbestand*, ist, nach den Bemerkungen von *Parsons*, zu verstehen eine *»empirisch verifizierbare Aussage über Erscheinungen in Termini eines begrifflichen Schemas« oder Systems.* Ein soziologischer Tatbestand ist also eine Aussage und kein Phänomen; er ist eine Aussage über ein oder mehrere Phänomene. Alle wissenschaftlichen Theorien sind auf diese Weise auf Tatbeständen und auf Feststellungen von Beziehungen

1 *E. Durkheim*, The Rules of Sociological Method, translated by Sarah A. Solovay and John H. Mueller, and edited by George E. G. Catlin, 2. Aufl., Glencoe, Ill. 1950.

2 a. a. O., S. XXIV Anmerkung 3.

zwischen Tatbeständen in diesem Sinne aufgebaut. Im übrigen sagt das nicht, daß die Tatbestände, die in irgendeiner Theorie zusammengefaßt sind, die einzigen verifizierbaren Aussagen seien, die über die in Frage stehenden Phänomene gemacht werden können. Eine wissenschaftliche Theorie ist gewöhnlich abstrakt, gerade weil die erfaßten Tatbestände keine vollständige Beschreibung eines konkreten Phänomens geben, sondern in den Termini eines begrifflichen Systems gehalten sind, das heißt sie enthalten nur solche Tatbestände, die für das verwendete theoretische System relevant sind. *Parsons* schließt: »The distinction between a fact, which is a *proposition about* phenomena, and the phenomena themselves, which are concrete, really existent entities, will, if kept clearly in mind, avoid a great deal of confusion[1].« Von den soziologischen Tatbeständen und den Phänomenen sind noch die *Daten* oder Fakten zu unterscheiden. Unter Daten verstehen wir Aussagen über beobachtete und beobachtbare Eigenschaften eines konkreten Phänomens, die niemals aus Begriffen allein abgeleitet, sondern einzig in der Beobachtung erfaßt werden können. Natürlich kommen für eine besondere Wissenschaft immer nur solche Daten in Frage, die in Termini ihres Begriffssystems ausgedrückt werden können. Daten allein bilden also noch keine Theorie[2], sondern sie bedürfen dazu erst einer weiteren begrifflichen Bearbeitung. In diesem Sinne sind als Daten zu bezeichnen etwa die Regeln bestimmter Kodizes, wie sie *Durkheim* in dem Werk über Arbeitsteilung als Ausgangspunkt seiner Analyse benutzt, oder die statistischen Gegebenheiten in seinem Selbstmordwerk. Dieser Unterschied treibt wiederum den anderen zwischen bloßen empirischen Regelmäßigkeiten und theoretischen Gesetzmäßigkeiten hervor, der — speziell in Deutschland — meist nicht verstanden zu werden pflegt, während *Durkheim* darüber recht klar sah. Es ist übrigens von Interesse zu vermerken, daß typischerweise bereits der erste deutsche Übersetzer der »Regeln« die entscheidende Stelle falsch übersetzt. Schon im Jahre 1908 war also einem durchschnittlichen deutschen Soziologen dies wichtige Grundproblem der Wissenschaftslogik unklar[3]. Will man ein späteres Beispiel

1 *T. Parsons*, a. a. O., S. 41.

2 Vgl. dazu *T. Parsons*, a. a. O., S. 734 ff.

3 Besonders deutlich kommt dies an folgender Stelle zum Ausdruck: in den Règles heißt es S. 145 über das Dreistadiengesetz von *Auguste Comte* folgendermaßen: »Quelques grands services que Comte ait rendus à la philosophie sociale, les termes dans lesquels il pose le problème sociologique ne diffèrent pas des précédents. *Aussi, sa fameuse loi des trois états n'a-t-elle rien d'un rapport de causalité; fût-elle exacte, elle n'est et ne peut être qu'empirique.* C'est un coup d'œil sommaire sur l'histoire écoulée du genre humain.« Die Übersetzung lautet folgendermaßen

zur Bestätigung dieser Aussage, so lese man etwa den blühenden Unsinn, den *George M. Marica* über die »Regeln« verzapft[1].
Um einen soziologischen Tatbestand zu fixieren, benötigen wir also ein Begriffssystem. Wir können ferner nach dem oben Gesagten voraussetzen, daß das Begriffssystem des sozialen Atomismus dafür nicht brauchbar sein kann. So werden wir wiederum auf die gemeinsamen Glaubens- und Wertvorstellungen einer Gesellschaft verwiesen. Am Ende des ersten Kapitels der »Regeln« wird genau in diesem Sinne definiert, daß ein soziologischer Tatbestand »in jeder mehr oder minder festgelegten Art des Handelns« beruhe, »die im Bereiche einer gegebenen Gesellschaft allgemein auftritt«. Außerdem heißt es noch, daß diese Arten des Handelns auf den Einzelnen einen »äußeren Zwang« ausüben und »ein von ihren individuellen Äußerungen unabhängiges Eigenleben« besitzen (S. 114)*. Schon *Roger Lacombe*, ein früher Kritiker *Durkheims*, hat darauf hingewiesen, daß es sich dabei in Tat und Wahrheit um zwei verschiedene Argumente handelt, von denen das erste allein hinreichen würde, um *Durkheim* eine Sonderstellung unter den Soziologen seiner Zeit zu sichern[2]. Die Schwierigkeiten liegen nicht in dieser Problemstellung, die eine wesentliche Grundlage für alle Soziologen darstellt, sondern in ihrer weiteren Begründung durch »äußeren Zwang«, womit gleichzeitig die Frage des Kollektivbewußtseins wieder auftaucht, und zwar mit der ganz besonderen Spezifizierung, daß es dem Individualbewußtsein gegenüber »äußerlich« sei.
Es ist von Wichtigkeit zu vermerken, daß die Erwähnung der »mehr oder minder festgelegten Formen des Handelns«, die im Bereiche einer gegebenen Gesellschaft »allgemein« auftreten, auch in den »Regeln« verbunden wird mit der Polemik gegen den soziologischen und psycho-

(S. 149): »Wie große Dienste auch Comte der sozialen Philosophie erwiesen hat, die Grenzen, welche er dem soziologischen Problem steckt, unterscheiden sich von den früheren nicht. *Auch sein berühmtes Gesetz der drei Stadien hat nicht das Geringste von einer Kausalbeziehung an sich. Selbst wenn es exakt wäre, ist es nicht empirisch und kann es nicht sein.* Es ist ein summarischer Überblick über die verflossene Geschichte.« Die kursiv gedruckten Sätze zeigen deutlich, daß der Übersetzer das *Problem* gar nicht verstanden hat, ganz abgesehen von der geradezu hahnebüchen falschen Übersetzung.

1 *G. M. Marica*, Emile Durkheim. Soziologie und Soziologismus, Jena 1932, insbes. S. 60—87. Vgl. zur näheren Begründung *René König*, Bespr. von *Marica*, in: Deutsche Literaturzeitung 1933, Heft 37, S. 1738—1747.

2 *Roger Lacombe*, La méthode sociologique de Durkheim. Etude critique, Paris 1926, S. 48 ff.

* Die Seitenverweise in Klammern beziehen sich auf die folgende Übersetzung der »Regeln«.

logischen Atomismus. Dabei werden *Durkheims* Gedanken vielleicht klarer als anderswo, wenn er etwa sagt, daß die gemeinte »Allgemeinheit« weder mit dem »*Durchschnitt*« der Vorstellungen und Handlungsweisen, noch mit statistischer Allgemeinheit zu verwechseln sei (die höchstens als »Indikator« für objektive soziale Erscheinungen genommen werden dürfe). Die bezielte Form der Allgemeinheit ist vielmehr Ausdruck einer unableitbaren Gesetzlichkeit (eben des sozialen oder kollektiven Daseins). Das erlaubt *Durkheim* zweifellos die Zurückweisung des psychologischen Atomismus für die Konstituierung des sozialen Faktors; und wenn er sagt, daß diese Allgemeinheit »außerhalb« des individuellen Bewußtseins liege, so darf dies Wort gewiß nicht räumlich verstanden werden, sondern bestenfalls im Sinne einer »transzendentalen Ortsbestimmung«. Damit gewinnt auch seine Ablehnung *Tardes* eine tiefere epistemologische Begründung. Gewiß kann man die Tatsache der Allgemeinheit sozialer Phänomene durch den Begriff der »Nachahmung« charakterisieren; das ist aber nur der Oberflächenaspekt des Geschehens. Wenn bestimmte Weisen des Handelns nachgeahmt und dadurch allgemein werden, so nicht aus einer reinen de-facto-Beziehung heraus, sondern weil sie »mehr oder minder festgelegt«, also »obligatorisch« sind. Die durch Nachahmung vermittelte transeunte Allgemeinheit des Interaktionsschemas von *Tarde* wird aufgeschlossen zu einer konstitutiven Allgemeinheit, die für den Handelnden eine Verpflichtung darstellt. Die wesentlichen Differenzierungen dieser moralischen Wirklichkeit liegen im »Mehr oder Minder« der Festlegung oder Konsolidierung, der Formung im Sinne der Strukturierung (arrangement) oder der »Kristallisierung«, die von den völlig »freien Strömungen des sozialen Lebens, die noch in keine Form eingegangen sind«, also Phänomene der »sozialen Spontaneität«, wie wir heute sagen würden, bis zu festen und eindeutigen Strukturen reichen. In alle dem handelt es sich zweifellos nicht um individuelle Reaktionen auf individuell erfahrene Reize im Sinne des psychologischen Atomismus, die dann auf irgendeine geheimnisvolle Weise zu einer sinnvollen Ordnung zusammenwachsen sollen, sondern um eine Wirklichkeit *anderer* Natur, *eigener* Natur, um eine *Wirklichkeit sui generis*, die mit Hilfe des Begriffssystems des psychologischen und des soziologischen Atomismus einfach nicht verstanden werden kann. Das heißt also mit anderen Worten, daß bloße Gleichförmigkeiten und Regelmäßigkeiten des Handelns an sich noch kein Indiz für einen soziologischen Tatbestand sind, wie es auch nach dem Worte *Max Webers* kein soziales Handeln ist, wenn bei einem plötzlichen Regenguß viele Menschen gleichmäßig ihre Regenschirme öffnen. Sie reagieren ja hier nur individuell auf einen individuellen Reiz, die beobachtete

Regelmäßigkeit ist nur faktischer Natur. Vielmehr sind einzig jene Gleichförmigkeiten und Regelmäßigkeiten soziologisch relevant, die in der geschilderten Weise und im Rahmen der erwähnten Variationsbreite obligatorisch sind. Die wesentliche Bestimmung des Kollektivdaseins liegt dann nicht darin, daß etwas kollektiv ist, weil es (rein faktisch) allgemein ist, sondern umgekehrt, es ist allgemein, weil es kollektiv also obligatorisch ist (S. 111/2). Davon ist dann die oben aufgerollte Frage der Spezifizierung des Charakters der Obligation als »äußerer« Zwang zu unterscheiden. Die obigen Ausführungen haben es aber vielleicht deutlich gemacht, daß man die Problematik der Allgemeinheit sozialer Regelungen sehr wohl darstellen kann, ohne noch auf das Problem des »äußeren Zwanges« und der vermeintlichen »Exteriorität« des Kollektivbewußtseins zu rekurrieren.

Um dies ganz klar zu machen, muß jedoch ein weiterer Unterschied berücksichtigt werden, den erst *Parsons*[1] eingeführt hat. Wir müssen nämlich, wenn wir das Problem einer dem Individualbewußtsein »äußerlichen« Wirkung des Kollektivbewußtseins behandeln, zwischen einer subjektiven und einer objektiven Perspektive unterscheiden. Die subjektive Perspektive beinhaltet die als von Außen kommend empfundene Wirkung der »gemeinsamen Glaubens- und Wertvorstellungen« auf den Handelnden, den Akteur; die objektive Perspektive bezieht sich dagegen auf die Stellung des Beobachters und Forschers zu diesem ganzen Wirklichkeitszusammenhang. Wie ich als Handelnder den Zusammenhang des Sozialen empfinde ist der eine Aspekt, der andere schließt sich allein dem wissenschaftlichen Beobachter auf, also demjenigen, der auf der Suche nach einem Begriffssystem ist, in dessen Termini sich die sozialen Erscheinungen ausdrücken lassen. Es liegt auf der Hand, daß beide Gesichtspunkte sehr verschieden voneinander sind; andererseits ist nicht zu leugnen, daß *Durkheim* in den »Regeln« eine Tendenz hat, dauernd zwischen ihnen hin- und herzuwechseln.

Darüber hinaus kommt noch hinzu die oben angedeutete spezielle Bedeutung des Kollektivbewußtseins als des entscheidenden Begriffssystems, wie er es in dem Werk über die Arbeitsteilung in bezug auf die »mechanische Solidarität« erarbeitet hatte. Dies führt in der subjektiven Perspektive zu einer Entgegensetzung von Individualmotivation und Kollektivdetermination, in der objektiven Perspektive zur Annahme einer autonomen Existenz des Kollektivbewußtseins als einer Art von »group mind«. In beiden Fällen wird überdies das Verhältnis der »Äußerlichkeit« stark unterstrichen. Das bedeutet für die subjektive Perspektive die Verwechslungsmöglichkeit von äußerer Determination

1 *T. Parsons*, a. a. O., S. 346 ff.

mit dinglich-materieller Determination zuzüglich einer Außerachtlassung der sozial determinierten Motivationsstruktur des Handelns, also Rückzug auf eine Art von Behaviorismus [1]. In der objektiven Perspektive bedeutet es dagegen die mindestens sprachlich bedingte Hypostasierung des Kollektivbewußtseins als einer metaphysischen Entität. Es wäre nun leicht zu zeigen, daß beides keineswegs in den Intentionen *Durkheims* liegt, wie auch *Parsons* immer wieder betont. Aber das ändert nichts daran, daß dieser Eindruck tatsächlich entstanden ist und von der Kritik häufig unterstrichen wurde. Von heute aus gesehen ergibt sich daraus die Lehre, wie schwer es ist, das soziologische Begriffssystem zu entfalten. Dies einzusehen, scheint uns wichtiger als das dauernde Herumreiten auf den vermeintlichen Fehlern *Durkheims,* die teils in einer sachlich bedingten Schwierigkeit, teils aber in einer vorübergehenden Periode seines Denkens begründet waren. Wir werden dies Problem teilweise wieder aufgreifen, wenn wir uns der Interpretation der zweiten Grundregel der soziologischen Methode zuwenden, nach der die soziologischen Tatbestände »wie Dinge«, also wie Gegenstände behandelt werden müssen.

Wir müssen daher in der Interpretation des ersten Kapitels der »Regeln« zweierlei unterscheiden: die einer Gruppe gemeinsamen Glaubens- und Wertvorstellungen, die im durchschnittlichen Bewußtsein aller Mitglieder lebendig sind, und die zusätzliche »Erklärung«, daß diese Wertvorstellungen darum von relativer Allgemeinheit sind, weil sie kollektiv sind, wobei gleichzeitig das Kollektivbewußtsein von Außen wirkend gedacht wird. Im Gegensatz zur Auffassung von *Gurvitch,* daß diese »Exteriorität« immer räumlich zu denken sei [2], möchten wir eher der von *Parsons* mehrfach vertretenen Meinung zuneigen [3], daß dies wohl nicht ganz so extrem zutrifft. Vielmehr ist diese postulierte Äußerlichkeit wohl eher im *epistemologischen* Sinne zu verstehen. Das paßt auch zusammen mit der Unterscheidung der subjektiven und der objektiven Perspektive, indem vom Akteur der von der sozialen Umwelt auf ihn ausgeübte Druck als etwas »Äußeres« empfunden wird, was dann auch epistemologisch in der objektiven Perspektive als

1 Diesem Mißverständnis ist z. B. *Otto Neurath,* Empirische Soziologie, Wien 1931 zum Opfer gefallen, hinter dessen »Physikalismus« sich eine ausgesprochen metaphysische Dogmatik verbirgt. Davor hat sich *Durkheim* immer zu bewahren gewußt, indem er es denkbar klar macht, daß der »soziale Faktor« psychischer Natur ist, obwohl er den Aktionsradius des »Individuums« im Sinne des psychologischen Atomismus »übersteigt«.

2 *G. Gurvitch,* a. a. O., passim.

3 *T. Parsons,* a. a. O., S. 350, Anm. 1, S. 355, Anm. 1, und die entsprechenden Stellen im Text.

wesentliche Beziehung zwischen Individual- und Kollektivbewußtsein angesehen wird. Im übrigen gibt es Stellen genug bei *Durkheim,* die es belegen, daß er nicht so primitiv dachte, wie der Strohmann, den seine Kritiker aus ihm machten. Der tatsächlich durch die sprachliche Formulierung hervorgerufene Eindruck wird dann erstens durch den inadäquaten zweiten Begriff des Kollektivbewußtseins bedingt, von dem wir gesprochen haben, zweitens aber auch durch die Art des Vorgehens, da er, ähnlich wie *Descartes* nicht dogmatisch, sondern dialektisch prozediert, indem gewissermaßen auf jeder Stufe der Diskussion die relevanten Problemstellungen nicht allgemein vorausgesetzt, sondern aus dem dialektischen Prozeß selber herausentwickelt werden.

Allerdings muß weiter eingeräumt werden, daß der kritische Begriff des Kollektivbewußtseins im ersten Kapitel der »Regeln« nicht sehr klar herauskommt. Das liegt auch an der provisorischen Art der Argumentation, die das gesuchte begriffliche Bezugssystem, also den sozialen Faktor, gar nicht direkt angeht, sondern nur indirekt, indem vorwiegend betont wird, was dieser Faktor *nicht* ist (also z. B. nicht biologischer, aber auch nicht psychologischer Natur). Die neue Art soziologischer Tatbestände ist zunächst in der Tat eine »Residualkategorie«, wie ebenfalls schon *Parsons* bemerkt hat [1]. Bei der Diskussion der »Erklärung« soziologischer Tatbestände (Kap. V, 2) heißt es zum Beispiel, daß die einzelnen Psychen »zusammentreten, sich durchdringen und verschmelzen« müssen, um das neue »psychische Wesen« des Kollektivbewußtseins hervorzubringen. Diese Ausdrucksweise entspricht genau der im Selbstmordwerk verwendeten [2], wo ebenfalls von »Penetration und Fusion« der Einzelbewußtseine zum Kollektivbewußtsein die Rede ist, was ganz auf *Gurvitch* vorweist [3]. In die gleiche Richtung weist die Bemerkung im ersten Kapitel der »Regeln«, daß das Kollektivbewußtsein im Zustand des »Unbewußten« im Bewußtsein des Einzelnen existiere. Dort sei es »undurchsichtig« für den Akteur, so daß er der Illusion erliege, »selbst geschaffen zu haben, was uns in Wahrheit von außen auferlegt wurde« (S. 108). Etwas, das im Zustand des Unbewußten da ist, *kann aber beim besten Willen nicht als etwas im räumlichen Sinne von außen Wirkendes angesprochen werden.* Etwas weiter wird der Prozeß beschrieben, wie in der Erziehung die durchschnittlich in einer Gesellschaft akzeptierten Normen und Glaubensvorstellungen auf die Kinder übertragen werden. Hier beschreibt er genau, was wir heute als *Sozialisierungs-* oder *Enkulturationsprozeß* bezeichnen.

1 *T. Parsons,* a. a. O., S. 351, Anm. 2.

2 *E. Durkheim,* Suicide, S. 111.

3 *G. Gurvitch,* a. a. O., S. 136.

Schließlich heißt es: »Wenn mit der Zeit dieser Zwang nicht mehr empfunden wird, so geschieht dies deshalb, weil es nach und nach Gewohnheiten und innere Tendenzen zur Entstehung bringt, die ihn überflüssig machen« (S. 109). Die »inneren Tendenzen« *(tendances internes)* umschreiben genau das, was heute als das Ziel des Sozialisierungsprozesses, als »*Internalisierung*« der geltenden Normen und Glaubensvorstellungen angesprochen wird. Das tritt auch deutlich in Erscheinung, wenn gesagt wird, daß »die Erziehung die Herausbildung des sozialen Wesens zum Gegenstand hat«. Seine pädagogischen Schriften widmen sich insgesamt vorwiegend diesem Problem und beleuchten die Rolle des »*Lernprozesses*« in der Entfaltung der sozial-kulturellen Person [1]. Das erläutert ganz eindeutig, daß und warum der Einzelne subjektiv den Sozialisierungsprozeß und die Enkulturation als eine Folge von äußeren Beeinflussungen erfahren muß, die ihm in Form von Erwartungsnormen von seiner Umwelt entgegengebracht werden. Obwohl aber die Art und Weise des Entstehens der sozial-kulturellen Person an und für sich ein Gegenstand von Interesse ist, darf dennoch nicht vom subjektiv erlebten Aufbauprozeß her auf die objektive Motivationsstruktur des sozialen Handelns geschlossen werden. Es ist nicht von der Hand zu weisen, daß dies *Durkheim* unterläuft, obwohl, wie wir zu zeigen versuchten, selbst in den »Regeln« eine Reihe von Instanzen da sind, die in eine andere Richtung weisen.

Im übrigen ist es leicht, die Gegenprobe auf dies Argument zu machen, nämlich zu zeigen, daß in der Perspektive des Handelnden jede Art des abweichenden Verhaltens eine Reaktion der Umwelt provoziert. *Zumeist werden wir uns nämlich überhaupt erst in dem Moment der wirklichen Existenz der erwähnten, allgemein akzeptierten Normen und Glaubensvorstellungen bewußt, wenn wir von ihnen abweichen.* Dann tritt sofort eine ganze Reihe von Sanktionen ein, die in der gleichen Variationsbreite wie die Regeln des Verhaltens mehr oder minder festgelegt und definiert sein können. Subjektiv werden diese Sanktionen selbstverständlich als Zwang erlebt, der »von Außen« wirkt. In diesem Falle ist der Ausdruck »von Außen« übrigens beim Wort zu nehmen, aber wohlverstanden einzig in der subjektiven Perspektive des diese Sanktionen erlebenden Akteurs. Die Umwelt macht ihn aufmerksam auf das Unstatthafte seines Verhaltens: von der bloßen Mißbilligung bis zur eindeutigen Gewaltandrohung durch bestimmte Rechtsregeln ziehen sich verschiedene Reaktionsweisen der sozialen Umwelt, die zunächst – im subjektiven Erleben – dem

1 *E. Durkheim*, Education et sociologie, hg. von *P. Fauconnet*, Paris 1922; *ders.*, L'éducation morale, Paris 1925.

Handelnden genau so (räumlich) äußerlich erscheinen wie die physische Umwelt. Wir wiederholen jedoch, daß die Art und Weise, wie bestimmte Zusammenhänge vom Handelnden erlebt werden, nichts über die objektiven Strukturen dieser Zusammenhänge aussagt. Andererseits liegt aber die Versuchung nahe, die Grenzen zwischen beiden Perspektiven unklar werden zu lassen, und das geschieht denn auch in der Tat bei *Durkheim*.

Dazu kommt schließlich noch eine letzte Frage, die sich ebenfalls auf die Zweiheit der subjektiven und der objektiven Perspektive bezieht. Wie gesagt kommt der äußere Druck auf den Handelnden dadurch zustande, daß ihm die Erwartungsnormen seiner Umgebung mit bestimmten »Ansprüchen« gegenübertreten. Diese Wirklichkeit ist also im oben gekennzeichneten Sinne »moralische Wirklichkeit«. In dieser Hinsicht hat das französische Wort »conscience« im Kollektivbewußtsein die im Deutschen nicht mehr vorhandene Bedeutung von Gewissen, wie *Parsons* bemerkt[1]. Andererseits gewinnt der Begriff Kollektivbewußtsein in der objektiven Perspektive eindeutig die Bedeutung von Bewußtsein im theoretischen Sinne, was auch durch die Verbindung mit dem Begriff der kollektiven Vorstellungen dokumentiert wird. Wenn wir jetzt das zusammennehmen mit dem besonderen aus dem Werk über die Arbeitsteilung herüberwirkenden Sinn von Kollektivbewußtsein, dann können wir verstehen, daß sich auch von hier aus ein neuerlicher Impuls auswirkt, dies Kollektivbewußtsein zu hypostasieren und als eine Art von »group mind« erscheinen zu lassen — mindestens in den sprachlichen Formulierungen. Im übrigen wird diese Alternative erst dann ganz verständlich werden, wenn wir die Probleme des zweiten Kapitels der »Regeln« mit heranziehen.

IV

Das zweite Kapitel der »Regeln« beginnt mit der berüchtigten »Regel zur Betrachtung der soziologischen Tatbestände«, diese »wie Dinge« zu behandeln. Dies Postulat ist in die allgemeine *Durkheim*kritik unter dem Namen »*Chosismus*« eingegangen. Selten ist wohl in der Wissenschaftsgeschichte ein einzelner Satz soviel mißverstanden und mißbräuchlich benutzt worden wie dieser, sowohl in der Zustimmung als auch in der ablehnenden Kritik. Kaum ist jemals ein Versuch unternommen worden, diesen Satz über einige oberflächliche Bemerkungen hinaus zu analysieren, vor allem ihn in Zusammenhang zu setzen mit

1 *T. Parsons*, a. a. O., S. 359, 309, Anmerkung 3.

den bereits erwähnten Schwierigkeiten in der Bestimmung der soziologischen Tatbestände.

Zur Würdigung der hier auftretenden Schwierigkeiten möchten wir – noch ganz formal – auf einen Umstand hinweisen, der bisher eigentlich allen Kritikern dieses Kapitels entgangen ist, übrigens auch jenen, die *Durkheim* positiv gegenüber stehen. Im Titel wird von »Regeln zur *Beobachtung* der soziologischen Tatbestände« gesprochen, was unseren Übersetzungsvorschlag für »fait social« sinnlos machen würde, wie die gegebene Formel deutlich sehen läßt. Der erste Satz des Kapitels spricht aber nicht mehr spezifisch von »Beobachtung«, sondern viel unverbindlicher von *»Betrachtung«* (considérer). Wenn wir uns an den Titel allein halten wollten, dann wäre die Verwendung des Begriffs »soziologische Tatbestände« in dem oben im Anschluß an *Parsons* umschriebenen Sinne falsch. Wenn wir vom ersten Satz ausgehen, ist unsere Sprechweise dagegen richtig.

Nun kann natürlich die letztliche Entscheidung in dieser Frage nicht auf diese beiden Sätze allein gestellt werden, sondern wir müssen jetzt noch den Rest des Kapitels berücksichtigen. Gerade dabei stellt sich nun aber heraus, daß unsere Annahme wohl richtig ist, *daß es hier nicht primär um Beobachtung von »Daten«, sondern vielmehr um die Betrachtungsweise von Aussagen über die Daten geht.* Gewiß kommt Beobachtung dabei vor, aber nicht zentral und um ihrer selbst willen, sondern immer nur in dem Zusammenhang, *daß die Vorbegriffe der Vulgärerfahrung mit den wissenschaftlichen Aussagen über soziologische Tatbestände, die, wie oben gesagt wurde, eine »empirisch verifizierbare Aussage über Erscheinungen in Termini eines begrifflichen Schemas« oder Systems darstellen, verwechselt werden.* Hier steckt die »Beobachtung« in der Spezifizierung »empirisch verifizierbare Aussage über Erscheinungen« mit drin. Aber nicht sie ist der Diskussionsgegenstand, *sondern die Verwechslung der beiden Begriffsdimensionen,* jener der »Vulgärbegriffe« mit der der eigentlichen wissenschaftlichen Begriffe.

Die Vulgärbegriffe dienen der Durchschnitts- und Alltagspraxis, für die sie »approximativ« richtig sind; in vielen Fällen sind sie allerdings auch falsch. So wird man niemals durch Weiterentwicklung dieser Vulgärbegriffe der Praxis, wie man es auch immer anfangen möge, zur Entdeckung der Gesetze der Wirklichkeit gelangen; sie sind vielmehr eher wie ein »Schleier«, »der sich zwischen die Dinge und uns legt und sie desto mehr verhüllt, je durchsichtiger man ihn glaubt« (S. 116). Es entspricht dieser ganzen Ausgangssituation, daß diese Art des »Wissens« in sich höchst unbeständig ist, da es keinen greifbaren »Stoff« hat, aus dem es sich nähren könnte. Kaum daß es entstanden ist, verschwindet es auch sofort wieder und verwandelt sich in »Kunst« und Praxis. Andererseits aber haben diese Vulgärbegriffe, trotz ihrer »halben Irrealität« und ihrer »unendlichen Plastizität«, eine Art von »Einfluß« (ascendance) und »Ansehen« (autorité), das einfach darauf zurückgeht, daß sie ein »Erzeugnis häufig wiederholter Erfahrungen« sind. Sie leisten auch unserem Bestreben, uns von ihnen zu befreien, einen gewissen »Widerstand«, so daß wir dazu verleitet werden, sie als »wirklich« anzusehen, da wir alles, was uns Widerstand leistet, »als wirklich ansehen müssen«. Das ist im besten Sinne soziologisch betriebene Erkenntnistheorie; denn auch die Vorurteile der Vulgärerfahrung werden durch ihre Wiederholung und durch den sozialen Kurswert, den sie somit erhalten, zu Wirklichkeiten. *Sie sind aber darum doch nur soziale Wirklichkeiten und keine soziologischen Wahrheiten.* Diese Einsicht ist bereits ein Ausdruck der oben ausgesprochenen Regel, die soziologischen Tatbestände wie »Dinge« zu betrachten; insofern die Vorurteile der Vulgärerfahrung bestimmte soziale Funktionen haben, sind sie selber wirklich »Dinge«, aber eben »Dinge« einer besonderen Art, die beweist, daß sie nicht der Erkenntnis sondern der »Praxis« dienen. Das ist bereits *eine erste relevante soziologische Erkenntnis, die sich vom unmittelbaren sozialen Lebensvollzug deutlich unterscheidet.* Sozial und soziologisch ist nicht dasselbe. Selbst wenn soziales Geschehen im praktischen Umgang seine eigenen Vorstellungen von Familie, Staat, Moral, Gesellschaft usf. entwickelt, so sind diese dennoch von soziologischen Aussagen sensu proprio zu unterscheiden. Letztere sind nicht nur eine Manifestation der Wirklichkeit, *sondern machen die Wirklichkeit selber zum Gegenstand,* indem sie sie eben »wie ein Ding« behandeln. Es wird gleich zu entwickeln sein, was darunter sachlich zu verstehen ist. Vorläufig sollte die Problematik nur ganz formal aufgerollt werden. Wir beziehen aber aus dem Gesagten die Berechtigung, den Titel des Kapitels in der deutschen Übersetzung leicht zu ändern, indem wir sagen: *»Regeln zur Betrachtung der soziologischen Tatbestände«.* Zum Abschluß weisen wir noch darauf hin, daß die Ablehnung des Selbstverständnisses einer sozialen Wirklichkeit mit den Vorbegriffen der Vulgärerfahrung als Quelle für soziologische Erkenntnis eine Parallele zur *Ablehnung der Selbstbeobachtung* als Quelle der Erkenntnis für die Psychologie darstellt, wie es schon *Auguste Comte* angebahnt hatte.

Die Wendung, etwas wie ein »Ding« behandeln, ist aber durch den Inhalt des ersten Kapitels bereits festgelegt! Dieser Satz bezieht sich nämlich eindeutig auf die »moralische Wirklichkeit«, in der sich die gemeinsamen Glaubens- und Wertvorstellungen einer Gesellschaft oder einer Gruppe entfalten. Damit allein sollte die Möglichkeit der Mißdeutung des »Dinges« als eines irgendwie »materiellen Dinges« ausgeschaltet sein. Das trat auch schon in der Schrift über *Montesquieu* deutlich hervor. Im »Vorwort« zur zweiten Auflage der »Regeln« hat sich *Durkheim* eingehend über diese Möglichkeit des Mißverständnisses geäußert (S. 88 ff.), so daß hier darüber nichts mehr befunden werden muß. Die moralische Wirklichkeit besteht zunächst ganz und gar in Vorstellungen, wenn auch in solchen sehr besonderer Natur, eben Normen. Allerdings nun nicht Normen, die von einem Absoluten ausgehen, sondern Normen, die einer gegebenen Gesellschaft oder Gruppe gemeinsam sind und sich dort entsprechend in konkreten Akten des Verhaltens und in entsprechenden Erwartungen gegenüber Anderen äußern. Dies muß zuerst ins Auge gefaßt werden, bevor wir an die rein methodologischen Konsequenzen herantreten, die *Durkheim* daraus entwickelt.

Etwas wie ein Ding betrachten, heißt zunächst etwas als einen objektiven Gegenstand betrachten, der das Merkmal einer Wirklichkeit eigener Natur (»sui generis«) hat. »Ein Ding ist ja alles, was gegeben ist, was sich der Beobachtung anbietet oder vielmehr sich ihr aufdrängt« (S. 125). Für »aufdrängen« wird also derselbe Ausdruck benutzt (»s'imposer«), der im ersten Kapitel verwendet wurde, um das Verhältnis der moralischen Wirklichkeit zum Handelnden zu bezeichnen. So heißt es auch, daß diese »Daten« für die Wissenschaft nicht bestehen in irgendwelchen abstrakten Vorstellungen des Beobachters, *sondern vielmehr »in der Gesamtheit der Regeln, die das Handeln tatsächlich bestimmen«* (S. 125). Daraus resultieren nun einige theoretische Probleme, die von der größten Bedeutung für ein adäquates Verständnis *Durkheims* und der Schwierigkeiten sind, vor die er sich gestellt fand, so daß wir noch etwas dabei verweilen müssen, bevor wir weitergehen.

Der erste Punkt, der hervorgehoben werden muß, hängt mit bereits behandelten Problemen zusammen. Die soziologischen Tatbestände wie Dinge zu behandeln, ist zunächst ein allgemeines Postulat der Wissenschaft. Die aus der Erfahrung abstrahierten Daten sind so, wie sie sind, unangesehen unserer Billigung oder Mißbilligung. Sie stehen in der Tat »außerhalb« der Reichweite unserer Willkür und bieten jedem Versuch der Veränderung Widerstand. Das ist ganz in der Linie der Entwicklung einer positiven Wissenschaft von der Soziologie, wie *Parsons* sehr richtig bemerkt. Dies führt *Durkheim* dazu, nach Daten Ausschau zu halten, die – wie etwa die Regeln eines Rechtskodex oder wie die Selbstmordstatistiken – in der Tat objektiv greifbar sind, um sich nicht auf subjektive Vorurteile verlassen zu müssen. All das geht an keiner Stelle über den Rahmen der Wissenschaftslehre hinaus. Dann aber gewinnt das Kriterium der Exteriorität und des Zwanges einen zusätzlichen Sinn, *sowie die Sache nicht mehr vom wissenschaftlichen Beobachter, sondern vom Handelnden her betrachtet wird.* Wir haben schon gesehen, daß *Exteriorität gegenüber dem Handelnden* das entscheidende Merkmal soziologischer Tatbestände ist. Damit muß das Postulat der Behandlung soziologischer Tatbestände wie Dinge einen Doppelsinn erhalten. 1. Die sozialen Phänomene, die vom Soziologen studiert werden, sind ein Teil der Außenwelt wie die Natur; 2. Menschliches Handeln muß verstanden werden als Ergebnis von Faktoren, die im Verhältnis zum handelnden Individuum ebenfalls wie »Dinge« gedacht werden können, die durch die privaten Wünsche und Ambitionen des Einzelnen ebensowenig verändert werden können[1], weil sie ihm »äußerlich« sind. Das zweite Argument führt unweigerlich wieder zur Konzeption einer vom konkreten Individuum unabhängigen Existenz des Kollektivbewußtseins unter dem Einfluß jener Auffassung des Kollektivbewußtseins, die als »mechanische Solidarität« in dem Werk über die Arbeitsteilung entwickelt wurde; die Untragbarkeit dieser Alternative wurde schon deutlich unterstrichen. Das erste Argument läßt sich dagegen durchaus hören, wenn es auch mindestens teilweise, wie gleich gezeigt werden soll, den Nachteil hat, wie *Parsons* hervorhebt, *zu breit* zu sein, also *zu wenig spezifisch*[2]. Wir müssen dazu nur bedenken, daß wir uns auf dem Wege befinden, den spezifisch sozialen Faktor herauszuarbeiten. Unter den Erscheinungen der Außenwelt findet jedoch der Handelnde nicht nur soziale Normen, sondern eben wirklich auch Dinge physisch-materieller Natur und überhaupt zahllose andere Erscheinungen des Lebens (bio-physiologischer Natur z. B.), die ebenfalls für seine Willkür unerreichbar, ihm äußerlich sind und auf ihn einen Druck ausüben.

Durkheim sieht übrigens diese Schwierigkeit selber ein, die ihn später zum Ausbau einer besonderen soziologischen Grunddisziplin brachte, der *sozialen Morphologie*[3]. Diese wird schon im ersten Kapitel der »Regeln« erwähnt, wo von dem »Substrat des Kollektivlebens« die Rede ist (S. 113). Aber gerade da betont er auch, daß diese physisch-materiellen Dinge und Umstände, zu denen schon seit dem Werk über *Montesquieu* auch die materiellen Gegebenheiten der Bevölkerung gehören, daneben noch Artefakte aller Art (Werkzeuge, Verkehrswege, Häuserformen, Kleidung usw.), »nicht durch eine rein materielle Untersuchung und durch geographische Beobachtung« zu erfassen sind;

1 a. a. O., S. 348/9.

2 a. a. O., S. 365. Vgl. dazu oben S. 43, Anm. 1.

3 Vgl. dazu *R. König*, Artikel »soziale Morphologie« in: *R. König*, Hrsg., Soziologie (Fischer-Lexikon), 19. Aufl. 1980.

vielmehr sind auch alle diese Phänomene »moralischer Natur«, »wenn sie auch in der physischen Natur eine Grundlage haben« (S. 113). Als solche weisen sie »ebenfalls die Kennzeichen der soziologischen Tatbestände auf«, d. h. sie sind dem Handelnden äußerlich und drängen sich ihm auf. Bei der Analyse seines Begriffes des »inneren sozialen Milieus« heißt es (S. 194 ff.), daß dazu Personen und Dinge gehören. Dabei wird der Begriff »Dinge« in der Tat in einem sehr weiten Sinne verstanden. »Unter den Dingen sind außer den der Gesellschaft einverleibten materiellen Objekten die Produkte früherer sozialer Tätigkeit zu verstehen, das gesatzte Recht, die geltende Moral, literarische und künstlerische Dokumente etc.« Auch in der Einleitung zur zweiten Auflage der »Regeln« weist er auf die Bedeutung dieser Dinge hin (S. 93 Anmerkung). Aber es wird wohl jetzt klar, wie das zu verstehen ist. Weit davon entfernt, daß *Durkheim* damit die sozialen Phänomene in der Perspektive des Handelnden auf eine Linie brächte mit anderen physisch-materiellen Erscheinungen, bahnt er vielmehr damit an, was *Herm. Schmalenbach* als »Soziologie der Sachverhältnisse[1]« bezeichnet hat. Das heißt mit anderen Worten, daß *umgekehrt der Bereich der soziologischen Tatbestände auch auf die dinglich-sächliche Welt im weitesten Sinne ausgedehnt wird,* was sehr beträchtliche Folgen für die Ausdehnung der Soziologie gehabt hat. Hier weichen wir also wesentlich ab von der Interpretation von *Parsons* wie auch von seiner Einstellung zur Demographie, Geographie und Biologie, was jedoch im vorliegenden Zusammenhang nicht zur Diskussion steht. Im übrigen ist es äußerst bezeichnend zu sehen, wie etwa die dogmatische Neubelebung der soziologischen Inter-psychologie von *Tarde* in der »Beziehungslehre« von *Leopold von Wiese* neben ihrem interaktionistischen Atomismus, wie *Litt* ihn schon kritisierte, weil in ihm keinerlei soziologischer Faktor gegenständlich wird, konsequent auch jede Soziologie der Sachverhältnisse zurückweist[2]. Der Gegenstandslosigkeit dieses Denkens in personaler Hinsicht entspricht eine ebensolche Position im Hinblick auf das, was man auch die »materielle Kultur« nennen könnte. Wenn wir den Ansatz von *Durkheim* und seine Interpretation durch *Parsons* mit unserer eigenen in ein Verhältnis setzen wollten, müßten wir jetzt ungefähr folgendes sagen: Unter den Dingen, die der Handelnde in seiner Umwelt vorfindet, gibt es 1. solche, die soziologisch völlig irrelevant sind, und 2. andere, die von gleicher soziologischer

1 *H. Schmalenbach*, Soziologie der Sachverhältnisse, in: Jahrbuch für Soziologie III, Karlsruhe 1927.

2 *L. von Wiese*, System der Allgemeinen Soziologie, 2. Aufl. München und Leipzig 1933, S. 106, 130.

Relevanz werden wie die anderen Erscheinungen der moralischen Wirklichkeit des Sozialen. Der Übergang zwischen beiden Kategorien ist übrigens fließend und wandelt sich beständig mit der technisch-wirtschaftlichen und kulturell-historischen Entwicklung der Gesellschaft. In einer Kultur, die nichts von Radioaktivität weiß, sind alle radioaktiven Substanzen, die in der Natur vorkommen, zwar nach wie vor dinglich-sächlich da, aber soziologisch irrelevant. Es darf auch gesagt werden, daß es in einer Gesellschaft sicher immer viel mehr soziologisch irrelevante Dinge als relevante gibt. Darüber darf aber nicht vergessen werden, gerade wenn wir auf der Suche nach dem sozialen Faktor uns befinden, daß auch dinglich-sächliche Erscheinungen den gleichen Zug haben können wie die Erscheinungen der moralischen Wirklichkeit: *sie wirken normativ ein auf das Verhalten des Handelnden,* sind ihm äußerlich und drängen sich ihm auf. Sie tun dies allerdings auch nur in dem Ausmaß, in dem sie einen Bestandteil des gesamten kulturellen Wertsystems darstellen. Wenn etwa ein vorhandenes Werkzeug den Handelnden zu einem bestimmten Verfahren zwingt, so ist dieser Zwang deutlich unterschieden von jenem Zwang, den der Einzelne empfindet, wenn er z. B. einem im Wege liegenden Steinblock ausweicht. Im ersten Falle ist der Zwang eindeutig normativ, im zweiten ist er eine bloße physische Zwangsläufigkeit, die den Handelnden zum Ausweichen bringt. Im gleichen Sinne wirken sich auch z. B. vorhandene Verkehrswege nicht nur in der Art einer bloß physischen Erleichterung des Verkehrs aus, indem sie etwa physische Hindernisse aus dem Wege räumen, *sondern vielmehr als soziale Gebote, die außerordentlich schwer zu überwinden sind, weil sie eben ein Bestandteil der moralischen Wirklichkeit sind.*

Im übrigen ist der Unterschied zwischen beiden Alternativen leicht zu verstehen, wenn wir die versuchte Abweichung von der sozial akzeptierten Norm mit heranziehen. Im Falle einer soziologisch völlig irrelevanten Sachbeziehung ist der Handelnde in seinem Verhalten insofern relativ »frei«, als er zwar dem äußeren Druck der Sachwelt gehorchen muß, ihn aber gerade dadurch auch überwinden kann; natura non nisi parendo vincitur: der Handelnde kann nicht mit dem Kopf gegen den Steinblock auf seinem Wege anrennen, aber er kann ihn umgehen, und der Steinblock wird diesem Verhalten gegenüber völlig ungerührt sein. Anders beim Abweichen von einer moralischen Wirklichkeit: hier meldet sich diese Wirklichkeit plötzlich selber zu Wort, indem sie dies abweichende Verhalten mißbilligt. Der »Widerstand« gegen den bloßen Versuch des Abweichens, der mit der Exteriorität und dem Sichaufdrängen der moralischen Wirklichkeit verbunden ist, ist fundamental anderer Natur als der gegenüber einem bloßen physischen Hindernis.

Im ganzen besehen scheint es uns notwendig, um mit der hier vorliegenden Problematik fertig zu werden, *den wesentlichen Unterschied im Wirklichkeitsbezug des Handelnden in der subjektiven Perspektive vor dem des beobachtenden Theoretikers in der objektiven Perspektive noch deutlicher zu machen, als es bisher geschehen ist.* Für den *beobachtenden Theoretiker* gibt es in der Tat nichts »hinter« den Phänomenen, vor allem auch nichts »außerhalb« ihrer, sei dies nun räumlich oder anders verstanden. Kritische Wissenschaft beschränkt sich ein für allemal auf Erscheinungen, jeder Schritt darüber hinaus führt in die Metaphysik. Wie aber schon *Kant* den Unterschied zwischen der theoretischen und der praktischen Vernunft hervorhob, so müssen wir zugestehen, *daß die Verhältnisse für den Handelnden in der subjektiven Perspektive eben gerade in der Hinsicht des Wirklichkeitsbezugs andere sind.* In dieser Hinsicht muß nochmals die Parallele zu *Dilthey* aufgegriffen werden, auf den wir uns oben bereits beriefen.

Es ist uns seit Jahrzehnten immer wieder aufgefallen, wieso eigentlich bis heute noch niemand die erstaunlichen Übereinstimmungen zwischen *Durkheim* und *Dilthey* speziell in bezug auf eine Abhandlung des Letzteren von 1890 aufgefallen sind[1]. Wir meinen die Abhandlung über den »Ursprung unseres Glaubens an die Realität der Außenwelt«. In ihr wird ebenfalls das Bewußtsein der kritischen Wissenschaft der subjektiven Perspektive des Handelnden gegenübergestellt. Für das Bewußtsein der kritischen Wissenschaft gilt der »Satz der Phänomenalität«, d. h. »die kritische Einschränkung der Wissenschaft auf Erscheinungen«. Speziell für jede Form des Rationalismus gilt dieser Satz. *Dilthey* stellt nun diesem theoretischen Subjekt »den Menschen in seiner empirischen Lebensfülle« gegenüber, für den »eine breitere Wirkung des Triebsystems, der Tatsachen des Willens und der mit ihnen verbundenen Gefühle« angesetzt werden kann[2]. *Dilthey* selber sieht zwar nicht, daß es sich dabei um zwei ganz verschiedene Bezugssysteme handelt (darin ganz ähnlich wie *Durkheim*), nämlich das theoretische Bezugssystem des Erkennenden und das des Handelnden[3]. Aber er kommt, und das ist für uns wichtig, zu einer genau gleichen Bewertung des Widerstandserlebnisses wie *Durkheim*, und darum greifen wir diese

1 Mit vollem Wortlaut heißt die angeführte Abhandlung: »Beiträge zur Lösung der Frage vom Ursprung unseres Glaubens an die Realität der Außenwelt und seinem Recht«, in: *W. Dilthey*, Ges. Schriften. V. Bd., Leipzig und Berlin 1924.

2 a. a. O., S. 90—95.

3 *Carl Stumpf* hat einen ähnlichen Vorwurf gegen *Dilthey* erhoben, wie die sehr interessanten Bemerkungen a. a. O., S. 137/8 zeigen, die mutatis mutandis auch auf *Durkheim* angewendet werden können.

Parallele hier auf. Gleichzeitig gehen wir hier weit über die Interpretation von *Parsons* hinaus, ohne jedoch dieselbe irgendwie damit überflüssig machen zu wollen.

Die subjektive Perspektive des Handelnden wird bei *Dilthey* insofern dem Bezugssystem des theoretischen Beobachters entgegengesetzt, als dieser »intellektualistisch« vom »bloßen Vorstellen« ausgehe, für das die Außenwelt immer nur ein Phänomen sein kann, während in der subjektiven Perspektive der Handelnden »die ganze Menschheit«, also neben den Vorstellungen noch Empfindungen, Gefühle, Triebe, Volitionen aktiv werden. Diese Menschnatur gründet in »einem in Trieb, Wille und Gefühl gegebenen Zusammenhang des Lebens[1]«. Damit ist genau bezeichnet, was wir bisher als den Handelnden bezeichnet haben. Für *Dilthey* entfaltet sich das Selbst dieses Handelnden »zwischen dem Bewußtsein der willkürlichen Bewegung und dem des Widerstandes, auf welchen diese trifft[2]«, also zwischen »Impuls und Widerstand«. »Denn der Mensch ist zunächst ein System von Trieben, diese drängen vom Bedürfnis nach der Befriedigung, und in diesem Zusammenhang treten die Impulse zu Bewegungen auf. Nur von diesem System der Triebe und Gefühle aus ist dann auch die zusammengesetzte Natur der Widerstandserfahrung auflösbar.« *Dilthey* gibt nun eine eingehende Analyse dieses kombinierten Erlebnisses von Bewegungsintention und Widerstand, die bereits in der intra-uterinen Existenz beginnt, wobei sich alles auf »das Empfindungsaggregat des Druckes« konzentriert, das in der »Hemmung« der Intention des ursprünglichen Bewegungsimpulses entsteht[3]. Darin schließe sich »die kernhafte lebendige Realität des von uns Unabhängigen erst auf«. Damit stehen wir vor dem gleichen Zusammenhang von Exteriorität, Widerstand und Druck wie bei *Durkheim,* nur daß bei diesem der voluntaristische Hintergrund der ganzen Analyse in den »Regeln« vielleicht nicht so klar zum Ausdruck kommt. Wie wir aber sehen werden, werden genau die gleichen Voraussetzungen wie bei *Dilthey* an anderem Orte offen ausgesprochen.

Es ist ungemein bezeichnend, daß bei *Dilthey* in der Analyse des »Drucks der Außenwelt« beide Möglichkeiten des Wirklichkeitsbezugs durcheinanderlaufen, die Wirklichkeit der Außenwelt schlechthin und die der moralischen Wirklichkeit. So heißt es folgendermaßen bei ihm: »Indem ein Kind die Hand gegen den Stuhl stemmt, ihn zu bewegen,

1 a. a. O., S. 95/97.

2 a. a. O., S. 98.

3 a. a. O., S. 102—4.

mißt sich seine Kraft am Widerstande: Eigenleben und Objekte werden zusammen erfahren. Nun aber sei das Kind eingesperrt, es rüttle umsonst an der Tür: dann wird sein ganzes aufgeregtes Willensleben des Druckes einer übermächtigen Außenwelt inne, welche sein Eigenleben hemmt, beschränkt und gleichsam zusammendrückt. Dem Streben, der Unlust zu entrinnen, all seinen Trieben Befriedigung zu verschaffen, folgt Bewußtsein der Hemmung, Unlust, Unbefriedigung. Was das Kind erfährt, geht durch das ganze Leben des Erwachsenen hindurch. Der Widerstand wird zum Druck, ringsum scheinen uns Wände von Tatsächlichkeit zu umgeben, die wir nicht durchbrechen können[1].« Der Stoß gegen den Stuhl mag sich nur auf die physische Außenwelt beziehen; nicht so das Rütteln an der verschlossenen Tür, denn diese mag als Strafmaßnahme von den Eltern verschlossen worden sein. Dann ist sie Ausdruck des Druckes moralischer Sanktionen. Daß dies in der Tat *Dilthey* vor Augen schwebte, wird durch einen handschriftlichen Zusatz zu dieser Stelle belegt, wo er »die Wände von Tatsächlichkeit« mit dem Druck vergleicht, den *Schiller* in der Militärakademie erfuhr. Diese Meinung wird ein wenig weiter noch mehr verstärkt, wenn er vom »Glauben an die Realität anderer Personen« handelt; denn hier spricht er *geradezu von »einer Verstärkung der Überzeugung von Realität«* [2], was ja nicht weiter verwunderlich ist, da in der Begegnung zweier Personen auch zwei Willenseinheiten aufeinanderstoßen und nicht nur eine Willenseinheit und ein toter Gegenstand, der selber nicht aktiv ist. Diese »Realität eines von außen bestimmenden Willens (wird uns) zuvörderst lebendig in den primären Verhältnissen von Vater und Kind, Mann und Weib, Herr und Untertan. Die Gefühls- und Willensvorgänge, welche hier die Realität anderer Lebenseinheiten färben und verstärken, setzen sich zusammen aus Herrschaft, Abhängigkeit und Gemeinschaft. In diesen wird nun das Du erlebt, und auch das Ich wird dadurch vertieft. Ein beständiger leiser Wechsel von Druck, Widerstand und Förderung läßt uns fühlen, daß wir niemals allein sind. Und die Erfahrung von der Existenz einer anderen Person ist eingeschlossen in jedes soziale Verhältnis, jedes Geltenlassen einer anderen Person, jede aufopfernde Haltung.« Trotz seiner sonstigen Zurückhaltung von der Soziologie, wie er sie seit seiner »Einleitung in die Geisteswissenschaften« (1883) bezeugt hatte, kommt *Dilthey* an dieser Stelle der Soziologie näher als jemals zuvor und nachher. Allerdings schreckt er zurück vor der entscheidenden

1 a. a. O., S. 105.

2 a. a. O., S. 110 ff.

Konsequenz den soziologisch relevanten Faktor in den gemeinsamen Gefühls- und Glaubensvorstellungen anzusetzen, sondern bleibt letztlich im Personalismus des deutschen Idealismus stecken. Das ist aber für unsere Frage im wesentlichen gleichgültig.

Zum Beleg der inneren Übereinstimmung von *Dilthey* und *Durkheim* müssen wir jetzt nur noch zweierlei nachweisen: 1. das Ausgangnehmen *Durkheims* vom Menschen als einer Einheit von Trieb und Willen (und gerade nicht als eines nur oder auch nur vorwiegend »vorstellenden« Bewußtseins) und 2. die Verwirklichungsweise des Druckes von Außen als »Disziplin«, also nicht als eines (auch räumlich) unabhängigen Kollektivbewußtseins, *sondern als durch das »Selbst« der angesprochenen Person vermittels Ermahnung, Aufforderung, Drohung, Überredung, Lob, Belohnung oder sonstwie »wirksamen« Spannung*[1], also das absolute Gegenstück zu irgendeiner hypostasierten Substanz! Dieser doppelte Nachweis ist nun leicht zu führen.

1. Wir haben schon an anderem Orte[2] darauf hingewiesen, daß *Durkheims* Menschenbild am klarsten erkennbar wird in seinem Selbstmordwerk. Hier heißt es allgemein, daß sich menschliche Existenz in der Gesellschaft vollende, weil der Mensch in ihr und mit ihren Regelungen ein Maß (modération), eine Begrenzung (limitation) und eine Disziplinierung (discipline) erfahre. Sowie diese sozialen Regelungen wegfallen, werden die menschlichen Triebe übermächtig und laufen aus in Zustände akuter Anomie. 2. Nachdem bereits unter dem ersten Punkt der Ausdruck »Disziplin« gefallen ist, wird deutlich erkennbar, wie sein Bild des Menschen und das der Gesellschaft zutiefst zusammenhängen. Der Mensch als »Bündel von Trieben« (*Dilthey*), als grund- und formlose Impulseinheit, die erst durch die »von außen« wirkende Regelung oder Disziplin der Gesellschaft zur Form gelangt: »Par elle-même, abstraction faite de tout pouvoir extérieur qui la règle, notre sensibilité est un abîme sans fond que rien ne peut combler.« Dann wird der Begriff der Disziplin als der wesentliche Schlüssel für den Begriff des Kollektivbewußtseins in dem oben bereits erwähnten Sinne entwickelt, bei dem das französische Wort »conscience« für deutsch »Gewissen« steht, nur daß dies Gewissen nicht in einer raum- und zeitüberlegenen Dimension, sondern als der soziologisch relevante Faktor in der »tasächlichen Übung« der »réalité morale« gefunden wird. Da nichts im Individuum selber gegeben ist, das das »Bündel von Trieben« formen könnte, muß diese regelnde Kraft »von

1 Dieser Ausdruck bei *Dilthey*, a. a. O., S. 124.

2 *R. König*, E. Durkheim, a. a. O., S. 117 ff.; vgl. damit *E. Durkheim*, Suicide, S. 264—311, wo sein Menschenbild denkbar deutlich hervortritt.

außen« kommen; sie ist das soziale Dasein als durch Normen geregeltes Handeln und Verhalten im Sinne der moralischen Wirklichkeit, von der oft schon die Rede war. »Puisqu'il n'y a rien dans l'individu qui puisse leur fixer une limite, celle-ci doit nécessairement leur venir de quelque force extérieure à l'individu. Il faut qu'une puissance régulatrice joue pour les besoins moraux le même rôle que l'organisme pour les besoins physiques. *C'est dire que cette puissance ne peut être que morale.* C'est l'éveil de la conscience qui est venu rompre l'état d'équilibre dans lequel sommeillait l'animal; seule donc la conscience peut fournir les moyens de le rétablir[1].« Diese moralische Autorität kommt aus dem sozialen Zusammenhang selber, der der regellosen Auswirkung der Triebe genaue Grenzen setzt. Dann kommt die entscheidende Bemerkung: »Ce que l'homme a de caractéristique, c'est que le frein auquel il est soumis n'est pas physique, mais moral, c'est-à-dire social[2].« Das genau ist der Begriff der »Disziplin« bei *Durkheim,* womit die Art der Einwirkung des Kollektivbewußtseins eine ganz eindeutige Präzisierung erfährt. Selbst wenn die Wirkung noch immer »von außen« kommt, steht wohl jetzt eindeutig fest, *daß dies nicht im räumlichen, sondern einzig im Sinne einer moralischen Obligation verstanden werden darf.* Diese moralische Obligation ist natürlich im Sinne der »tatsächlichen Übung« zu verstehen, wie *Tönnies* die »Sitte« umschrieb, und nicht im Sinne eines absoluten und daher gegenstandslosen Sittengesetzes. Vielleicht wird jetzt unsere obige Meinung erst ganz verständlich, daß *Durkheim* sicher viele Probleme in den »Regeln« mindestens sprachlich anders ausgedrückt hätte, wenn er dies Buch etwa erst nach dem Selbstmordwerk verfaßt hätte.

Parsons hat zweifellos Recht, wenn er bei seiner Betrachtung des Selbstmordwerkes betont, daß die wesentliche Linie *Durkheims* ihn nicht nur nicht wegtreibt vom Problem der sozial-kulturellen Person, sondern daß er im Gegenteil im Selbstmordwerk Entscheidendes tut zur Umreißung der Personstruktur und ihrer Integration. Diese hängt gleichzeitig insofern innerlich mit dem Problem der Anomie zusammen, als die durch bestimmte Umstände bedingte Auflösung der genannten »Disziplin« die Motivationsstruktur des Handelnden in solcher Weise stört, daß akute Zustände der Anomie die Folge sind[3]. Wir kommen später auf dieses besondere Problem zurück. Wichtiger ist für den Augenblick, daß in der subjektiven Perspektive des Han-

1 *E. Durkheim,* Suicide, S. 275.

2 a. a. O., S. 279.

3 *T. Parsons,* a. a. O., S. 337, überhaupt siehe den ganzen Abschnitt über das Selbstmordwerk, S. 324—338

delnden die »Dinge« sich ihm »aufdrängen«, und zwar »von außen«, nun aber nicht in der Weise einer räumlichen Exteriorität, sondern einer »Disziplin«, die für den Handelnden den gleichen Wirklichkeitsgrad besitzt wie die physisch-materielle Außenwelt, *vielleicht sogar — das schien vorher bei Dilthey schon durch — einen höheren!* Das schließt nicht aus, daß sich die Disziplin gelegentlich zur Zwangsausübung auch physischer Mittel bedient; das ist sogar bei der physischen Gewaltandrohung gewisser Rechtsnormen regelmäßig der Fall. Aber das bleibt immer ein Extremfall. Die hier gemeinte moralische Wirklichkeit realisiert sich vielmehr *in Spannungen.* Mit ihnen entsteht ein »Feld«, das Kollektivbewußtsein (wobei conscience mit Gewissen übersetzt werden muß), innerhalb dessen die Wirkungen der vereinten Willenseinheiten und der von ihnen durchschnittlich akzeptierten Normen zweifellos als »von außen« kommend empfunden werden, nämlich von einer »Autorität«, die sich aber einzig *im Gewissen* fühlbar machen kann und in ihm die Motive für das Handeln der einzelnen Person bestimmt. Im Gewissen gibt es aber keine »Räume«, auch keine Polarität von Individuum und Kollektiv, sondern einzig Komplementarität der persönlichen Motivationsstruktur und der einer Gesellschaft oder einer Gruppe gemeinsamen Normen durch »Internalisierung«.
Damit ist endgültig auch der letzte Grund verschwunden, den Begriff der Obligation bei *Durkheim* im Sinne des reinen Zwanges mißzuverstehen, wie es speziell in der Wiedererweckung der alten Interaktionstheorie von *Tarde* durch *Leopold von Wiese* und in seinem Begriff der »gesellschaftlichen Zwänge« geschehen ist. *Durkheim* selber hebt den Unterschied in den »Regeln« mindestens zweimal ganz klar hervor (S. 107 und 203, Anm.). Grundsätzlich kann gesagt werden, daß nur jene Obligationen im strengen Sinne soziologisch vollgültig relevant sind, die die Chance der Internalisierung haben, während Zwänge, die nur von außen wirken, ohne jemals zum Motiv des Handelns werden zu können, als »Gewalt« (violence) bezeichnet werden müssen.
Wenn wir uns jetzt vom subjektiven Bezugssystem des Handelnden zum objektiven Bezugssystem des Beobachters oder des Erkennenden wenden, so gibt es von nun an keinen Grund mehr für eine theoretische Hypostasierung des Kollektivbewußtseins, selbst wenn *Durkheims* Äußerungen es gelegentlich so erscheinen lassen sollten. So erhalten wir von hier aus das Recht, die zweideutigen sprachlichen Wendungen *Durkheims* den obigen Ausführungen entsprechend zurückzuschneiden und sein immer wiederholtes Wort dagegen zu stellen, *daß einziges wirk-*

1 Vgl. dazu *R. König*, Artikel »Beziehungslehre« in: *R. König*, Hrsg., Soziologie, 19. Aufl. Frankfurt 1980.

liches und unmittelbar vorfindbares »Substrat« der Gesellschaft die Individuen sind. »La société a pour substrat l'ensemble des individus associés[1].« Von hier aus bleibt nur noch die Frage offen, daß *Durkheim* im Grunde größere Schwierigkeiten hat, den sozialen Charakter der Person zu verstehen, als sich einer Hypostasierung des Kollektivbewußtseins zu entziehen[2]. Der Grund dafür ist leicht einzusehen: er liegt in seiner ungenügenden manifesten Definition der Psychologie, in der er — und hierin ist *Gurvitch* völlig Recht zu geben[3] — alle Vorurteile seiner Gegner, insbesondere aber die von *Tarde* teilt; in seiner manifesten Definition der Psychologie lebt also der psychologische Atomismus durchaus fort. Daneben gibt es aber, wie wir schon gesehen haben, eine andere latente Konzeption der Psychologie bei *Durkheim,* die hier und da in einigen Sprachweisen zum Ausdruck kommt, vor allem in seinen konkreten Forschungen wie etwa im Selbstmordwerk. Wir haben die entsprechenden Stellen schon angeführt, in denen von einer Penetration und Fusion der Personen gesprochen wurde. Das betrifft aber gewissermaßen nur die Sozialpsychologie. Wir müssen jetzt zum Schluß noch darauf aufmerksam machen, daß sich nach den »Regeln« auch seine Konzeption der Psychologie ändert. Das ist bis heute von den Interpreten noch nicht hervorgehoben worden.

Während *Durkheim* in seiner älteren Auffassung der Psychologie gewissermaßen von einer punktuellen Auffassung des Ichs ausgeht, entwickelt er in der Abhandlung von 1898 über »Individuelle und kollektive Vorstellungen« eine stark an *Henri Bergson* gemahnende Konzeption der Person; hierbei ist sein Ausgangspunkt die relative Unabhängigkeit des Bewußtseins und insbesondere des Gedächtnisses von der unmittelbaren Empfindung. Wenn man das Bewußtsein konsequent auf die Empfindung aufbauen wollte, würde niemals eine eigentliche Kontinuität und Identität der Person zustandekommen. Diese entsteht vielmehr erst durch »Speicherung« unserer vergangenen Erlebnisse. Dabei aber kommt er denkbar nahe an den Ausgangspunkt der Sozial-

1 E. Durkheim, Représentations individuelles et collectives, in: E. Durkheim, Sociologie et philosophie, Paris 1924, S. 34.

2 Man vgl. dazu *Roger Lacombe,* La thèse sociologique en psychologie, in: Revue de Métaphysique et de Morale XXXIII, 1926, der mit einigem Erstaunen feststellt, wie schnell sich in der Zeit nach *Durkheims* Tod die Sozialpsychologie unter seinem Einfluß bei *Maurice Halbwachs, Charles Blondel, Lucien Lévy-Bruhl* u. a. durchgesetzt hat, von denen sich schließlich sogar die reinen Psychologen haben beeindrucken lassen, wie etwa *Georges Dumas.* In der Tat mußte *Durkheim,* um zu einer Sozialpsychologie vorstoßen zu können, erst den Begriff des Individuums durch den der sozial-kulturellen Person ersetzen.

3 *G. Gurvitch,* a. a. O., S. 141—147.

psychologie heran, *indem er den Charakter der Person sich in der gesamten Vergangenheit der individuellen Lebensgeschichte aufbauen läßt.* »Ce qui nous dirige, ce ne sont pas les quelques idées qui occupent présentement notre attention; *ce sont tous les résidus laissés par notre vie antérieure; ce sont les habitudes contractées, les préjugés, les tendances qui nous meuvent sans que nous nous en rendions compte, c'est, en un mot, tout ce qui constitue notre caractère moral*[1].« Unser seelisches Leben verlöscht eben nicht in jedem Moment, sondern es hat ebenfalls Struktur, indem alles Vergangene auf die Gegenwart wirkt. So ist unser Bewußtsein weiter als unser aktuelles Bewußtsein, wobei wiederum der Begriff des »Unbewußten« in diesem Zusammenhang auftaucht[2]. Ist einmal eine solche Erweiterung des Bewußtseins zugestanden, dann liegt es auch nahe, die Konsequenz zu ziehen *und die Entfaltung der sozial-kulturellen Person aus der Tiefendimension des Personbewußtseins vorzunehmen. Durkheim* tut zwar nichts dergleichen in der genannten Abhandlung; denn er hebt gleich danach das Kollektivbewußtsein in der gleichen Weise vom Bewußtsein des Einzel-Ich ab, wie sich dies von der physiologischen Einheit des Gattungsindividuums unterscheidet. Wenn aber die vergangene Lebensgeschichte im Einzel-Ich aufbewahrt ist, so fragt man sich vergebens, *wie das zu denken sei, ohne daß damit zugleich seine Vergangenheit als soziales Wesen gespeichert wäre.* Die Änderung der Psychologie macht an und für sich von jetzt ab die Behandlung des Kollektivbewußtseins für sich vollkommen überflüssig.

Dieser Zug verstärkt sich nochmals in der Abhandlung »La détermination du fait moral« von 1906, wo der Begriff des »Zwangs«, der mit der Exteriorität des Kollektivbewußtseins so eng verbunden war (vor allem auch unter dem Einfluß der Vorstellung von der »mechanischen Solidarität«), eine entscheidende Modifikation erfährt. *Dieser wird jetzt definitiv durch den Begriff der »Obligation« ersetzt, der Verhaltensregel.* Es heißt dann, daß uns die moralische Wirklichkeit als eine Autorität »verpflichtet«; aber im Gegensatz zu *Kant* betont *Durkheim,* daß der Begriff der Pflicht den der moralischen Wirklichkeit keineswegs erschöpft. Wir vollziehen bestimmte Handlungen nicht nur, weil sie geboten sind, unangesehen ihres Inhalts; sondern sie müssen uns auch noch *erstrebenswert* erscheinen, also als ein *Wert*[3]. Das schließt die »Disziplin« nicht aus, wohl aber betont es die »Internalisierung«

1 *E. Durkheim,* Sociologie et philosophie, S. 8.

2 a. a. O., S. 20/1, 31/2.

3 a. a. O., S. 50/1. Ähnlich schon in einer späteren Fußnote zum »Vorwort« der 2. Aufl. der »Regeln« (S. 98).

der Norm, wie *Parsons* bemerkt.[1] Gleichzeitig eröffnet *Durkheim* damit eine ganz neue Perspektive, die uns unter dem Titel des abweichenden Verhaltens im Zusammenhang mit dem Begriff der »Anomie« noch weiter zu beschäftigen haben wird. Einerseits gibt es eine Moral, die der Gruppe gemeinsam ist; andererseits aber gibt es auch bei höchstem Konformismus eine persönliche Moral. »Il y a en chacun de nous une vie morale intérieure, et il n'est pas de conscience individuelle qui traduise exactement la conscience morale commune, qui ne lui soit partiellement inadéquate. *A ce point de vue, ... chacun de nous est immoral par certains côtés*[1].« Damit ist letztlich nicht nur die Norm internalisiert, sondern gleichzeitig auch der Normenkonflikt und das abweichende Verhalten. Das aber führt *Durkheim* definitiv aus der alten Denkweise heraus, wie wir andernorts gezeigt haben[3].

Wenn wir jetzt zu unserem Hauptpunkt zurückkehren, dem ersten methodologischen Postulat *Durkheims*, die soziologischen Tatbestände wie »Dinge« zu behandeln, so dürfte nach den vorgehenden Ausführungen der Sinn wohl klar sein. Dies Postulat kann zweifellos nicht heißen, die soziologischen Tatbestände *als* Dinge zu behandeln; denn das sind sie ganz und gar nicht. Sie sind vielmehr von ausgesprochen normativem Charakter, selbst wenn sie gelegentlich in der äußeren Hülle der (materiellen) Dinglichkeit auftauchen (als Bestandteil der materiellen Kultur). Sie *wie* Dinge zu behandeln, heißt nur, ihren autonomen Wirklichkeitscharakter anerkennen als *Wirklichkeit sui generis,* wie sie der Handelnde immerfort erfährt. Da die Kritik von *Jules Monnerot* an *Durkheim* ausschließlich auf der Voraussetzung fußt, daß dieser nur eine »an sich« existierende Gesellschaft gekannt habe, abgetrennt von den »gelebten Zuständen« des sozialen Daseins, indem er also den Gegensatz von Soziologie und Psychologie, den *Durkheim* auf der ganzen Linie am Überwinden war, gewissermaßen perpetuiert, trifft sie im Grunde völlig daneben[4]; sie braucht uns daher in diesem Zusammenhang nicht weiter zu beschäftigen.

Die soziologischen Tatbestände wie Dinge zu behandeln, heißt also im Grunde nicht mehr, als daß eine moralische Wirklichkeit mit den Mitteln der positiven Wissenschaft erfaßt werden soll. Im übrigen ist das weit davon entfernt, eine Banalität und Selbstverständlichkeit zu sein; denn es besteht, speziell in der deutschen Tradition, eine ent-

1 *T. Parsons,* a. a. O., S. 385/6.

2 *E. Durkheim,* Sociologie et philosophie, S. 115.

3 *R. König,* E. Durkheim, a. a. O., S. 125 ff.

4 *J. Monnerot,* Les faits sociaux ne sont pas des choses, Paris 1946, S. 61 ff.

gegengesetzte Auffassung, nach der die Beschäftigung mit einer moralischen Wirklichkeit den Beobachter zur moralischen Bewertung dieser Wirklichkeit verpflichtet. Dies wird im wesentlichen dadurch bewirkt, daß in der subjektiven Perspektive der Handelnde notwendig dauernd Stellung beziehen muß und diese Notwendigkeit auf die objektive Perspektive der wissenschaftlichen Analyse überträgt. So heißt es in den »Regeln«: »Der Mensch kann nicht inmitten der Dinge leben, ohne sich über sie Gedanken zu machen, nach denen er sein Verhalten einrichtet. Nur weil diese Begriffsbildungen uns näher stehen und unserem Verstande angemessener sind als die Wirklichkeit, denen sie entsprechen, neigen wir naturgemäß dazu, sie an deren Stelle zu setzen und zum Gegenstande unserer Betrachtungen zu machen. Anstatt die Dinge zu beobachten, sie zu beschreiben und zu vergleichen, bescheiden wir uns damit, unserer Ideen bewußt zu werden, sie zu analysieren und zu kombinieren. Anstelle einer Wissenschaft von Realitäten betreiben wir nur ideologische Analyse. Zweifellos schließt diese Analyse nicht notwendig alle Beobachtung aus. Man kann durchaus auf die Wirklichkeit zurückgreifen, um diese Begriffe oder die Schlüsse, die man aus ihnen ableitet, zu rechtfertigen. Aber die Tatsachen sind dann nur sekundär relevant, als Illustrationen oder bestätigende Belege; sie sind aber nicht Gegenstand der Wissenschaft. Diese geht von den Ideen an die Dinge und nicht von den Dingen zu den Ideen« (S. 115).

Was *Durkheim* hier als »ideologische Analyse« bezeichnet, ist die Verwechslung der subjektiven mit der objektiven Perspektive, indem das Sinnverstehen des Akteurs — wie oben schon angedeutet — durch weitere Abstraktion zum Begriff der Analyse gemacht wird. Damit wird notwendigerweise eine spezifische Lebenssituation als allgemeine Struktur dargestellt, was genau dem Begriff der Ideologie entspricht. In seinen verschiedenen Arbeiten zur Grundlegung der Pädagogik hat sich *Durkheim* wohl am intensivsten mit diesen Problemen auseinandergesetzt und auch eine viel differenziertere Analyse gegeben als in den »Regeln«, so daß wir auf diesen Punkt wenigstens ganz kurz hinweisen müssen. In den erwähnten Schriften zeigt er, wie sich der Übergang von der unmittelbaren Lebensorientierung und ihrer Vulgärerfahrung zur wissenschaftlichen Analytik im wesentlichen in *vier* Schichten vollzieht. 1. Die Schicht der kontinuierlich und unreflektiert geübten *Erziehungspraxis* als Transfer der einer Gruppe von Menschen gemeinsamen Normen auf die nächste Generation. 2. Die Schicht, in der die Erziehungspraxis bewußt und ausdrücklich geübt wird: *Erziehungskunst.* 3. Die Schicht, in der über die Erziehungskunst weiter reflektiert wird, so daß eine Art von *»praktischer Theorie«* der

Erziehung zustande kommt; man könnte hier auch von einer »verwissenschaftlichten Primärerfahrung«[1] sprechen. Diese zeichnet sich dadurch aus, daß sie noch immer ausgerichtet bleibt auf mögliche Handlung. Diese Schicht ist wissenschaftslogisch besonders fragwürdig, weil sie weder Wissenschaft noch Kunst ist, sondern von beiden gleich weit entfernt bleibt, was nicht hindert, daß sich ein großer Teil der sogenannten »wissenschaftlichen« Pädagogik in dieser Schicht bewegt. Diese Art der Pädagogik wird dann zu einem hervorragenden Instrument dauernder ideologischer Infiltration, um nicht mehr zu sagen.
4. Schließlich müssen wir noch die Schicht der *allgemeinen Erziehungswissenschaft* von allen übrigen abheben, in der der Gesamtbereich erzieherischer Praxis, Reflexion und Kunst zum theoretischen Gegenstand gemacht wird[2].

Das Verhältnis der vierten Schicht, auf die es uns allein ankommt, zu den übrigen, läßt sich leicht umschreiben: in den ersten drei Schichten ist der gesuchte Gegenstand aus der Praxis der Erfahrung dem Akteur mehr oder weniger vertraut, selbst wenn ihm gelegentlich neue Lichter aufgesetzt werden; in der vierten Schicht wird aber vom methodischen Zweifel ausgegangen und, wie es im »Vorwort« der »Regeln« heißt, nicht »eine simple Paraphrase überlieferter Vorurteile« gegeben, sondern »es werden die Dinge anders betrachtet, als sie gemeinhin erscheinen«. Das heißt mit anderen Worten, daß der Gegenstand als unbekannt vorausgesetzt wird. So macht die Methode *Durkheims* eine entscheidende Voraussetzung, wenn sie die soziologischen Tatbestände wie Dinge betrachten will, *indem sie die grundsätzliche Unbekanntheit dieser Gegenstände unterstellt.* Das bedeutet den Übergang von der Unbefangenheit des vorwissenschaftlichen Seinsverständnisses, von der Vulgärerfahrung mit ihren Selbstverständlichkeiten, von dem, was man im Englischen »common sense knowledge« nennt, zur eigentlich wissenschaftlichen Analyse, die in gewisser Weise die aus dem Selbstverständnis der historisch-gesellschaftlichen Existenz kontinuierlich herauswachsende Existenzerhellung, wie sie in den drei ersten Schichten oben hervortrat, abbricht und auf analytischer Ebene neu entwickelt. *Die Tatsache, daß wir im Bereich des Sozialen als Erkennende auch immer praktisch uns orientierende, d. h. handelnde Personen*

1 Der Ausdruck stammt von *Helmut Schelsky*, Ortsbestimmung der deutschen Soziologie, Düsseldorf—Köln 1959.

2 Vgl. dazu *R. König*, Kritik der historisch-existenzialistischen Soziologie, Habilitationsschrift, München 1975, Teil II, Kap. 14. Als Materialunterlagen dienten vor allem *E. Durkheim*, L'éducation morale, Paris 1925 (posthum veröffentlichte Vorlesung von 1912/3); *ders.*, Education et sociologie, Paris 1922; *ders.*, Introduction à la morale, in: Revue Philosophique 1920 (I), posthum veröffentlichte letzte Notizen *Durkheims*.

sind, kann jetzt nicht mehr als »Quelle« der Erkenntnis benutzt werden, sondern ist von jetzt ab, wie es im obigen Zitat hieß, nur noch sekundär relevant. Sie dient uns bestenfalls zur »Illustration«; eine Illustration ist aber kein Beweis. Im übrigen behält natürlich diese ursprüngliche Vertrautheit mit den Dingen, um die es geht, eine außerordentliche Bedeutung *für die Psychologie des Forschungsprozesses,* wobei es gelegentlich wichtig werden kann, daß wir einen zweifachen Zugang zum Sozialen haben, einmal in der subjektiven Perspektive als Akteure, dann aber auch in der objektiven Perspektive als Analytiker.

Wir weisen noch darauf hin, daß sich von diesem Punkte her am leichtesten der Einstieg in die Soziologie der Erkenntnis von *Durkheim* finden läßt, die dieser bereits seit der Mitte der neunziger Jahre höchst bewußt anging, wenn auch die Einführung einer speziellen Rubrik in der »Année Sociologique« bis 1910 (Bd. XI) verschoben wurde. Wenn nämlich die aus der historisch-gesellschaftlichen Existenz selbst herauswachsende Sinnerhellung für die theoretische Analytik nicht als Quelle benutzt werden kann, so dient sie dieser dagegen sehr wohl als symptomatisches Material, indem sie die Antwort auf bestimmte Wirklichkeitskonstellationen darstellt, die ihrerseits wichtige Gegenstände der soziologischen Analyse darstellen. Diese greift dann durch diese geistigen Reaktionssysteme auf die sie veranlassende Wirklichkeit zurück. *Durkheim* hat in seinem posthum erschienenen Werk (1926) über die Ursprünge des Sozialismus ein ausgezeichnetes Beispiel für eine solche erkenntnissoziologische Analyse gegeben, die er bereits anfangs der neunziger Jahre als Vorlesung vorgetragen und 1893 in Bruchstücken veröffentlicht hatte[1]. Dieser Umstand beweist wohl schlagend die außerordentlich weitreichenden Perspektiven, die durch die »Regeln« aufgestoßen worden sind.

Damit ist der Schlüssel für das zweite Kapitel der »Regeln« gefunden, das sich im übrigen damit begnügt, die Wissenschaftslogik für die Soziologie zu entwerfen, wobei es für unsere Darstellung der anti-ideologischen Absicht *Durkheims* als Beleg dienen kann, wenn er seinen Ausgang nimmt von den *Idolen* sowie den *Vulgärbegriffen* oder *Vorbegriffen* (= theoretische Vorurteile) von *Francis Bacon.* Er sieht auch, daß diese sehr wohl ihre Funktion haben für den Handelnden und für die natürliche Welthaltung, die sogar mit theoretisch falschen Urteilen ausgezeichnet davonkommt, wie wir alle noch davon sprechen, daß die Sonne auf- und untergeht, obwohl das seit *Kopernikus* ein falsches

1 Man vgl. dazu seine erste Publikation über den Sozialismus: *E. Durkheim,* Définition du socialisme, in: Revue philosophique Nov. 1893.

Urteil ist. In der Soziologie kann aber das analytische Bewußtsein unter Umständen von diesen Vorbegriffen völlig irregeführt werden, indem sich diese an die Stelle der Sachen setzen. Daher denn das Postulat, die soziologischen Tatbestände wie Dinge zu behandeln, das heißt also, ihnen gegenüber *eine andere Bewußtseinshaltung* einnehmen und die Vorbegriffe durch die Einsicht verdrängen, daß wir es hier mit einer Wirklichkeit sui generis zu tun haben, einer moralischen Wirklichkeit, *von der es höchst fragwürdig ist, ob sie sich dem Bewußtsein des Handelnden ganz offenbart.*

Als Begründung wird auch hier betont, daß die moralische Wirklichkeit über die Reichweite des individuellen Bewußtseins hinausreicht. Er sagt: »daß man für die Grundlage der Moral hält, was nur ihr Gipfel ist, nämlich die Art und Weise, wie sie sich ins Bewußtsein der Einzelnen hinein verlängert und dort auswirkt« (S. 122). Das darf aber von nun an nicht mehr im Sinne einer vermeintlichen Hypostasierung des Kollektivbewußtseins verstanden werden, *sondern einzig und allein als wesentliche Voraussetzung des methodischen Zweifels, daß uns die Dinge mindestens zum gleichen Teil unbekannt sind, wie sie uns vertraut sind.* Neben der Offenbarkeit des Sinns für den *Handelnden* steht gleichursprünglich für den *Analytiker* die Undurchsichtigkeit oder »Opakheit« des sozialen Zusammenhangs, um einen Ausdruck von *Gurvitch* aufzugreifen [1].

Diese Phänomene, die also gleichermaßen bekannt und unbekannt sind, werden wie Dinge betrachtet, d. h. sie werden als *Daten* genommen. Daten sind die beobachteten Eigenschaften, d. h. verifizierte oder verifizierbare Aussagen über Phänomene in Termini eines begrifflichen Systems, in unserem Falle der moralischen Wirklichkeit. »Die Erscheinungen wie Dinge zu behandeln, bedeutet also, sie in ihrer Eigenschaft als data zu behandeln, die den Ausgangspunkt der Wissenschaft darstellen« (S. 125). Im übrigen heißt das auch, mindestens provisorisch, die sozialen Phänomene als »äußere« Dinge oder »von außen« betrachten. So spricht *Durkheim* hier von der »Illusion« der Exteriorität, die mit dem Fortschritt der Wissenschaft zurückgeht. Schließlich geht das Äußere in das Innere ein.

Die übrigen Regeln des zweiten Kapitels beziehen sich ausnahmslos auf Probleme epistemologischer Natur. Zunächst wird kritisch die Ausschaltung aller Vorbegriffe gefordert. Dies führt zur Notwendigkeit einer Definition der untersuchten Erscheinungen nach gewissen »äußeren« Merkmalen. Ein solches Unternehmen liegt auf dem Wege zur

1 Schon früh in seiner Definition des Kollektivbewußtseins, s. *G. Gurvitch,* a. a. O., S. 117.

Konstitution eines theoretischen Begriffssystems, das unabhängig ist von der Alltagserfahrung und der Alltagssprache. Das soll nicht heißen, daß beides für die Begriffsbildung völlig unerheblich sei; aber von nun an dienen die Begriffe der Alltagserfahrung nur noch als »Indikatoren« für eine Reihe von Phänomenen, die unter dem gleichen Namen vereint werden und die demzufolge wohl auch wahrscheinlich gemeinsame Züge haben. Diese Indikatoren sind allerdings recht grob gebildet und daher zweideutig, indem sie unter dem gleichen Wort häufig verschiedene Dinge bezeichnen. Wo der Vulgärbegriff mit dem wissenschaftlichen wenigstens teilweise zusammenfällt, kann man ihn nach kritischer Reinigung beibehalten; wo das nicht der Fall ist, auferlegt sich uns die Notwendigkeit, neue und künstliche Begriffe zu bilden.

Das alles weist deutlich darauf hin, daß wir uns unter Umständen auch vor einer unmittelbaren Beobachtung hüten müssen, da die Empfindungen täuschen können. Daher sucht *Durkheim* nach Materialien, die in sich selbst eine gewisse Konstanz aufweisen, also gewissermaßen nach »konsolidiertem sozialen Leben«. Darunter versteht er nicht nur Sprichworte, also auf Bauernregeln des Verhaltens in konventioneller Form abgezogene Normen, sondern auch Rechtsnormen aller Art; daß er sich im Vorwort zur zweiten Auflage der »Regeln« so stark für den von *Paul Fauconnet* und *Marcel Mauss* vorgeschlagenen Begriff der »Institution«[1] erwärmte, hat seinen Grund ebenfalls in diesem Bemühen, unabhängig zu werden von den subjektiven Eindrücken des einzelnen Beobachters. Allerdings ist das nur eine begrenzte Regel, da man ja immer darauf gefaßt sein muß, daß ein gegebenes Rechtssystem den wirklichen Verhältnissen nicht mehr entspricht.

V

Im »Vorwort« zur ersten Auflage der »Regeln« hieß es, daß uns die Wissenschaft »die Dinge anders betrachten läßt, als sie gemeinhin erscheinen«. Es ist nicht nur das Ziel der Wissenschaft, Entdeckungen zu machen, sondern auch Unerschrockenheit und Furchtlosigkeit zu beweisen »vor dem durch die Tatsachen aufgezwungenen Paradoxon« (S. 85). Dieser Satz, der durch das ganze zweite Kapitel hindurch formal vorbereitet wird mit der Forderung nach Befreiung von den Vorurteilen, wird im dritten Kapitel in einer Weise bewährt, die immer wieder die Kritik derer herausgefordert hat, die nicht soziologisch zu

1 *P. Fauconnet* und *M. Mauss*, Art. »Sociologie«, in: La Grande Encyclopédie; Bd. 30.

denken vermögen. Dabei ist dies Kapitel weiter nichts als die logische Konsequenz der vorher entwickelten Prinzipien, so daß die Paradoxie nur eine scheinbare ist, sogar wenn *Durkheim* zugibt, daß ihn dies Ergebnis »lange Zeit hindurch selbst bedenklich gestimmt« habe (S. 157). Die gestellte Aufgabe bezieht sich auf die Unterscheidung »normaler« Phänomene von »pathologischen«. Dies ist eigentlich seit jeher die Crux aller soziologischen Versuche gewesen, indem hier — selbst bei einem sonst rein positiv-wissenschaftlichen Ansatz — Bewertungen schnellstens überhand nehmen. Dennoch kann das Prinzip aus Kapitel zwei, die sozialen Erscheinungen wie Dinge zu behandeln, nur dann verwirklicht werden, wenn es gerade angesichts der genannten Scheidung bewährt wird. Es muß also mit anderen Worten »ein objektives, den Tatbeständen immanentes Kriterium« aufgefunden werden, das in verschiedenen Zusammenhängen die Unterscheidung des Normalen und Anormalen erlaubt. Es liegt auf der Hand, daß dies Kriterium einzig in dem soziologischen Grundtatbestand selber liegen kann, nach dem soziales Verhalten aus den »gemeinsamen Glaubensvorstellungen und Gefühlen« einer gegebenen Gesellschaft resultiert. Wenn man diese nun unbefangen beobachtet, so stellt sich bald heraus, daß die einen mehr oder weniger allen Mitgliedern einer Gesellschaft gemeinsam sind; sie haben also einen hohen Allgemeinheitsgrad. *Die anderen dagegen kommen nur bei einer Minorität vor und dauern selbst da zumeist nicht das ganze Leben über an.* Das heißt aber mit anderen Worten, daß es keine allgemeine Definition des »normalen« und des »anormalen« Verhaltens gibt; beides gewinnt seinen Sinn erst vor einem bestimmten Komplex von anerkannten Normen, die in einer gegebenen Gesellschaft durchschnittlich befolgt werden. Das ist die sozialkulturelle Relativierung der Phänomene des normalen und des anormalen Verhaltens, die immer nur im Horizont eines bestimmten Gesellschaftstyps und darin auch immer nur in bezug auf eine bestimmte Entwicklungsphase dieses Typs verstanden werden können.

Das ist aber nur ein erster Schritt. Um die positive »Funktion« des normalen Verhaltens aufzuweisen, muß das Verhältnis der einzelnen Normen zum sozialen Zusammenhang als solchen analytisch zergliedert werden. Dann handelt es sich nicht mehr nur um einen Durchschnittstyp des Verhaltens (etwa im statistischen Sinne), sondern um ein de jure-Verhältnis. Normalerweise wird das nicht zum Problem, da alles durchschnittliche, normgerechte Verhalten in die Unauffälligkeit versinkt. Das ändert sich erst in dem Augenblick, wo von den durchschnittlich akzeptierten Normen des Verhaltens abgewichen wird. *Durkheims* wesentliche Leistung liegt nun in dem Nachweis, daß das Abweichen von den akzeptierten Normen genau so ursprünglich ist wie das

Befolgen. Dies ist vielleicht der Ort, wo die Falschheit der Unterstellung einer determinativen Kraft des Kollektivbewußtseins als metaphysischer Entität in den »Regeln« am offensichtlichsten wird. Es gibt keinen radikalen Konformismus des Verhaltens. Wie es vorher hieß: selbst bei größtmöglichem Konformismus gibt es noch immer den persönlichen Reflex der allgemein akzeptierten Normen, der diesen durchaus »inadäquat« ist, so ist auch jeder Einzelne in gewisser Hinsicht nicht-konform und dadurch »unmoralisch«. Das ist zunächst begründet in dem physischen Milieu des Einzelnen, in seinem Erbe; aber auch die sozialen Einflüsse, von denen wir abhängen, wandeln sich von einem zum anderen, so daß die individuelle Lebensgeschichte, wie wir gesehen haben, für die Entfaltung der sozial-kulturellen Person von größter Bedeutung ist. Wir legen sogar besonderen Wert auf diese Deutung, weil sie allein dem Grundsatz gerecht wird, »Soziales nur durch Soziales zu erklären«. Selbst wenn das physische Milieu und das biologische Erbe eine Rolle spielen sollten, *so sind doch letztlich die sozialen Ursachen für abweichendes Verhalten die einzigen, welche das gesetzmäßig notwendige Auftreten eines solchen Verhaltens erklären, während die anderen Ursachen im soziologischen Begriffssystem zweifellos kontingent sind*, falls es nicht gelingt, die soziologische Determination der physischen Konstitution nachzuweisen, was allerdings vielleicht nicht unmöglich ist.

So zeigt sich, daß abweichendes Verhalten notwendig mit den Seinsbedingungen des Sozialen verbunden ist; die paradoxe Konsequenz lautet, daß nicht das Vorhandensein des Verbrechens anormal ist, sondern nur die Abweichung nach oben oder nach unten von der Durchschnittshäufigkeit an Verbrechen in einem gegebenen Gesellschaftstyp zu einem gegebenen Moment seiner Entwicklung. Eine Gesellschaft ohne Verbrechen ist unmöglich, weil dies den radikalen Konformismus bedeuten würde, den es aus den konstitutiven Seinsbedingungen der Dimension des Sozialen gar nicht geben kann. Das ist sogar so wahr, daß das Verbrechen eine positive Funktion im sozialen Prozeß haben kann; denn die Bedingungen, von denen es abhängt, nämlich die Existenz eines Komplexes von Normen, von denen abgewichen werden kann, sind gleichzeitig die Voraussetzung für das normale Funktionieren von Recht und Moral. »Der Verbrecher erscheint in dieser Auffassung auch nicht mehr als schlechthin unsozial, als eine Art von Parasit, als ein nicht assimilierbarer Fremdkörper im Leib der Gesellschaft; er ist vielmehr ein regulärer Wirkungsfaktor des sozialen Lebens« (S. 161). Die Erregung, die in der Forderung nach Bestrafung des Verbrechers frei wird, hat die Funktion, die allgemein akzeptierten Normen einer gegebenen Gesellschaft beständig zu aktivieren; ohne

das wäre zu befürchten, daß sie erstarren und gewissermaßen einschlafen würden. Abweichendes und normgerechtes Verhalten sind also unabtrennbar voneinander, sie sind in der Tat komplementär, gleichursprünglich und sich gegenseitig beeinflussend.
Andererseits ist jedes Normensystem nur aus einem ganz bestimmten Strukturtyp der Gesellschaft zu verstehen, so daß die Art, wie *Durkheim* das Verbrechen, bzw. das abweichende Verhalten behandelt, *im strengen Sinne als strukturell-funktionale Analyse bezeichnet werden kann.* Das setzt nicht nur die strukturell bedingte sozialkulturelle Relativität aller Normensysteme voraus, sondern rollt auch besondere Probleme des *sozialen Wandels* innerhalb jeder einzelnen Gesellschaft auf. Eine allzu starke Strukturierung der Normensysteme steht ihrer Modifikation im Wege, so daß neben der Strukturierung die beständige »Umstrukturierung« (réarrangement) steht; damit zeigt sich, daß das abweichende Verhalten noch eine zusätzliche Funktion für den sozialen Wandel hat.

VI

Es zeigt sich aber auch bereits *der Rahmen* für eine soziologische »Erklärung« im strengen Sinne, also als strukturell-funktionale Analyse. Dieser Rahmen wird in Kapitel vier der »Regeln« entworfen, worauf dann logischerweise das Kapitel über die soziologische Erklärungsweise folgt. Der Rahmen wird gebildet durch eine Systematik der gesellschaftlichen Typen oder Arten, ohne die, wie wir gesehen haben, nicht einmal die Unterscheidung der normalen und der anormalen Phänomene möglich ist. Damit wird auch die Idee einer *sozialen Morphologie* wieder aufgenommen, wenn auch in einem vom obigen leicht abweichenden Sinne: jetzt ist nicht mehr vom materiellen Substrat der Gesellschaft die Rede, sondern nur noch von einer Typologie. Hier ist *Durkheim* allerdings ganz besonders schematisch und skizzenhaft, was auch in der ungewöhnlichen Kürze des Kapitels zum Ausdruck kommt. Er spricht eigentlich nur von einer Klassifizierung primitiver Gesellschaftstypen, ohne überhaupt an das Problem der Klassifizierung komplexer Gesellschaften heranzugehen. Es wäre allerdings durchaus abwegig, wenn man meinte, das sei alles, was *Durkheim* darüber zu sagen hat. Es läßt sich im Gegenteil mit Leichtigkeit zeigen, daß er etwa in seinem Werk über die Arbeitsteilung wie auch im Selbstmordwerk viel differenziertere Klassifikationsmöglichkeiten angedeutet hat, als sie in den »Regeln« erwähnt werden. Wir bemerken allerdings, daß das die Wahrheit der entwickelten Problematik in keiner Weise beeinträchtigt. Diese dient vielmehr der Vorbereitung des Kapitels über die »Erklärung« der soziologischen Tatbestände. Wir weisen nur noch zum Abschluß darauf hin, wie abwegig die Vorstellung ist, eine positiv-wissenschaftlich bzw. empirisch begründete Soziologie müsse über den Einzelproblemen die gesamtgesellschaftlichen Beziehungen vernachlässigen. Hier zeigt sich genau umgekehrt, daß theoretisch überhaupt keine Betrachtung eines Einzelproblems möglich ist ohne vorherige Bestimmung des strukturellen Gesamtrahmens, in den es sich einbaut. Ohne das ist sogar keinerlei spezifisch soziologische Erklärung möglich.

Wenn der Satz, *Soziales nur durch Soziales zu erklären,* im Zusammenhang mit der strukturell-funktionalen Analyse überhaupt einen Sinn haben soll, dann kann er diesen Sinn erst gewinnen in der Verbindung der konkreten Einzelforschung mit einer Typologie der Gesellschaft. Damit kommt *Durkheim* wiederum in Konflikt mit der älteren Sozialphilosophie, die die einzelnen sozialen Erscheinungen einzig aus ihrem Zweck zu »erklären« versuchte. Damit werden aber die Dinge auf den Kopf gestellt. Es heißt: »Den Nutzen einer Erscheinung aufzuweisen bedeutet nicht, ihre Entstehung und ihr Wesen zu erklären; denn die Verwendungsweisen, denen sie dient, setzen spezifische Eigenschaften voraus, die sie zwar charakterisieren, sie aber nicht geschaffen haben« (S. 176/7). Im Grunde handelt es sich dabei um zwei verschiedene Dinge; denn soziale Erscheinungen können existieren ohne irgendwelchen ersichtlichen Nutzen, wobei sie einen solchen entweder nie besessen oder ihn wieder verloren haben. Außerdem gibt es Funktionswandel. Man kann die Dinge nicht aus dem Nutzen erklären, da ja dieser Nutzen überhaupt erst sichtbar wird, nachdem die betreffenden Erscheinungen bereits existieren. So müssen also die wirkende Ursache, von der ein Phänomen erzeugt wird, und dessen Funktion getrennt untersucht werden. Die wirkende Ursache kann aber nur erfaßt werden, wenn wir zuerst dem strukturellen Rahmen nachgehen, innerhalb dessen sich das betreffende Phänomen aufbaut. So muß zunächst untersucht werden, ob eine Korrespondenz besteht zwischen dem untersuchten Tatbestand und den allgemeinen Bedürfnissen des sozialen Organismus. Die Funktion liegt dann zumeist, wie oben schon angedeutet, in der Erhaltung der strukturellen Bedingungen, aus denen eine Erscheinung erwachsen ist. So geht die Strafe zurück auf eine Reaktion der allgemein akzeptierten Wertvorstellungen und Gefühle einer gegebenen Gesellschaft, nachdem sie durch ein Verbrechen verletzt wurden; ihre Funktion liegt andererseits darin, die Intensität dieser Gefühle zu erhalten und zu verhindern, daß sie im Laufe der Zeit einfach abklingen. Das genau ist strukturell-funktionale Analyse klassischen Stils. Andererseits kann die funktionale Analyse auch nicht vernachlässigt werden, wenn eine vollständige Erklärung erreicht werden soll; denn bestehende soziale Normen können ihren Allgemeincharakter nur unter der Voraussetzung erhalten, daß sie eine solche Funktion ausüben. *A-Funktionalität kann auf die Dauer zu einer Dysfunktion werden.* Es ist nicht verwunderlich, daß *Durkheim* gerade in diesem Kapitel auf die obersten Prinzipien der soziologischen Dimensionsanalyse zurückkommt; denn er berührt in der Tat jetzt den Punkt, an dem sich die Wahrheit aller früher gemachten Aussagen bewähren muß.

Durchschnittlich wird in der Tat als Ursache genommen, was in Wahrheit Ergebnis ist (Funktion). Dies tritt wiederum besonders kraß zutage im System des soziologischen Atomismus, der soziale Erscheinungen aus einer vermeintlichen allgemeinen Menschennatur abzuleiten unternimmt. So werden Reaktionsweisen als »angeboren« bezeichnet, die in Wirklichkeit von ganz bestimmten strukturellen Voraussetzungen abhängen und in anderen überhaupt nicht existieren (wie etwa sexuelle Eifersucht). In Wahrheit sind also diese Reaktionen nur Konsequenzen bestimmter struktureller Konstellationen. So kommt *Durkheim* zu der Regel, daß analytisch (=begrifflich) »die bestimmende Ursache eines soziologischen Tatbestands in den sozialen Phänomenen, die ihm zeitlich vorausgehen, und nicht in den Zuständen des individuellen Bewußtseins gesucht werden« müssen (S. 193). Das ist die Regel, die wir vorher schon häufig unter der Formel »Soziales nur durch Soziales erklären«, angeführt haben. Sie ist nicht nur, auf eine kürzeste Formel gebracht, der Inbegriff der Bemühungen *Durkheims* in seinen »Regeln« und in seinem übrigen Werk, sondern sie ist auch noch der Grundsatz der modernen wissenschaftlichen Soziologie. Da sie überdies strukturell-funktionale Analyse ist, gilt dieser Satz nicht nur für die Begründung des Postulats der Priorität der strukturellen Analyse, sondern in gleicher Weise für die Funktionsanalyse. Selbst wenn die individuellen Konsequenzen sozialer Phänomene auf der Hand liegen, die ihrerseits den Psychologen und insbesondere den Psychiater interessieren, hat die spezifisch soziologische Analyse ihr Augenmerk zunächst auf die sozialpsychologischen Wirkungen zu richten. Mit anderen Worten: die Wirkungen sind in Sozialisierungs- und entsprechend auch in Desozialisierungsprozessen zu finden, wie sie *Durkheim* etwa im Selbstmordwerk untersucht; in der Familiensoziologie, der Soziologie der Erziehung u. ä. werden andere Prozesse der gleichen Art untersucht. Der wesentliche Unterschied *Durkheims* zur heutigen Auffassung liegt darin, daß nach Entfaltung der Psychoanalyse der Begriff der sozial-kulturellen Person eine außerordentliche Vertiefung erfahren hat, die allerdings, wie wir vorher zeigen konnten, bei *Durkheim* selber schon deutlich angelegt ist.

Wir wollen aber hier nicht diesen Erweiterungsmöglichkeiten nachgehen, sondern uns möglichst strikt auf eine Interpretation der »Regeln« beschränken; denn sonst müßten wir sowohl nach der Bedeutung der biophysiologischen Grundlagen der sozialen Systeme wie nach ihren symbolischen und kulturellen Manifestationen fragen, die erst zusammengenommen das *»totale soziale Phänomen«* darstellen, um mit *Marcel Mauss* zu sprechen.

Durkheim zielt in alledem auf eine möglichst konkrete Typologie der Grundformen des Sozialen, wie sein Begriff des *»inneren sozialen Milieus«* beweist. Das innere soziale Milieu wird durch »die bestimmte Einheit, welche die in den Bau einer Gesellschaft eintretenden Elemente aller Art durch ihre Vereinigung bilden«, dargestellt (S. 194). Das *äußere soziale Milieu* wird durch die umgebenden Gesellschaften dargestellt, die durch Angriff oder Verteidigung die erste indirekt beeinflussen. Diese Begriffe bei *Durkheim* haben also nichts mit denen des »internal social system« und des »external social system« bei *George C. Homans*[1] zu tun, wenn letztere auch selbstverständlich von *Durkheim* beeinflußt wurden. Wie wir sehen werden, bezieht sich bei *Durkheim* das »äußere soziale Milieu« auf die Geschichte, während das, was er »inneres soziales Milieu« oder — einfacher — »soziales Milieu« nennt, einen zweifachen Aspekt aufweist, je nachdem Sachen oder Personen die wesentlichen Elemente des Systems darstellen. Dann aber sind die Begriffe bei *Durkheim* und bei *Homans* in der Tat kongruent, was wiederum die entscheidende Bedeutung der »Regeln« von *Durkheim* und ihre Fortführung in der Gegenwart belegen mag.

Die Grundelemente dieses inneren sozialen Milieus sind uns bereits aus der Schrift über *Montesquieu* vertraut: Volumen und Dichte der Gesellschaft. Im übrigen bekennt *Durkheim,* daß er selber nicht der Meinung ist, sie damit erschöpft zu haben. Jenseits ihrer treten die historischen Ursachen ins Spiel. Wichtiger als diese mehr oder weniger selbstverständlichen Fragen scheint uns aber die Tatsache zu sein, daß sich diese Differenzierung einer Gesellschaft im Ganzen auch bei den Sondermilieus der Einzelgruppen wiederholen kann, die diese Gesellschaft zusammensetzen. Je nach Volumen oder Dichte der Familie wird diese z. B. eine andere Form annehmen. Dieser Begriff des sozialen Milieus ist die wesentliche Voraussetzung aller soziologischen Erklärung; ohne ihn kann die Soziologie keinerlei Kausalbeziehungen aufstellen. Das heißt mit anderen Worten, *daß sich die logische Adäquatheit der Beziehungen zwischen Ursachen und Wirkungen in der Spezifität der konkomitanten Bedingungen eines beliebigen Phänomens ausdrückt.* Es

1 *G. C. Homans,* The Human Group, London 1951; dtsche. Übers. Köln 1960.

kann dann nicht mehr darum gehen, allgemeine Gesetze wie etwa das Dreistadiengesetz von *Auguste Comte* zu benutzen oder – wie wir angesichts des dilettantischen Gebrauchs *Marx*scher Metaphysik in der modernen Soziologie sagen möchten – das Gesetz der »Entfremdung« auf irgendwelche Erscheinungen. Diese Optik ist zu weit und verfehlt dadurch jede spezifische Gegenständlichkeit.

Zum Schluß greift *Durkheim* noch kurz das Problem Soziologie und Geschichte auf, wobei ebenfalls interessante Anklänge an das Buch über *Montesquieu* auftauchen, teils auch Abweichungen. Während er in der früheren Schrift deutlich *zwei Serien von Bedingungen* für die Entfaltung des sozialen Lebens unterschieden hatte, nämlich das gegenwärtige soziale Milieu (circumfusa) und die geschichtliche Vergangenheit (vis a tergo)[1], und zugleich *Montesquieu* vorwarf, daß er die letztere zugunsten des ersteren vernachlässige, scheint er der Geschichte jetzt eine geringere Bedeutung zuzugestehen, obwohl die Probleme mit genau den gleichen lateinischen Ausdrücken bezeichnet werden wie vorher. Aber dieser Wandel ist wohl nur scheinbar; wir möchten uns hierin der Meinung von *Davy*[2] anschließen. Die Einseitigkeit der Argumentation in den »Regeln« scheint uns vielmehr abhängig von der Ablehnung der Idee einer einheitlichen historischen Entwicklung und einer besonderen Betonung dessen, was wir oben die *Spezifität der konkomitanten Bedingungen des sozialen Milieus zur Sicherung der logischen Adäquatheit der aufzuweisenden Kausalbeziehungen* genannt haben. Im übrigen beweisen zahlreiche Wendungen im nächsten Kapitel, daß *Durkheim* dem Zeugnis der Geschichte einen großen aufschließenden Wert zuerkannte.

VII

Diese Entscheidung wird auch durch die Ausführungen des letzten Kapitels unterstützt, in dem sich *Durkheim* mit der soziologischen Beweisführung befaßt. Der wichtigste Punkt, den er dabei hervorhebt und der ein Grundprinzip der soziologischen Methode (wie jeder wissenschaftlichen Methode überhaupt) seither geblieben ist, ist *die Entscheidung, daß »Illustration« einer Hypothese kein Beweis ist*[3]. Dieser Unter-

1 *E. Durkheim*, Montesquieu et Rousseau, S. 108.

2 *G. Davy*, L'explication sociologique et le recours à l'histoire d'après Comte, Mill et Durkheim, in: Revue de Métaphysique et de morale LIV, 3/4, 1949, insbes. S. 346 ff., wo auch die Differenz zur Schrift über *Montesquieu* aufgegriffen wird.

3 Siehe auch *E. Durkheim*, Suicide, S. VI: „Une illustration ne constitue pas une démonstration."

schied zwischen Illustration und Beweis hat natürlich seine eigenen Voraussetzungen; *denn er bedeutet im wesentlichen, daß die Verifizierung einer Hypothese methodisch zu erfolgen hat.* Eine methodisch einwandfreie Verifizierung setzt voraus, daß nicht isolierte Daten benützt werden, die eben nur die Hypothese illustrieren, *sondern methodisch ausgewählte und nach Regeln aufgestellte Serien von Daten.* Er gibt ein gutes Beispiel dafür, wenn er sagt, daß sich manche Phänomene in der ganzen Gesellschaft finden, aber sie variieren nach Maßgabe der Landschaft, der Berufe, der Konfessionen usw. Das ist ja das Verfahren, das er selber praktisch im Selbstmordwerk geübt hat. Die Verschiedenheit des sozialen Milieus entscheidet nun in jedem einzelnen Fall, daß Variationsserien dieser Phänomene erreicht werden, die ein genaues Studium der konkomitanten Variationen erlauben. Damit wird die Kausalbetrachtung ganz entscheidend befördert.

Wir gehen nicht darauf ein, daß *Durkheim* von den von *John St. Mill* aufgestellten Methoden die Residualmethode sowie die Konkordanz- und Differenzmethode zurückweist, weil die soziologischen Tatbestände für sie viel zu komplex seien, um nur die der konkomitanten Variationen beizubehalten. Bei den letzteren vermag er jedenfalls besonders deutlich zu zeigen, wie alles auf die logische Behandlung der Daten ankommt. Empirische Forschung bedeutet also keineswegs einfache Anhäufung von Dokumenten ohne Auswahl und Kritik. Das ist genau das Gegenteil eines methodisch einwandfreien Vorgehens. Vielmehr kommt alles darauf an, die Behandlung des Materials logisch unter Kontrolle zu bekommen, was seiner Meinung nach bei der Methode der konkomitanten Variationen am leichtesten gelingt. Es kommt hierbei auch nicht darauf an, komplexe soziale Phänomene total zu erfassen, sondern nur parallele Variationen zu beobachten, ohne Anspruch auf sonstige Erschöpfung der Phänomene zu erheben. Daraus können dann allmählich Kausalgesetze entwickelt werden.

Allerdings liegt der Akzent auf dem Worte allmählich. Die Entdeckung der Kausalbeziehung liegt gewiß nicht am Anfang der Untersuchung, sondern ist meist nur die Frucht umwegreichen Bemühens. So muß die Tatsache des gleichzeitigen Auftretens zweier Phänomene nicht darauf zurückgehen, daß eines die Ursache des anderen ist; sie können vielmehr beide Wirkung einer anderen (unbekannten) Ursache sein, oder es existiert zwischen ihnen ein drittes Phänomen, das vorher unbeachtet blieb, und das die Wirkung des ersten und die Ursache des zweiten ist. Die Ergebnisse bedürfen also der *Interpretation;* es gibt überhaupt kein mechanisches Mittel, um Kausalbeziehungen ohne umfangreiche und methodisch geübte Bearbeitung zu erreichen, wobei

Deduktion und Induktion ständig ineinandergreifen, bis die Verifizierung einer Hypothese gelungen ist.
Auf dieser Basis kommt *Durkheim* schließlich dazu, die *vergleichende Methode* allen anderen vorzuziehen. Das wird besonders akut in der Erkenntnis der Gegenwart, die grundsätzlich nicht aus sich selbst erkannt werden kann, *sondern einzig, indem man irgendeine gegenwärtige Institution nicht nur mit verschiedenen gegenwärtigen Gesellschaften, vielmehr auch mit allen früheren Gesellschaftstypen vergleicht.* Diese Forderung ist rein methodologisch bedingt und nicht etwa, wie man so oft hören kann, Ausdruck einer »entwicklungsgeschichtlichen« Auffassung. Es soll gewiß nicht geleugnet werden, daß sich bei *Durkheim* noch viele Anklänge an die alte Entwicklungsgeschichte finden, so etwa wenn ihm die Frage nach der Rolle der Religion in der menschlichen Gesellschaft mit der nach dem »Ursprung der Religion« zusammenfließt; aber im wesentlichen bedeutet allein die Entdeckung der strukturell-funktionalen Analyse ein wichtiges und wohl auch entscheidendes Hindernis gegen die entwicklungsgeschichtliche Betrachtungsweise. So kann *Durkheim* am Ende folgende Feststellung treffen: *»Die vergleichende Soziologie ist nicht etwa nur ein besonderer Zweig der Soziologie; sie ist soweit die Soziologie selbst, als sie aufhört, rein deskriptiv zu sein, und danach strebt, sich über die Tatsachen Rechenschaft zu geben«* (S. 216). Man kann das auch anders ausdrücken, indem man bemerkt, daß die Soziologie in dem Maße vergleichend wird, wie sie theoretisch wird.
Es kann hier nicht die Rede davon sein, die Weiterentwicklung der Methode *Durkheims* in der Zeit nach der ersten Publikation der »Regeln« zu verfolgen; das würde den Rahmen, den wir uns hier setzen müssen, völlig sprengen. Wir wollten hier einzig eine Einführung in dieses vieldiskutierte Werk vom heutigen Standpunkt aus geben, ohne darum die Entwicklung aller Einzelargumente zu verfolgen. Es muß jedoch in einer Hinsicht wenigstens davon abgegangen werden, und zwar auf Grund unserer zu Beginn ausgesprochenen Devise, daß wir *Durkheim* durch ihn selbst korrigieren wollten. Einerseits spricht *Durkheim* der Methode der konkomitanten Variationen, die man auch als Methode der Korrelationen bezeichnen kann, *einen außerordentlichen, bei kritischer Benutzung vielleicht entscheidenden Wert in der Aufstellung von Kausalbeziehungen zu;* andererseits warnt er aber selber vor der außerordentlichen Komplexheit sozialer Phänomene, was die Benutzung der anderen Induktionsmethoden von *Mill* nach seiner Meinung derart beeinträchtigt, daß sie ihm für die Soziologie als unbrauchbar erscheinen. Diese beiden Feststellungen stellen in gewisser Weise einen Widerspruch dar, wie insbesondere der dänische

Soziologe *Svend Ranulf* betont hat[1]; denn es könnte daraus doch vielleicht eine skeptische Zurückhaltung gegenüber allzu optimistischen Erwartungen auf die Korrelationsmethode resultieren. Wir haben schon vor langer Zeit darauf hingewiesen[2], daß eine weitere Spezifizierung in der Forschungsausrichtung der Schule von *Durkheim* eine wachsende Zurückhaltung gerade in dieser Hinsicht erzeugt hat. *Durkheim* ging z. B. aus von den vermeintlich »objektiven« kodifizierten Regelungssystemen des Rechts, um etwa die gemeinsamen Glaubens- und Wertvorstellungen einer gegebenen Gesellschaft zu erfassen. Ein solches Verfahren kann aber äußerst irreführend sein, was sich entsprechend auch auf alle auf solche Materialien aufgebauten Korrelationen auswirken muß. Denn, wie *Albert Bayet* schon früh (seit 1922) betonte[3], es kann z. B. ein kodifiziertes Gesetz nicht mehr angewandt werden; es kann wohl angewandt, aber durch Auslegung weitgehend modifiziert werden; es kann nicht in allen sozialen Klassen in der gleichen Weise angewandt werden; schließlich kann es geradezu den Protest der Gesellschaft herausfordern. In allen diesen Fällen dürften also die eventuell zwischen den kodifizierten Gesetzen und anderen Erscheinungen auftretenden Korrelationen nicht als bare Münze genommen werden, da eben in der Tat die Situation viel komplexer ist, als es zuerst erschien. Mit den auf Grund dieser Überlegungen hier einsetzenden historischen Erweiterungen des methodologischen Ansatzes von *Durkheim* wird zunehmend die Korrelationsmethode durch historische Kontingenz bedroht.

Der bedeutendste Beitrag zur Fortführung dieser Frage kommt von einem Schüler *Durkheims*, von *François Simiand*, der wahrscheinlich der bedeutendste Methodologe der Soziologie nach und neben *Durkheim* in Europa ist, vor allem auch darum, weil er — genau wie sein Lehrer — die methodologische Diskussion mit unmittelbarer Forschung verband, also aus innerster Sachkenntnis sprach. Im übrigen beginnen die methodologischen Überlegungen *Simiands* schon unverhältnismäßig früh (seit 1899)[4], um 1912 in einem ersten zusammenfassenden Bändchen und vor allem 1932 in seinem Hauptwerk eine reife Zusammen-

1 *Svend Ranulf*, Methods of Sociology. With an Essay »Remarks on the Epistemology of Sociology«, Kopenhagen 1955, S. 20 ff.

2 *R. König*, Die neuesten Strömungen in der gegenwärtigen französischen Soziologie, in: *R. König*, Durkheim zur Diskussion, München 1978, S. 64 f.

3 *A. Bayet*, Le suicide et la morale, Paris 1922; *ders.*, La science des faits moraux, Paris 1925, u. a. vom gleichen Verfasser.

4 *F. Simiand*, Déduction et observation psychologique en science sociale, in: Revue de Métaphysique et de morale, 1899.

fassung zu erfahren. Seine Absicht ist, sich gleich weit entfernt zu halten von einer Theorie ohne Daten wie von Daten ohne Theorie. Gleichzeitig kommt auch der historische Gesichtspunkt zu seinem Recht, wenn er — genau wie *Bayet* — Beobachtungsdaten »ohne genaue Lokalisierung und Datierung« zurückweist[1]. Dementsprechend *kritisiert er auch rein empirische Erhebungsauswahlen*, also die »Illustration auf gut Glück«, und ersetzt sie, wie *Durkheim*, durch die experimentelle Methode der Datenbehandlung. Das französische Wort für methodisch gelenkte Erhebungswahl, »échantillonage«, entspricht dem englischen Ausdruck des »Sampling«. Gleichzeitig erhebt *Simiand* die Forderung nach interner und externer Kritik der historischen Dokumente und, wenn irgend möglich, ihre statistische Bearbeitung, um zu wissenschaftlicher Auswertung dieser Materialien vorzustoßen. Daher geht auch *Simiand* auf die Feststellung konkomitanter Variationen aus, die dann einer eingehenden Interpretation unterworfen werden müssen. Gerade hier schafft er aber eine wesentliche Vertiefung des Ansatzes von *Durkheim*, der jedoch ganz in seiner Linie liegt, weswegen wir zum Abschluß noch kurz darauf eingehen müssen.

Bezeichnend für *Simiand* ist vor allem seine größere Reserve gegenüber der Korrelationsanalyse. Selbst eine hohe Korrelation zwischen zwei Merkmalen ist noch lange kein Beweis für eine Kausalbeziehung, da sie parallele Wirkungen eines dritten unbekannten Faktors sein könnten. Diese Möglichkeit kann erst dann ausgeschaltet werden, wenn alle anderen in Frage kommenden Faktoren untersucht worden sind. Das wird dazu führen, daß in manchen Fällen Kausalbeziehungen mit relativer Sicherheit aufgestellt werden können, in anderen dagegen nicht. Dabei wendet er seine besondere Aufmerksamkeit dem Faktor Zeit zu: wenn etwa die korrelierenden Merkmale in der einen Serie von Daten immer etwas früher eintreten als in der anderen, kann man darauf schließen, daß die einen als Ursache für die anderen angesehen werden können. Auch wenn die Variationen in der zweiten Serie kleiner sind als in der ersten, kann man annehmen, daß die größeren die Ursache der kleineren sind. Durch diese kritischen Einschränkungen wird — ganz im Sinne von *Durkheim* — die Spezifität der Relationen nur verstärkt, wie auch die Notwendigkeit theoretischer Diskussion unterstrichen wird, um möglichst alle relevanten Faktoren in den Griff zu bekommen. Das heißt dann auch, *daß selbst ein hoher Korrelationswert noch keine Kausalbeziehung impliziert, sofern dies nicht durch*

1 *F. Simiand*, La méthode positive en science économique, Paris 1912; *ders.*, Le salaire, l'évolution sociale et la monnaie, 3 Bde., Paris 1932, vor allem Introduction, Kapitel 1—4.

die theoretische Analyse der relevanten Faktoren wahrscheinlich gemacht wird. Diese Entscheidung wird gerade durch die Eigenart des Gegenstandes der Soziologie nahegelegt, nämlich seiner hohen Komplexheit, ohne daß darum das Ziel *Durkheims* aufgegeben würde; vor allem wird die strukturell-funktionale Analyse ausdrücklich festgehalten [1]. So schließt er: »Aussi, on le voit, même si la recherche positive ne reconnaît pas de lien substantiel et de causalité absolue, et ne se soucie donc pas d'y atteindre, il apparaît bien cependant qu'une distinction relative entre les divers ordres de dépendances et une distinction relative de degrés de dépendance y soient reconnues opérantes et utiles, et, se caractérisant par des traits formels, puissent donc se transposer dans notre champ d'étude et servir à y ordonner et sérier notre recherche [2].« In vielen Fällen wird man sich genötigt sehen, statt absolut eindeutiger Kausalbeziehungen *mit Vermutungen eines sehr hohen Wahrscheinlichkeitsgrades vorlieb zu nehmen,* wie *Ranulf* das ausdrückt (»plausible guesses«) [102]. Seine Gegnerstellung gegen jede Art von phänomenologischer »Intuition«, die den Regeln der Wissenschaftslogik nicht gehorcht und auch keine methodischen »Kontrollen« anerkennt, garantiert uns, daß es bei diesem Beginnen keineswegs um eine »Erweichung« der kritischen Methode *Durkheims,* sondern im Gegenteil um eine weise Selbstbeschränkung geht, die — wie *Simiand* — statt einer schwerer zu erreichenden Wahrheit auch mit Wahrscheinlichkeiten vorlieb nimmt, falls sie nur glaubwürdig sind und den Anforderungen der Wissenschaftslogik Genüge leisten [4]. Die Fruchtbarkeit dieses differenzierteren Ansatzes hat sich insofern bestätigt, als viele ältere Hypothesen der soziologischen Forschung wenn nicht widerlegt, so zum mindesten beträchtlich modifiziert werden konnten.

Die gemachten Einschränkungen scheinen uns in mehr als in einer Hinsicht wichtig. Zunächst verhindern sie die gedankenlose Aufstellung von Kausalbeziehungen, sowie Korrelationen einer bestimmten Größenordnung auftreten, solange dies nicht theoretisch einsichtig gemacht werden kann. Wir müssen eben immer gegenwärtig behalten, daß empirische Regelmäßigkeiten noch keine Gesetzmäßigkeiten darstellen, sonst könnte man ja in der Tat eine Kausalbeziehung vermuten zwischen einem Schädelindex und einem Kulturtyp, wenn nur Korrelation zwischen ihnen besteht. Ohne theoretische Erklärung ist jedoch eine solche

1 a. a. O., Bd. I, S. 17 ff.

2 a. a. O., Bd. I, S. 23.

3 *S. Ranulf,* a. a. O., S. 26 ff.

4 *F. Simiand,* a. a. O., S. XXV.

Vermutung völlig hinfällig. Das bringt uns sogleich zu einem zweiten Punkt, der in diesem Zusammenhang aufgerollt werden muß. Sowohl *Durkheim* wie *Simiand* betonen, daß rationale Verstehbarkeit einer Korrelation zu einem Merkmal für eine bestehende Kausalbeziehung werden kann. Erklären wird also identisch mit rationalem Verstehen [1], was allerdings nicht mit analytischer Deduktion verwechselt werden darf; denn die empirische Verifizierung ist von nun an ganz unaufgebbar. So entscheidet *Simiand,* es komme auf folgende Beziehung an: »Liaison qui apparaît répondre à la raison en ce qu'elle ne pourrait pas être autre (au moins dans tel cadre donné et sur telles bases reconnues, éléments généraux de fait, ou résultats d'autres connaissances), en ce qu'elle n'apparaît pas, directement ou indirectement, contingente, en ce qu'elle s'ordonne en un ensemble qui embrasse et commande un champ de réalités le plus grand possible, en ce qu'elle rend bien compte de ce qui, dans ce champ, se marque essentiel, fondamental [2].« Die gleiche Einstellung findet sich auch bei *Durkheim,* der — nebenbei gesagt — in einer Vorlesungsreihe über den Pragmatismus von 1913/14 den Rationalismus energisch gegen die Anfechtungen von dieser Seite aus verteidigte [3].

Gerade damit werden neue Probleme aufgerollt, die sowohl für das Verständnis *Durkheims* als auch für die soziologische Methodenlehre insgesamt von Wichtigkeit sind. So finden wir bei *Durkheim* eine gelegentliche Neigung, Korrelationen dem rationalen Verstehen überzuordnen. Das ist z. B. häufig der Fall im Selbstmordwerk, worauf auch *Ranulf* hingewiesen hat [4], und was *Durkheim* selber ausdrücklich postuliert. »Quand, toujours et partout, deux faits se sont rencontrés en connexion, sans qu'une seule exception soit citée, il est contraire à toute méthode de supposer qu'ils puissent être séparés. Ce n'est pas que l'un soit toujours la cause de l'autre. Le lien qui est entre eux peut être médiat, mais il ne laisse pas d'être et d'être nécessaire [5].« Diese Stelle wird unseres Erachtens von *Ranulf* nicht in ihrer ganzen merkwürdig schillernden Bedeutung erkannt. Zunächst weicht hier *Durkheim* von der Auffassung ab, daß eindeutige Korrelationen immer

1 a. a. O., S. 24.

2 eodem loco.

3 Vgl. dazu *E. Durkheim,* Pragmatisme et sociologie. Cours inédit prononcé à la Sorbonne en 1913/14 et restitué d'après des notes d'étudiants par *Armand Cuvillier,* Paris 1955.

4 *S. Ranulf,* a. a. O., S. 26.

5 *E. Durkheim,* Suicide, S. 414.

Kausalbeziehungen bedeuten müßten. Dabei zitiert er eine seltsam berührende Notwendigkeit rein faktischer Natur, die relativ unabhängig sei vom rationalen Verstehen. Schließlich wird das noch unterstrichen durch eine Fußnote zum Wort »médiat«, die folgendermaßen lautet: »Et même tout lien logique n'est-il pas médiat? Si rapprochés que soient les deux termes qu'il relie, ils sont toujours distincts et, par conséquent, il y a toujours entre eux un écart, un intervalle logique.« Damit wird wohl die logische Beziehung als »mittelbar« angesprochen im Gegensatz zur unmittelbaren Evidenz der Korrelation, der dann offensichtlich entscheidende Bedeutung zugewiesen wird. Das widerspricht ganz eindeutig anderen Entscheidungen *Durkheims*, z. B. der Warnung gegen die Verwechslung bloß empirischer Regelmäßigkeiten mit soziologischen Gesetzmäßigkeiten. Übrigens warnt auch *Simiand* davor, bei Beziehungen, die rational noch so einleuchtend sind[1] (»raisonables ou admissibles«), ohne weiteres auf Kausalbeziehungen zu schließen. Das würde ohne weiteres in die Richtung der Warnung von *Max Weber* weisen: »Immer muß ... das »Verstehen« des Zusammenhangs noch mit den sonst gewöhnlichen Methoden kausaler Zurechnung, soweit möglich, kontrolliert werden, ehe eine noch so evidente Deutung zur gültigen ,verständlichen Erklärung' wird[2].« Aber davon ist dann doch zu unterscheiden, daß unter Umständen eine rein faktische Regelmäßigkeit zu Schlüssen rechtfertigen kann, die sonst nur auf kombinierter theoretisch-begrifflicher Auseinandersetzung mit empirischer Kontrolle erreicht werden könnten.

Ranulf[3] entwickelt von hier aus die Auffassung, daß die empirische Soziologie sehr wohl auf Ursachenanalyse ausgerichtet sein könne, ohne daß man darum sagen dürfe, daß eine solche Analyse besser sei, wenn die Kausalbeziehungen rational verstehbar sind, als wenn das nicht der Fall ist. Es heißt dann ferner, daß rational verstehbare Kausalhypothesen noch immer von großem heuristischen Wert sein könnten, indem sie zu Korrelationen führen, die man anders nicht entdeckt hätte. Nachdem aber diese Hypothesen ihre heuristische Funktion geübt hätten, sollte man davon absehen, sie weiter zu verfolgen. Das alles spricht also nicht gegen rational verstehbare Hypothesen als solche, sondern nur gegen die Überschätzung empirisch ungenügend gesicherter Hypothesen, die auf einfachen Korrelationen beruhen. Umgekehrt bleibt auch der Satz erhalten, daß spekulative Theorien ohne methodisch ein-

1 *F. Simiand*, a. a. O., S. 73.

2 *M. Weber*, Über einige Kategorien der verstehenden Soziologie, in: *M. Weber*, Gesammelte Schriften zur Wissenschaftslehre, Tübingen 1922, S. 404.

3 *S. Ranulf*, a. a. O., S. 27.

wandfreie empirische Nachprüfung von nun an völlig von der Hand gewiesen werden können. Sie können bestenfalls als Quelle für Hypothesen benutzt werden, die aber dann erst der Nachprüfung bedürfen; ohne das sind sie sachlich irrelevant.

Damit ist letztlich auch das Postulat erfüllt, das *Durkheim* ganz am Ende der »Regeln« ausspricht, indem er eine Soziologie für Fachleute fordert, die den Mut zur Unpopularität hat. »Sobald man als Bedingung vorläufiger Einführung von den Menschen fordert, daß sie die Begriffe, die sie auf eine Gattung von Dingen anzuwenden gewohnt sind, ablegen, um diese neu durchzudenken, kann man nicht erwarten, eine zahlreiche Anhängerschaft zu gewinnen. Das ist aber nicht das Ziel, dem wir zustreben. Wir glauben im Gegenteil, daß für die Soziologie der Moment gekommen ist, auf weltliche Erfolge zu verzichten und den esoterischen Charakter anzunehmen, der aller Wissenschaft zukommt. Sie wird dabei an Würde und Autorität gewinnen, was sie vielleicht an Popularität verliert. Denn solange sie in den Kämpfen der Parteien verstrickt bleibt, solange sie sich damit zufrieden stellt, mit mehr Logik als die Menge die gebräuchlichen Ideen zu bearbeiten, und solange sie infolge dessen keine besondere Kompetenz vertritt, hat sie nicht das Recht, laut genug zu sprechen, um die Leidenschaften und Vorurteile zum Schweigen zu bringen. Gewiß ist die Zeit noch weit entfernt, in der sie diese Rolle wird in wirksamer Weise spielen können; dennoch müssen wir von nun an daran arbeiten, daß sie in den Stand gesetzt wird, diese Aufgabe eines Tages zu erfüllen« (S. 221).

Durkheim selber hat in den »Regeln« seinen Beitrag zu dieser Aufgabe geleistet, die Soziologie »esoterisch« zu machen. Es war dies ein entscheidender Anfang, der als Aufgabe auch für uns heute noch gilt, selbst wenn vieles von dem, was *Durkheim* selber glaubte, an gesicherten Ergebnissen vorlegen zu können, sich für uns als untragbar erwiesen hat. Wenn das aber wirklich der Fall ist, so müssen wir uns ganz klar darüber sein, *daß die Widerlegung der Ergebnisse Durkheims in seinen verschiedenen Forschungsunternehmen nicht einer transzendenten Kritik, sondern einzig einer Anwendung und Verfeinerung derjenigen Prinzipien zu danken ist, die er selber in den »Regeln« aufstellte.* Damit ist im Grunde gesagt, daß wir auch da noch von ihm abhängig sind, wo wir uns von ihm entfernt haben. Denn eines war ihm klar, daß es in der Entwicklung einer Wissenschaft keinen Stillstand geben kann. Darüber hinaus aber gibt es bestimmte Prinzipien, von denen eine unabhängige Kraft der kritischen Reinigung unseres Verstandes ausgeht, selbst wenn sie sich verschiedener zeitlich gebundener Sprachen bedienen, die auch in der Polemik und Kritik mindestens teilweise vom Gegner abhängig bleiben, wie wir ganz zu Beginn sagten.

Was *Durkheim* als disziplinären Sinn sozialen Lebens insgesamt bezeichnete, kann letztlich auch auf seine Vorstellung von der Funktion des Begriffs im Prozeß der Forschung angewendet werden. Im Begriff meistern wir nicht nur eine ungeordnete Mannigfaltigkeit von Erfahrungen, wie sie uns der Alltag zuträgt, sondern wir befreien uns auch von den Vorurteilen und Vorbegriffen, die überall auf dem Wege der Erkenntnis lasten. So liegt auch eine Art von moralischer Schuld darin, wenn man sich dieser Disziplin entzieht, die sich insbesondere in der Erkenntnis der Gegenwart zu bewähren hat. Die Aufforderung dafür ist gegeben, an uns liegt es jetzt, diesen Aufruf, der auch ein Anspruch ist, zu erfüllen. Darin liegt die ungewöhnliche pädagogische Kraft dieses Büchleins, das weit über seine Zeit hinaus wirkt, auch unangesehen aller seiner Unvollkommenheiten. Der wesentliche Anspruch des Buches wird aber dadurch in keiner Weise berührt.

RENÉ KÖNIG

Die Regeln der soziologischen Methode

VORWORT

Man ist wenig daran gewöhnt, die sozialen Phänomene wissenschaftlich zu untersuchen; daher dürften einige in diesem Werke enthaltene Lehren den Leser überraschen. Und doch sollte man, wenn es eine Wissenschaft von der Gesellschaft gibt, füglich von ihr erwarten, daß sie nicht in einer simpeln Paraphrase überlieferter Vorurteile aufgeht, sondern uns die Dinge anders betrachten lehrt, als sie gemeinhin erscheinen; denn es ist das Ziel jeder Wissenschaft, Entdeckungen zu machen, und jede Entdeckung verschiebt mehr oder minder die vorhandenen Anschauungen. Wenn man also dem »gesunden Menschenverstand« in der Soziologie nicht eine Autorität zuerkennen will, welche er in den anderen Wissenschaften längst verloren hat – und man würde vergebens nach einem Rechtstitel für diese Autorität suchen –, so muß der Forscher den resoluten Entschluß fassen, vor den Ergebnissen seiner Untersuchung, sofern sie nur methodisch gewonnen sind, nicht zurückzuschrecken. Wenn das Suchen nach dem Paradoxen bezeichnend ist für einen Sophisten, so verrät die Flucht vor dem durch die Tatsachen aufgedrungenen Paradoxen einen Geist ohne Mut oder ohne Glauben an die Wissenschaft.

Leider ist es leichter, diese Regel im Prinzip und in der Theorie einzusehen, als sie konsequent zur Anwendung zu bringen. Zu sehr noch sind wir gewöhnt, an diese Fragen unter der Suggestion des gesunden Menschenverstandes heranzutreten, als daß wir ihn ohne Mühe von den soziologischen Diskussionen entfernt halten könnten. Die hergebrachte Meinung drängt uns, auch wenn wir uns von ihr freigemacht wähnen, unmerklich ihre Urteile auf. Nur eine lange und besondere Übung vermag es, solchen Schwächen vorzubeugen. Wir bitten den Leser, dies außer acht zu lassen. Immer mag er sich gegenwärtig halten, daß die Denkweisen, an die er zumeist gewöhnt ist, dem Studium der sozialen Phänomene mehr schädlich als förderlich sind, und sich infolgedessen vor seinen ersten Eindrücken in acht nehmen. Sobald er sich diesen widerstandslos hingibt, läuft er Gefahr, uns zu beurteilen, ohne uns verstanden zu haben. So könnte es geschehen, daß man uns bezichtigte, wir wollten das Verbrechen für billigenswert erklären, weil wir es als ein normales Gesellschaftsphänomen darstellen. Indes wäre der Vorwurf kindisch. Denn wenn es normal ist, daß es in jeder Gesellschaft Verbrechen gibt, so ist es nicht weniger normal, daß sie bestraft werden. Die Einrichtung eines Repressionssystems ist eine Tatsache, die nicht weniger allgemein als das Dasein einer Kriminalität und auch nicht weniger notwendig für die Gesundheit der Gesellschaft ist. Wenn es keine Verbrechen geben sollte, müßten die Individuen in einem ausgedehnteren Maße nivelliert werden, als es aus Gründen, die weiter unten zu finden sind, möglich und wünschbar ist; sollte es hingegen keine Strafe geben, so wäre dazu ein Mangel an moralischer Homogenität erforderlich, welcher mit dem Dasein einer Gesellschaft unvereinbar ist. Lediglich von der Tatsache ausgehend, daß das Verbrechen verachtet wird und verächtlich ist, schließt der gesunde Menschenverstand mit Unrecht, daß es vollständig verschwinden sollte. In seiner Simplizität begreift er nicht, daß eine Sache, die abschreckend wirkt, einen nützlichen Zweck haben kann; und doch findet sich darin kein Widerspruch. Gibt es nicht im Organismus als widerlich empfundene Funktionen, deren regelmäßiges Spiel jedoch für die individuelle Gesundheit notwendig ist? Scheuen wir uns nicht vor dem Schmerz? Und doch wäre ein Wesen, daß ihn nicht kennen würde, ein Monstrum. Der normale Charakter einer Sache und die Gefühle des Widerstrebens, welche sie einflößt, können sogar abhängig voneinander sein. Wenn der Schmerz eine normale Erscheinung ist, so ist er es unter der Bedingung, daß wir ihn nicht lieben; wenn das Verbrechen etwas Normales ist, so ist es dies unter der Bedingung, daß wir es hassen *. Unsere Methode hat also nichts Revolutionäres an sich. Sie ist sogar in gewissem Sinn eigentlich konservativ, da sie die soziologischen Tatbestände wie Dinge ansieht, deren Natur, so dehnbar und geschmeidig sie auch sein mag, doch durch den Willen nicht

* Man wird uns vielleicht folgendes einwenden: wie kann man die Gesundheit als unmittelbares Ziel des Verhaltens darstellen, wie es weiter unten geschehen wird, wenn sie abschreckende Elemente enthält? In Wahrheit liegt aber darin gar kein Widerspruch. Es geschieht ja unaufhörlich, daß sich ein Ding, das in gewissen Wirkungen schädlich ist, in anderen nützlich und sogar lebensnotwendig zeigt; und wenn die schlechten Wirkungen regelmäßig durch einen gegensätzlichen Einfluß neutralisiert werden, so zeigt es sich in der Tat, daß dieses Ding ohne Schädigung seinen Zweck erfüllt, und doch bleibt es stets ein Gegenstand der Ablehnung, denn es stellt unaufhörlich in sich selbst eine eventuelle Gefahr dar, die nur durch die Einwirkung einer widerstrebenden Kraft beschworen wird. Das ist der Fall beim Verbrechen; das Unrecht, das es der Gesellschaft zufügt, wird durch die Strafe getilgt, wenn diese regelmäßig funktioniert. So steht es also in positiven Beziehungen, wie wir später sehen werden, mit den grundlegenden Voraussetzungen des sozialen Lebens, ohne das ihm innewohnende Übel zu entfalten. Dennoch hat der Abscheu vor dem Verbrechen seinen guten Grund; denn wenn es unschädlich gemacht wird, geschieht es gewissermaßen gegen seine innere Tendenz.

verändert werden kann. Um wieviel gefährlicher ist die Lehre, die in ihnen bloß das Produkt gedanklicher Kombinationen erblickt, das ein einfacher dialektischer Kunstgriff in einem Moment von Grund aus umstürzen kann!

Da man sich daran gewöhnt hat, sich das soziale Leben als die logische Entwicklung von Ideen vorzustellen, wird man vielleicht eine Methode als roh beurteilen, welche die Entwicklung des kollektiven Geschehens von objektiven, räumlich bestimmten Bedingungen abhängig macht, und es ist nicht ausgeschlossen, daß man uns als Materialisten behandelt. Indessen könnten wir mit mehr Recht die entgegengesetzte Bezeichnung in Anspruch nehmen. Beruht das Wesen des Spiritualismus nicht eigentlich auf der Idee, daß die psychischen Phänomene nicht unmittelbar von den organischen abgeleitet werden können? Unsere Methode ist zum Teil nur eine Anwendung dieses Prinzips auf die sozialen Phänomene. Wie der Spiritualismus das Reich des Psychischen vom Reich des Biologischen scheidet, so sondern wir das erstere vom Reich des Sozialen; wir lehnen es so wie er ab, das Zusammengesetzte durch das Einfachere zu erklären. In Wahrheit gebührt uns indes weder die eine noch die andere Bezeichnung; die einzige, welche wir akzeptieren würden, wäre die des Rationalisten. Unser vornehmstes Ziel ist es ja, das menschliche Verhalten dem wissenschaftlichen Rationalismus zu unterstellen, indem wir zeigen, daß es sich, in der Perspektive der Vergangenheit betrachtet, auf Beziehungen von Ursache und Wirkung zurückführen läßt, welche durch eine nicht minder rationalistische Gedankenoperation in Normen für die Zukunft umgeformt werden können. Unser sogenannter Positivismus ist nur eine Konsequenz dieses Rationalismus*. Man wird nur dann in Versuchung kommen, über die Phänomene hinauszugehen, um ihre Ursachen zu erkennen, oder um ihren Verlauf zu lenken, wenn man sie für irrational hält. Sind sie jedoch gänzlich erkennbar, so tun sie der Wissenschaft wie der Praxis Genüge. Der Wissenschaft deshalb, weil keine Veranlassung vorliegt, ihre Ursachen außerhalb der Phänomene aufzusuchen; der Praxis deshalb, weil ihre praktische Zweckmäßigkeit eine dieser Ursachen ist. Es will uns scheinen, daß ein derartiges Unternehmen, insbesondere in dieser Zeit des wiedererwachenden Mystizismus, von allen jenen ohne Bedenken und sogar mit Sympathie aufgenommen werden könnte und sollte, welche trotz einiger Meinungsverschiedenheiten mit uns den Glauben an die Zukunft der Vernunft teilen.

* Woraus erhellt, daß er nicht mit der positivistischen Metaphysik Comtes und Spencers verwechselt werden darf.

VORWORT ZUR ZWEITEN AUFLAGE

Als dieses Buch das erste Mal erschien, erregte es sehr lebhafte Kontroversen. Die hergebrachten Ideen waren völlig in Verwirrung gebracht und leisteten anfänglich mit solcher Energie Widerstand, daß es eine Zeitlang fast unmöglich war, uns vernehmbar zu machen. Selbst über die Probleme, über welche wir uns am unzweideutigsten ausgelassen hatten, schrieb man uns willkürlich Ansichten zu, welche gar nichts mit den unsrigen gemein hatten, und glaubte uns zu widerlegen, indem man jene widerlegte. Obwohl wir zu wiederholten Malen erklärt hatten, daß für uns das Bewußtsein, sowohl das individuelle als auch das soziale, keinerlei Substanzcharakter habe, sondern lediglich ein mehr oder minder systematischer Zusammenhang von Phänomenen sui generis sei, zieh man uns des Realismus und Ontologismus. Obwohl wir ausdrücklich gesagt und auf jegliche Art wiederholt hatten, daß sich das soziale Leben gänzlich aus Vorstellungen aufbaue, klagte man uns an, wir wollten das geistige Element aus der Soziologie entfernen. Man ging sogar so weit, in der Diskussion gegen uns Mittel anzuwenden, welche man für endgültig verschwunden halten konnte. Man unterstellte uns in der Tat Ansichten, welche wir gar nicht geäußert hatten, unter dem Vorwande, daß sie »unseren Prinzipien entsprechend« seien. Und doch hat die Erfahrung uns gelehrt, welche Gefahren eine Methode nach sich zieht, die eine willkürliche Konstruktion der Systeme, über die man im Streite ist, und demzufolge deren mühelose Widerlegung zuläßt.

Wir glauben nicht irrezugehen, wenn wir behaupten, daß seither der Widerspruch allmählich nachgelassen hat. Zweifellos steht noch immer mehr als eine unserer Behauptungen im Streite. Doch können wir über diese fruchtbaren Diskussionen weder erstaunt sein, noch uns beklagen; denn es ist uns klar, daß unseren Formulierungen in Zukunft eine Verbesserung bestimmt ist. Als Ergebnis einer persönlichen und notwendigerweise begrenzten Erfahrung müssen sie sich notwendig in dem Maße fortentwickeln, als eine ausgedehntere und vertiefte Erfahrung der sozialen Wirklichkeit erworben wird. Überdies kann eine Methode immer nur ein Provisorium darstellen; denn mit dem Fortschreiten der Wissenschaft ändern sich die Methoden. So konnte es nicht ausbleiben, daß die Sache der objektiven, spezifischen und methodischen Soziologie in den letzten Jahren trotz aller

Opposition ständig an Boden gewonnen hat. Die Gründung der »Année sociologique« hat sicherlich zu diesem Ergebnis beigetragen. Weil dieses Jahrbuch das ganze Gebiet der neuen Wissenschaft umfaßt, hat es besser als irgendein Spezialwerk eine Vorstellung davon geben können, was die Soziologie werden soll und kann. So konnte man sehen, daß die Soziologie nicht dazu verurteilt war, ein Zweig der allgemeinen Philosophie zu bleiben, und daß sie anderseits in enge Berührung mit dem Detail der Tatsachen treten konnte, ohne zu bloßer Gelehrsamkeit herabzusinken. Dem Eifer und der Hingabe unserer Mitarbeiter kann nicht Ehre genug erwiesen werden; ihnen ist es zu danken, daß dieser Beweis durch die Tat gewagt und durchgeführt werden konnte.

Dennoch ist nicht zu leugnen, daß trotz wirklicher Erfolge die Mißverständnisse und Verworrenheiten der Vergangenheit noch nicht vollständig beseitigt sind. Das ist auch der Grund, aus dem wir die Gelegenheit der zweiten Auflage benützen wollen, um den schon gegebenen Erklärungen einige neue hinzuzufügen, einigen Kritiken zu entgegnen und gewisse Punkte neu zu präzisieren.

I

Der Grundsatz, demzufolge die soziologischen Tatbestände wie Dinge behandelt werden sollen – ein Satz, der die Grundlage unserer Methode bildet – gehört zu jenen, die am meisten Widerspruch hervorgerufen haben. Man fand es paradox und unerhört, daß wir die sozialen Phänomene mit denen der Außenwelt in eine Reihe stellten. Doch lag ein Irrtum über den Sinn und die Tragweite dieser Gleichstellung vor, deren Ziel nicht darin bestand, höhere Seinsformen auf das Niveau von niedrigeren herabzudrücken, sondern im Gegenteil für erstere mindestens den gleichen Grad an Wirklichkeit in Anspruch zu nehmen, der den letzteren von jedermann zuerkannt wird. Wir behaupten also keineswegs, daß die sozialen Phänomene materielle Dinge sind, sondern daß sie mit dem gleichen Rechtstitel Gegenstände sind wie die materiellen Dinge, wenn auch solche anderer Art.

Was ist eigentlich ein Ding? Das Ding verhält sich zur Idee wie etwas, das man von außen kennt, zu etwas, das man von innen kennt. Ein Ding ist jeder Gegenstand der Erkenntnis, der der Vernunft nicht von Natur aus zugänglich ist, von dem wir uns auf Grund einfacher gedanklicher Analyse keine angemessene Vorstellung bilden können; ein Ding ist all das, was unserem Verstande nur zu erfassen gelingt, wenn er aus sich selbst hinausgeht und auf dem Wege der Beobachtung und des Experimentes von den äußerlichsten und unmittelbar zugänglichsten Eigenschaften zu weniger leicht sichtbaren und tieferliegenden fortschreitet. Tatbestände einer bestimmten Ordnung wie Dinge zu behandeln, bedeutet also nicht, sie in diese oder jene Kategorie des Seienden einzureihen; es bedeutet nur, daß man ihnen gegenüber eine bestimmte geistige Haltung einnimmt. Es bedeutet vor allem, an ihre Erforschung mit dem Prinzip heranzutreten, daß man absolut nicht weiß, was sie sind, und daß ihre charakteristischen Eigenschaften sowie die sie bedingenden unbekannten Ursachen durch Introspektion nicht entdeckt werden können, mag sie noch so aufmerksam sein.

Werden die Begriffe so bestimmt, so könnte unser Grundsatz, weit entfernt davon paradox zu sein, eher als ein Truismus gelten, wenn er nicht in der Geisteswissenschaft und besonders in der Soziologie so oft verkannt worden wäre. In diesem Sinne läßt sich in der Tat von jedem Gegenstand der Wissenschaft behaupten, daß er ein Ding sei, die Gegenstände der Mathematik vielleicht ausgenommen; denn zur Erkenntnis der letzteren reicht es aus, in unser Inneres zu schauen und die geistigen Prozesse, aus denen jene hervorgehen, zu analysieren, da wir sie von den einfachsten bis zu den kompliziertesten selbst konstruieren. Handelt es sich aber um Tatsachen im eigentlichen Sinne des Wortes, so sind sie uns in dem Augenblicke, da wir sie wissenschaftlich zu untersuchen beginnen, unbekannt, sind *Dinge, von denen wir nichts wissen;* denn die Vorstellungen, die man sich im Laufe des Lebens über sie zurecht macht, sind ohne Methode und Kritik entstanden und darum jedes wissenschaftlichen Wertes bar. Sie müssen daher beiseite geschoben werden. Sogar die Tatbestände der Individualpsychologie zeigen diesen Charakter und müssen unter diesem Gesichtspunkte betrachtet werden. Obwohl sie schon ihrem Begriffe nach in unserem Ich vorhanden sind, offenbart uns die innere Erfahrung weder ihr Wesen noch ihre Entstehung. Bis zu einem gewissen Grade läßt sie uns die seelischen Erscheinungen wohl kennenlernen, jedoch nur so weit, als die Empfindungen uns die Wärme oder das Licht, den Schall und die Elektrizität erkennen lassen: sie vermittelt uns unklare, flüchtige und subjektive Eindrücke, nicht aber klare und deutliche Erkenntnisse, geläuterte Begriffe. Das war auch der genaue Grund, welcher im Laufe dieses Jahrhunderts zur Begründung einer objektiven Psychologie geführt hat, deren Grundregel es ist, die psychischen Phänomene von außen, d. h. wie Dinge zu erforschen. Die sozialen Phänomene fordern ein solches

Verfahren noch dringender. Denn zu ihrer Erkenntnis ist das Bewußtsein noch weniger berufen als zu der seines eigenen Wesens*.

Da aber die sozialen Phänomene vermeintlich unser Werk sind, wird man einwenden, daß wir nur unser selbst bewußt zu werden brauchen, um zu wissen, was wir in sie hineingelegt und wie wir sie gestaltet haben. Zunächst ist aber der größte Teil der sozialen Institutionen von früheren Generationen auf uns überkommen; wir haben an ihrem Aufbau keinen Anteil genommen und können daher die Ursachen ihrer Entstehung nicht auffinden, wenn wir uns selbst danach fragen. Und sogar wenn wir an ihrem Zustandekommen mitgewirkt haben, sehen wir die wirklichen Gründe, die unser Handeln und die Art unserer Tätigkeit bestimmten, nur höchst undeutlich und häufig sogar sehr ungenau. Schon wenn es sich nur um unsere privaten Unternehmungen handelt, wissen wir über die verhältnismäßig einfachen Motive, die uns leiteten, recht schlecht Bescheid. Wir halten uns für selbstlos, wo wir egoistisch handeln, glauben dem Hasse zu folgen, während wir der Liebe nachgeben, glauben an unsere Zukunft und sind doch Sklaven unvernünftiger Vorurteile usw. Wie könnten wir dann die Fähigkeit besitzen, die viel komplexeren Ursachen, nach denen sich das Handeln der Gesellschaft vollzieht, zu erkennen? Nur in verschwindendem Maße nehmen wir an ihnen teil; wir haben eine große Zahl von Mitarbeitern, und was im Bewußtsein der anderen vorgeht, entzieht sich unserer Kenntnis.

Unsere Regel ist also keine metaphysische Idee, keine Spekulation über den Grund der Dinge. Sie stellt lediglich die Forderung auf, daß sich der Soziologe in den geistigen Zustand versetzt, in welchem sich der Physiker, Chemiker und Physiologe befindet, sobald er an einen noch unerforschten Gegenstand herangeht. Er muß beim Vordringen in die soziale Welt das Bewußtsein haben, daß er ins Unbekannte dringt; er muß sich angesichts von Tatsachen fühlen, deren Gesetze ebenso unerwartet sind, als es die des Lebens waren, als es noch keine Biologie gab; er muß sich auf Entdeckungen vorbereiten, die ihn überraschen und außer Fassung bringen werden. Die Soziologie ist aber noch weit entfernt von diesem Grad geistiger Reife. Während der Gelehrte, der die physische Natur studiert, ein sehr deutliches Gefühl hat für die Widerstände, die sie ihm entgegensetzt und die er nur mit größter Mühe überwinden kann, scheint sich der Soziologe inmitten von Dingen zu bewegen, die dem Geiste

* Man sieht, daß man dieser Ansicht beipflichten kann, ohne bestreiten zu müssen, daß sich das soziale Leben aus Vorstellungen aufbaut. Es genügt, daran festzuhalten, daß die Vorstellungen, individuelle sowohl als kollektive, nur dann wissenschaftlich untersucht werden können, wenn sie objektiv untersucht werden.

unmittelbar transparent sind; so beträchtlich ist die Leichtigkeit, mit der man ihn die dunkelsten Fragen lösen sieht. Bei dem gegenwärtigen Zustande der Wissenschaft wissen wir wirklich nicht, was auch nur die hauptsächlichsten sozialen Einrichtungen wie der Staat oder die Familie, das Eigentumsrecht oder der Vertrag, die Strafe und die Zurechnungsfähigkeit eigentlich sind; wir kennen die Ursachen nicht, von denen sie abhängen, ebensowenig die Funktionen, welche sie erfüllen, noch die Gesetze ihrer Entwicklung. Kaum beginnen wir, in gewissen Punkten einigermaßen klarer zu sehen. Und doch genügt es, die soziologischen Werke zu durchblättern, um sich zu überzeugen, wie selten das Gefühl für diese Ignoranz und diese Schwierigkeiten ist. Nicht nur erachtet man sich für verpflichtet, über alle Probleme gleichzeitig dogmatische Erörterungen anzustellen, man glaubt auch, auf einigen Seiten und in einigen Wendungen das Wesen der kompliziertesten Erscheinungen erreichen zu können. So drücken diese Theorien nicht die Tatsachen aus, die nicht in solcher Hast erschöpft werden können, sondern nur die vorgefaßte Meinung, den Vorbegriff, den der Autor schon vor der Untersuchung besaß. Zweifellos stellt nun die Idee, die wir uns von den kollektiven Verhaltensweisen bilden, was sie sind oder was sie sein sollen, einen Faktor in deren Entwicklung dar. Doch ist diese Idee selbst ein Tatbestand, der seinerseits von außen untersucht werden muß, um einigermaßen bestimmt werden zu können. Nicht die Art und Weise, in der sich ein Denker für seine Person eine Einrichtung vorstellt, ist zu wissen wichtig, sondern die Auffassung, die sich die Gruppe darüber bildet; nur diese Auffassung ist tatsächlich sozial wirksam. Nun kann diese nicht kraft innerer Erfahrung bekannt sein, da sie in keinem von uns im Ganzen vorhanden ist. Man muß daher wohl einige äußere Kriterien auffinden, welche sie wahrnehmbar machen. Ferner ist die Anschauung der Gruppe nicht aus nichts entstanden. Sie ist ebenfalls eine Wirkung äußerer Ursachen, die man kennen muß, um ihre zukünftige Rolle einschätzen zu können. Man mag tun, was man will, es ist immer dieselbe Methode, auf welche man zurückgreifen muß.

II

Eine andere These wurde nicht weniger lebhaft diskutiert als die vorhergehende: nämlich jene, welche die sozialen Erscheinungen als außerhalb des Individuums stehend hinstellt. Heute räumt man uns willig genug ein, daß die Tatsachen des individuellen Lebens und die des Kollektivlebens in gewissem Grade heterogen sind: man kann sogar sagen, daß sich in diesem Punkte eine wenn nicht vollständige, so doch sehr ausgedehnte Verständigung vorbereitet. Es gibt keinen Soziologen mehr, welcher der Soziologie jede Selbständigkeit absprechen würde. Weil sich aber die Gesellschaft aus Individuen zusammensetzt *, so scheint es dem naiven Verstande, daß das soziale Leben keine andere Grundlage als das individuelle Bewußtsein haben könne, weil es sonst in der Luft schweben und sich im Leeren verlieren würde.

Dennoch wird diese Behauptung, die man so leicht für unzulässig hält, sofern es sich um soziologische Tatbestände handelt, für den Bereich der Natur allgemein als richtig zugegeben. Jedesmal, wenn irgendwelche Elemente eine Verbindung eingehen und damit neue Erscheinungen hervorbringen, läßt sich wohl einsehen, daß diese Erscheinungen ihren Sitz nicht in den Elementen, sondern in dem durch deren Vereinigung hervorgebrachten Ganzen haben. Die lebende Zelle enthält nur mineralische Bestandteile, ebenso wie die Gesellschaft nichts außer den Individuen enthält; und dennoch ist es offensichtlich unmöglich, daß die charakteristischen Erscheinungen des Lebens den Atomen des Wasserstoffs, Stickstoffs, Kohlenstoffs und Sauerstoffs innewohnen. Denn wie könnte die Bewegung des Lebens von toten Elementen hervorgebracht werden? Wie könnten sich überdies die biologischen Eigentümlichkeiten zwischen diese Elemente verteilen? Sie könnten sich in gleicher Weise nicht bei allen vorfinden, da die Elemente ja nicht dieselbe Natur haben; Kohlenstoff ist nicht Stickstoff und kann daher weder dieselben Eigenschaften aufweisen, noch dieselbe Rolle spielen. Ebenso unzulässig ist die Behauptung, daß jede Äußerung des Lebens, eine jede seiner wesentlichen Eigenschaften an eine besondere Atomgruppe gebunden ist. Das Leben läßt sich nicht derart zerlegen; es ist einheitlich, und infolgedessen kann es nur die lebende Substanz in ihrer Totalität zum Sitz haben. Es ist im Ganzen, nicht in den Teilen. Es sind nicht die unlebendigen Teilchen der Zelle, die sich nähren, fortpflanzen, kurz leben; es ist die Zelle selbst und sie allein. Und was wir hier vom Leben gesagt haben, könnte bei allen möglichen Synthesen wiederholt werden. Die Härte der Bronze ist weder im Kupfer, noch im Zinn, noch auch im Blei, welche sie zusammensetzen und weich oder biegsam sind; sie liegt in der Mischung aller. Die Flüssigkeit des Wassers, seine Nahrungsqualitäten und seine sonstigen Eigenschaften sind nicht in den zwei Gasen gelegen, aus

* Der Satz ist übrigens nur teilweise richtig. Außer den Individuen sind auch Sachen integrierende Bestandteile der Gesellschaft. Wahr ist nur, daß die Individuen ihre einzigen aktiven Elemente sind.

denen das Wasser zusammengesetzt ist, sondern in der komplexen Substanz, welche jene in ihrer Vereinigung bilden.

Wenden wir dieses Prinzip auf die Soziologie an. Wenn, wie man uns einräumt, die Synthese sui generis, welche jede Gesellschaft darstellt, neue Erscheinungen auslöst, welche von denen, die im Bewußtsein der Einzelnen vor sich gehen, verschieden sind, so muß auch zugegeben werden, daß diese spezifischen Erscheinungen in der Gesellschaft selbst ihren Sitz haben und nicht in ihren Teilen, d. h. ihren Gliedern. Sie stehen also, für sich betrachtet, außerhalb des individuellen Bewußtseins, ebenso wie die charakteristischen Eigenschaften des Lebens außerhalb der mineralischen Stoffe stehen, aus welchen das Lebewesen zusammengesetzt ist. Man kann sie nicht in die Elemente verlegen, ohne sich zu widersprechen, da sie der Definition nach etwas anderes, als in den Elementen enthalten ist, voraussetzen. So erscheint die Scheidung, welche wir später zwischen der Psychologie im eigentlichen Sinne des Wortes oder der Wissenschaft vom psychischen Individuum und der Soziologie ziehen werden, durch einen neuen Grund gerechtfertigt. Die sozialen Phänomene weichen nicht bloß in der Qualität von den psychischen Phänomenen ab; *sie haben ein anderes Substrat,* sie entfalten sich nicht in derselben Umgebung, sie hängen nicht von denselben Bedingungen ab. – Das soll nicht bedeuten, daß sie nicht in gewisser Weise ebenfalls psychisch sind, da sie ja insgesamt aus Formen des Denkens oder Handelns bestehen. Die Zustände des Kollektivbewußtseins sind jedoch anderer Natur als die Zustände des Individualbewußtseins; es sind Vorstellungen einer andern Gattung. Die Mentalität der Gruppen ist nicht die der Einzelnen; sie hat ihre eigenen Gesetze. Die beiden Wissenschaften sind also so scharf voneinander getrennt, wie es zwei Wissenschaften nur sein können, welche Beziehungen auch im übrigen zwischen ihnen bestehen mögen.

An diesem Punkte ist jedoch eine Scheidung vorzunehmen, die vielleicht einiges Licht auf den Gegenstand des Streites werfen wird.

Es scheint uns völlig evident zu sein, daß sich der *Stoff* des sozialen Lebens nicht aus rein psychischen Faktoren, d. h. aus Zuständen des individuellen Bewußtseins erklären läßt. In der Tat geben die Kollektivvorstellungen die Art wieder, wie sich die Gruppe ihre Beziehungen mit den sie affizierenden Gegenständen denkt. Nun ist die Gruppe in anderer Weise zusammengesetzt als das Individuum, und die Dinge, welche sie berühren, sind anders beschaffen. Vorstellungen, die weder dieselben Subjekte noch dieselben Objekte ausdrücken, können aber nicht von denselben Ursachen abhängen. Um die Vorstellung der Gesellschaft über sich selbst und ihre Umwelt zu verstehen, muß man die Natur der Gesellschaft und nicht die der

Einzelnen betrachten. Die Symbole, unter denen sie sich erfaßt, wechseln mit ihrem Sein. Wenn sie beispielsweise von einem sagenhaften Tiere abzustammen vermeint, so rührt das davon her, daß sie eine jener besonderen Gruppen bildet, welche man Klan nennt. Dort, wo das Tier durch einen menschlichen, aber ebenfalls mythischen Ahnen verdrängt ist, hat der Klan seine Form verändert. Wenn über den Lokal- oder Familiengöttern noch höhere göttliche Wesen gedacht werden, von denen die Gesellschaft abzustammen wähnt, so liegt der Grund hierfür darin, daß die Lokal- und Familienverbände, aus denen sie sich aufbaut, die Tendenz zur Konzentration und Vereinigung haben; der Grad der Einheit, den ein religiöses Pantheon aufweist, entspricht dem Grade der Einheit, der im gleichen Zeitpunkte von der Gesellschaft erreicht worden ist. Wenn die Gesellschaft gewisse Arten des Verhaltens verurteilt, so rührt dies davon her, daß hierdurch ihre Grundgefühle verletzt werden; und diese Gefühle richten sich nach ihrer Konstitution, genau wie sich die des Individuums nach seiner körperlichen Anlage und geistigen Organisation richten. Selbst wenn die Individualpsychologie keine Geheimnisse mehr für uns hätte, könnte sie uns keines dieser Probleme lösen, da sie sich auf Ordnungen von Tatsachen beziehen, die jener unbekannt sind.

Nach Erkenntnis dieser Verschiedenheit kann sich allerdings die Frage ergeben, ob nicht die individuellen und die kollektiven Vorstellungen darin übereinstimmen, daß sie beide Vorstellungen sind, und ob daher nicht gewisse abstrakte Gesetze den beiden Gebieten gemeinsam sind. Die Mythen, Legenden, religiösen Anschauungen jeder Art, sittlichen Überzeugungen usw. tragen zwar eine andere Realität zur Schau als die individuellen Vorstellungen; doch könnte die Art und Weise, wie sie sich anziehen oder abstoßen, sich sammeln oder zerstreuen, von ihrem Inhalt unabhängig und einzig und allein ihrer allgemeinen Qualität als Vorstellungen zuzuschreiben sein. Obwohl aus verschiedenem Stoffe gebildet, könnten sie sich in ihren gegenseitigen Beziehungen so verhalten wie die Empfindungen, Vorstellungen und Ideen beim Individuum. Läßt sich nicht annehmen, daß beispielsweise Kontiguität und Ähnlichkeit, Gegensätzlichkeit und logischer Widerspruch in derselben Weise wirken können, wie immer auch die vorgestellten Dinge beschaffen sein mögen? So gelangt man zur Konzeption einer rein formalen Psychologie, die eine Art von gemeinsamem Boden für die Individualpsychologie und die Soziologie darstellen würde; und das ruft vielleicht die Bedenken gegen eine gar zu scharfe Scheidung dieser beiden Wissenschaften hervor.

Bei dem gegenwärtigen Stand unserer Kenntnisse läßt sich die eben gestellte Frage nicht kategorisch entscheiden. Alles, was wir von der

Verbindung individueller Ideen wissen, reduziert sich tatsächlich auf einige sehr allgemeine und vage Sätze, welche gewöhnlich Assoziationsgesetze genannt werden. Was die Gesetze der gesellschaftlichen Ideenverbindung betrifft, so sind sie noch viel unvollkommener bekannt. Die Sozialpsychologie, der die Aufgabe zufallen soll, sie festzustellen, ist nichts als ein Wort, das allerlei verschiedene und ungenaue Allgemeinheiten ohne bestimmten Gegenstand bezeichnet. Durch Vergleichung mythischer Motive, Legenden, Volksüberlieferungen, Sprachen wäre zu untersuchen, wie die sozialen Vorstellungen einander hervorrufen und ausschließen, ineinander übergehen, sich scheiden usw. Wenn auch dieses Problem es verdiente, die Aufmerksamkeit der Forscher zu fesseln, so kann man kaum behaupten, daß es bereits in Angriff genommen worden wäre; und solange nicht einige von diesen Gesetzen aufgefunden werden, ist jede Gewißheit darüber, ob sich in ihnen die Gesetze der Individualpsychologie wiederholen, selbstverständlich ausgeschlossen.

In Ermangelung der Gewißheit ist es jedoch wenigstens wahrscheinlich, daß die Unterschiede nicht minder hervortreten müssen, sofern es Ähnlichkeiten zwischen den beiden Gattungen gibt. Die Annahme scheint in der Tat unzulässig, daß der Stoff, aus dem die Vorstellungen gebildet sind, auf ihre Verbindungsweise nicht einwirken sollte. Es ist zwar richtig, daß die Psychologen von den Gesetzen der Ideenassoziation bisweilen so sprechen, als wenn sie für alle Arten von individuellen Vorstellungen gleich wären. Doch nichts ist unwahrscheinlicher: die Vorstellungen verbinden sich nicht ebenso wie die Empfindungen, und die Begriffe nicht wie die Vorstellungen. Wäre die Psychologie weiter vorgeschritten, dann würde sie zweifellos konstatieren, daß jede Kategorie von Seelenzuständen ihre eigenen formalen Gesetze hat. Ist dem aber so, so kann man a fortiori erwarten, daß die entsprechenden Gesetze des sozialen Denkens so spezifisch sind wie dieses selbst. Es ist in der Tat schwer, sich dem Eindrucke dieses spezifischen Charakters zu entziehen, wofern man sich nur ein wenig mit dieser Gattung von Erscheinungen befaßt hat. Dieser Charakter ist es auch, der uns die besondere Art, in der sich die religiösen Anschauungen – kollektive Phänomene ersten Ranges – vermischen und trennen, sich ineinander umwandeln und widerspruchsvolle, mit den normalen Ergebnissen unseres persönlichen Denkens kontrastierende Zusammensetzungen bilden, so seltsam erscheinen läßt. Wenn also, wie zu vermuten ist, gewisse Gesetze des sozialen Seelenlebens wirklich an gewisse, von den Psychologen aufgestellte Gesetze erinnern, so erklärt sich das nicht daraus, daß die ersteren ein einfacher Spezialfall der letzteren sind, sondern, daß neben sicherlich wichtigen Unterschieden zwischen den einen und den andern gegenwärtig übrigens noch unbekannte Ähnlichkeiten bestehen, welche die Abstraktion isolieren kann. Das bedeutet, daß die Soziologie in keinem Falle diesen oder jenen Grundsatz der Psychologie einfach entlehnen kann, um ihn, so wie er ist, auf die soziologischen Tatbestände anzuwenden. Vielmehr muß das kollektive Denken im Ganzen, in seiner Form wie in seinem Stoff, für und in sich selbst im Bewußtsein seiner Sonderstellung erforscht und die Aufgabe zu untersuchen, inwieweit es mit dem Denken der Einzelnen übereinstimmt, der Zukunft überlassen werden. Das ist ein Problem, das weit mehr dem Gebiete der allgemeinen Philosophie und der abstrakten Logik als dem der wissenschaftlichen Erforschung der sozialen Phänomene angehört*.

III

Schließlich seien noch einige Worte über die im ersten Kapitel gegebene Definition der soziologischen Tatbestände gesagt. Wir lassen diese in besonderen Arten des Handelns oder Denkens bestehen, die an der Eigenheit erkennbar sind, daß sie auf das Bewußtsein der Einzelnen einen zwingenden Einfluß auszuüben vermögen. An diesem Punkte ist ein Mißverständnis entstanden, das vermerkt zu werden verdient.
Man ist so sehr gewohnt, philosophische Denkformen auf soziologische Gegenstände anzuwenden, daß in dieser vorläufigen Definition häufig eine Art Philosophie des sozialen Daseins gesehen wurde. Man behauptete, daß wir die sozialen Phänomene durch den Zwang erklären, ebenso wie Tarde sie durch die Nachahmung erklärt. Wir erheben nicht im geringsten einen solchen Anspruch, und es ist uns nicht einmal in den Sinn gekommen, daß er uns unterschoben werden könnte, so sehr widerstrebt er jeder Methode. Unsere Absicht ging nicht dahin, in einer philosophischen Antizipation die Schlußfolgerungen der Wissenschaft vorwegzunehmen, sondern nur einige äußere Kennzeichen anzugeben, an denen die Tatbestände, von denen jene handeln soll, erkennbar sind, damit der Forscher diese Tatsachen dort, wo sie vorhanden sind, bemerke und sie nicht mit anderen verwechsle. Es handelte sich darum, das Feld der Untersuchung so gut wie möglich abzugrenzen, nicht aber, es in einer Art erschöpfender Intuition zu

* Es ist überflüssig zu zeigen, wie von diesem Gesichtspunkte die Notwendigkeit, die Phänomene von außen zu untersuchen, noch evidenter erscheint, da sie sich aus Synthesen ergeben, welche außerhalb von uns stattfinden und von denen wir nicht einmal die verworrene Kenntnis besitzen, welche uns das Bewußtsein über die inneren Vorgänge vermitteln kann.

umfassen. Daher nehmen wir sehr gern den gegen diese Definition erhobenen Vorwurf hin, daß sie nicht alle Merkmale des sozialen Daseins ausdrücke und infolgedessen nicht die einzig mögliche sei. Es ist wirklich nicht unvorstellbar, daß man die soziologischen Tatbestände auf viele verschiedene Weisen charakterisieren kann; denn kein Grund spricht dafür, daß sie nur eine einzige unterscheidende Eigentümlichkeit besitzen sollen *. Wichtig ist nur, dasjenige Kriterium auszuwählen, das sich zu dem vorgesetzten Zwecke am besten eignet. Es ist sogar sehr wohl möglich, je nach den Umständen mehrere Kriterien nebeneinander zu verwenden. Daß dies in der Soziologie manchmal erforderlich sei, haben wir selbst anerkannt; denn es kommen Fälle vor, in denen das Merkmal des Zwanges nicht leicht erkennbar ist. Da es sich um eine eigentliche Initialdefinition handelt, so besteht das einzige Erfordernis darin, daß die Merkmale, deren man sich bedient, unmittelbar erkennbar sind und noch vor Eintritt in die Untersuchung festgestellt werden können. Dieser Bedingung entsprechen die anderen Definitionen nicht, die man der unseren gelegentlich entgegengestellt hat. Man erklärte beispielsweise, ein soziologischer Tatbestand sei einfach »alles das, was sich in der Gesellschaft und durch die Gesellschaft vollzieht«, oder auch »was die Gruppe irgendwie interessiert und in Mitleidenschaft zieht«. Doch ob die Gesellschaft der Urheber einer Tatsache ist oder ob die Tatsache soziale Wirkungen hervorruft, kann man nur wissen, wenn die Wissenschaft schon weiter vorgeschritten ist. Solche Definitionen können also nicht dazu dienen, den Gegenstand einer Untersuchung zu deren Beginn zu bestimmen. Um sie benutzen zu können, muß die Erforschung der soziologischen Tatbestände schon weit genug gediehen sein, und es muß auch ein anderes vorläufiges Mittel bereits verfügbar sein, um sie erkennen zu können, wenn man ihnen begegnet.

* Die Zwangsgewalt, die wir den soziologischen Tatbeständen zuschreiben, erschöpft ihren Begriff so wenig, daß sie sogar auch das entgegengesetzte Merkmal aufweisen. Denn ebenso wie sich die Institutionen uns aufdrängen, erkennen wir sie an. Sie verpflichten uns und sie sind uns wert. Sie zwingen uns und wir finden bei ihrer Funktion, ja sogar beim Zwange unsere Rechnung. Diese Antithese ist häufig von den Ethikern zwischen den beiden Begriffen des Guten und der Pflicht verzeichnet worden, in welchen zwei verschiedene, aber gleicherweise gültige Betrachtungsweisen zum Ausdruck kommen. Und es gibt vielleicht keine kollektiven Verhaltensweisen, die nicht auf uns eine zweifache Einwirkung äußern, welche übrigens nur scheinbar widersprechend ist. Wenn wir jene nicht durch diese besondere, in gleicher Weise interessierte und interesselose Hingebung definiert haben, so geschah das einfach deswegen, weil sich diese Hingabe nicht durch leicht erkennbare äußere Merkmale ausdrückt. Das Gute ist etwas Innigeres, Intimeres als die Pflicht und ist deswegen weniger greifbar.

Als man unsere Definition zu eng fand, warf man ihr gleichzeitig vor, zu weit zu sein und beinahe alles Bestehende in sich zu begreifen. In Wirklichkeit, so wurde gesagt, übt jede physische Umgebung auf die Organismen, die ihren Einflüssen unterliegen, einen Zwang aus; denn in einem gewissen Maße müssen sie sich ihr anpassen. — Zwischen diesen zwei Gattungen des Zwanges ist jedoch der volle Unterschied vorhanden, der eine physische Umgebung von einer moralischen trennt. Der Druck, den ein oder mehrere Körper auf andere Körper oder sogar auf den Willen ausüben, darf mit dem, den das Bewußtsein einer Gruppe auf das Bewußtsein seiner Mitglieder ausübt, nicht vermengt werden. Das ganz und gar Besondere des sozialen Zwanges besteht darin, daß er nicht der Starrheit gewisser molekularer Anordnungen, sondern dem Prestige entspringt, mit dem gewisse Vorstellungen bekleidet sind. Richtig ist, daß die Gewohnheiten, individuelle oder vererbte, in bestimmter Hinsicht dieselbe Eigentümlichkeit besitzen. Sie beherrschen uns, legen uns Überzeugungen und Bräuche auf. Allein sie beherrschen uns aus unserem Inneren heraus; denn in jedem von uns sind sie vollständig enthalten. Dagegen wirken die sozialen Überzeugungen und Gebräuche von außen her auf uns: der von den einen und von den andern geübte Einfluß ist also im Grunde verschieden.

Übrigens darf man sich darüber nicht verwundern, daß andere Naturerscheinungen in anderer Form dieselbe Eigenschaft zeigen, mittels deren wir die sozialen Phänomene definiert haben. Diese Ähnlichkeit rührt einfach davon her, daß die einen wie die anderen reale Dinge sind. Denn alles, was real ist, hat eine bestimmte Natur, die einen Zwang ausübt, mit der man rechnen muß und die niemals überwunden wird, auch nicht, wenn man sie neutralisiert. Das ist im Grunde das Wesentlichste an dem Begriffe des sozialen Zwanges. Sein Inhalt erschöpft sich darin, daß die kollektiven Handlungs- und Denkweisen eine Realität außerhalb der Individuen besitzen, die sich ihnen jederzeit anpassen müssen. Sie sind Dinge, die eine Eigenexistenz führen. Der Einzelne findet sie vollständig fertig vor und kann nichts dazu tun, daß sie nicht seien oder daß sie anders seien, als sie sind; er muß ihnen Rechnung tragen, und es ist für ihn um so schwerer (wenn auch nicht unmöglich), sie zu ändern, als sie in verschiedenem Grade an der materiellen und moralischen Suprematie teilhaben, welche die Gesellschaft über ihre Glieder besitzt. Zweifellos spielt das Individuum bei ihrer Genese eine Rolle. Damit aber ein soziologischer Tatbestand vorliege, müssen mindestens einige Individuen ihre Tätigkeit vereinigt haben, und aus dieser Verbindung muß ein neues Produkt hervorgegangen sein. Und da diese Synthese außerhalb eines jeden von uns (weil zwischen einer Mehrheit von Psychen) stattfindet, so führt sie notwendig zu dem Ergebnis, außerhalb unseres Bewußtseins gewisse Arten des Handelns und gewisse Urteile auszulösen und zu fixieren, die von jedem Einzelwillen für sich genommen unabhängig sind. Es gibt, worauf schon verwiesen wurde*, ein Wort, das in geringer Erweiterung seiner gewöhnlichen Bedeutung diese ganz besondere Art des Seins ziemlich gut zum Ausdruck bringt, nämlich das Wort Institution. Tatsächlich kann man, ohne den Sinn dieses Ausdrucks zu entstellen, alle Glaubensvorstellungen und durch die Gesellschaft festgesetzten Verhaltensweisen Institutionen nennen; die Soziologie kann also definiert werden als die Wissenschaft von den Institutionen, deren Entstehung und Wirkungsart**.

Auf die anderen durch dieses Werk hervorgerufenen Kontroversen zurückzukommen, scheint uns nutzlos zu sein; denn sie berühren nichts Wesentliches. Die allgemeine Ausrichtung einer Methode hängt nicht von dem besonderen Verfahren ab, das man entweder zur Klassifikation der sozialen Typen oder zur Unterscheidung des Pathologischen vom Normalen vorzieht. Überdies rührten diese Einwendungen sehr oft davon her, daß man unser Grundprinzip, die objektive Realität der sozialen Phänomene, entweder überhaupt nicht oder nicht ohne Vorbehalt zugeben wollte. Auf diesem Prinzip beruht aber schließlich alles, und alles läuft darauf zurück. Darum schien es uns nützlich, es noch einmal klarzulegen, indem wir es von jeder sekundären Frage loslösten. Und wir sind dessen sicher, daß wir der Tradition der Soziologie treu bleiben, wenn wir diesem Prinzip ein solches Gewicht beilegen; denn im Grunde ist aus dieser Anschauung die ganze Sozio-

* S. Artikel »Sociologie« von Paul Fauconnet und Marcel Mauss in der »Grande Encyclopédie«.

** Daraus, daß sich uns die sozialen Glaubensvorstellungen und Verhaltensweisen von außen aufdrängen, folgt nicht, daß wir sie passiv aufnehmen und sie etwa keiner Modifikation unterzögen. Indem wir die kollektiven Institutionen erfassen, sie uns assimilieren, individualisieren wir sie und verleihen ihnen mehr oder minder unsere persönliche Marke; ebenso denkt ein jeder von uns die sinnliche Welt nach seiner Auffassung, und die verschiedenen Subjekte passen sich auf verschiedene Weise demselben natürlichen Milieu an. Aus diesem Grunde bildet sich jeder gewissermaßen *seine* Moral, *seine* Religion, *seine* Technik. Es gibt keinen sozialen Konformismus, der nicht eine ganze Reihe von individuellen Nuancen vertrüge. Nichtsdestoweniger bleibt das Gebiet der erlaubten Variationen begrenzt. Es besteht gar nicht oder nur in sehr engen Grenzen auf dem Gebiet der religiösen und sittlichen Phänomene, wo die Variation leicht zum Verbrechen wird; ausgedehnter ist es in allem, was das wirtschaftliche Leben betrifft. Aber früh oder spät stößt man, selbst im letzterwähnten Falle, auf eine Grenze, welche nicht überschritten werden kann.

logie hervorgegangen. Diese Wissenschaft konnte in der Tat erst an dem Tage entstehen, an dem man erkannt hatte, daß die sozialen Phänomene reale Dinge sind, selbst wenn sie keinen materiellen Charakter besitzen, die der Untersuchung offenstehen. Um auf den Gedanken zu verfallen, daß es am Platze sei, ihre Natur zu untersuchen, mußte man begriffen haben, daß sie umgrenzte Form sind, daß sie eine konstante Art des Seins, eine Natur haben, die nicht von der individuellen Willkür abhängt und von der sich notwendige Zusammenhänge ableiten. Auch die Geschichte der Soziologie ist nur eine anhaltende Bemühung, dieses Gefühl zu präzisieren, es zu vertiefen und alle Folgerungen daraus zu entwickeln. Trotz der großen Fortschritte in dieser Richtung wird man auf Grund dieser Arbeit ersehen, daß noch viele Überreste des anthropozentrischen Postulats existieren, die hier wie anderwärts der Wissenschaft den Weg versperren. Dem Menschen mißfällt es, auf die unbeschränkte Macht über die soziale Ordnung zu verzichten, die er sich so lange zugeschrieben hat, und andererseits scheint es ihm, daß er den kollektiven Kräften notwendig unterworfen sein müsse, falls es sie gibt, ohne sie ändern zu können. Darum neigt er dazu, sie zu negieren. Vergeblich haben ihm wiederholte Erfahrungen gelehrt, daß diese Allmacht, die er sich gern einbildet, immer eine Ursache seiner Schwäche gewesen ist, daß seine Herrschaft über die Dinge erst wirklich begonnen hat, als er erkannte, daß sie ihre eigene Natur haben, und als er sich darauf beschränkte, kennenzulernen, was sie sind. Aus allen anderen Wissenschaften verjagt, behauptet sich dieses beklagenswerte Vorurteil hartnäckig in der Soziologie. Nichts ist also dringender, als unsere Wissenschaft von diesem Vorurteil endgültig zu befreien, und das ist der vornehmste Zweck unserer Bemühungen.

EINLEITUNG

Bisher haben sich die Soziologen nur wenig damit befaßt, die von ihnen zur Untersuchung der sozialen Phänomene angewendete Methode zu charakterisieren und zu definieren. So nimmt in dem großen Werke Spencers das Problem der Methode keinen Platz ein; denn die »Einleitung in das Studium der Soziologie«, deren Titel Illusionen erwecken könnte, ist dem Nachweise der Schwierigkeiten und der Möglichkeit der Soziologie gewidmet, nicht aber der Darlegung des Verfahrens, dessen sie sich bedienen soll. Richtig ist, daß Mill diese Frage ziemlich ausführlich behandelt hat*; doch hat er weiter nichts getan, als die Ausführungen Comtes durch das Sieb seiner Dialektik passieren zu lassen, ohne etwas eigentlich Persönliches hinzuzufügen. Ein Kapitel des »Cours de philosophie positive« ist also beinahe die einzige originelle und bedeutende Abhandlung, die wir darüber besitzen**.

Diese offensichtliche Sorglosigkeit hat übrigens nichts Überraschendes an sich. Die großen Soziologen, deren Namen wir soeben erwähnten, sind tatsächlich über einige Allgemeinheiten über die Natur der Gesellschaft, über das Verhältnis des sozialen Lebensbereichs zum biologischen, über den allgemeinen Gang des Fortschritts nicht hinausgekommen; selbst die umfangreiche Soziologie Spencers hat keinen anderen Gegenstand, als zu zeigen, wie das universelle Gesetz der Entwicklung auf die menschlichen Gesellschaften angewendet werden kann. Um nun diese philosophischen Fragen zu behandeln, sind spezielle und komplizierte Methoden nicht notwendig. Man begnügte sich also damit, die Vorzüge der Deduktion und der Induktion zu vergleichen und eine summarische Übersicht der hauptsächlichsten Quellen zu geben, die der soziologischen Forschung zur Verfügung stehen. Doch die Vorsichtsmaßregeln, die bei der Beobachtung der Tatsachen zu beachten sind, die Art und Weise, in der die wichtigsten Probleme gestellt werden müssen, die Richtung, die die Untersuchungen einschlagen müssen, die besonderen Techniken der Forschung, die Regeln für die Beweisführung blieben unerörtert.

* System der deduktiven und induktiven Logik, Buch VI, Kap. 7—12.

** Comte, V. 2e éd., S. 294—336.

Ein glückliches Zusammentreffen von Umständen, unter denen an erster Stelle die Initiative zu nennen ist, die für uns einen regelmäßigen Vorlesungszyklus über Soziologie an der philosophischen Fakultät zu Bordeaux geschaffen hat, hat uns ermöglicht, uns frühzeitig dem Studium der Sozialwissenschaft zu widmen und sie zu unserem eigentlichen Berufe zu machen; wir konnten daher über diese allzu allgemeinen Fragen hinausgehen und eine gewisse Zahl besonderer Probleme in Angriff nehmen. Wir wurden also durch die Gewalt der Umstände selbst dazu geführt, uns eine bestimmtere, und, wie wir glauben, der besonderen Natur der sozialen Phänomene angepaßtere Methode zu bilden. Es sind die Ergebnisse unserer Praxis, welche wir hier in ihrer Gesamtheit darlegen und zur Diskussion stellen wollen. Sie sind allerdings implizite in dem von uns jüngst über die Teilung der sozialen Arbeit veröffentlichten Buche enthalten. Doch scheint es uns von Interesse, sie davon loszulösen, sie für sich zu formulieren, ihnen Beweise beizugeben und sie mit Beispielen zu belegen, die dem erwähnten Werke und bisher unveröffentlichten Arbeiten entnommen sind. Auf diese Weise wird man die Richtung, die wir der soziologischen Forschung geben wollen, besser beurteilen können.

ERSTES KAPITEL

Was ist ein soziologischer Tatbestand?

Bevor untersucht wird, welche Methode sich zum Studium der soziologischen Tatbestände eignet, ist es von Wichtigkeit zu wissen, was denn das für Tatbestände sind, die man mit diesem Namen belegt.

Diese Fragestellung erscheint um so notwendiger, als man den Ausdruck »soziologischer Tatbestand« ohne besondere Präzision verwendet. Man gebraucht ihn hergebrachterweise, um beinahe alle Erscheinungen zu bezeichnen, die sich in der Gesellschaft vollziehen, wenn sie nur ein Mindestmaß an sozialem Interesse mit einer gewissen Allgemeinheit vereinigen. In diesem Sinne gibt es aber sozusagen kein menschlich bedeutsames Geschehnis, das nicht sozial genannt werden könnte. Jedes Individuum trinkt, schläft, ißt, denkt, und die Gesellschaft hat alles Interesse daran, daß diese Funktionen regelmäßig vor sich gehen. Wären sie aber soziologische Tatbestände, so gäbe es keinen besonderen Gegenstand der Soziologie, ihr Gebiet würde mit dem der Biologie und der Psychologie zusammenfallen.

In Wahrheit gibt es in jeder Gesellschaft eine fest umgrenzte Gruppe von Erscheinungen, die sich deutlich von all denen unterscheiden, welche die übrigen Naturwissenschaften erforschen.

Wenn ich meine Pflichten als Bruder, Gatte oder Bürger erfülle, oder wenn ich übernommene Verbindlichkeiten einlöse, so gehorche ich damit Pflichten, die außerhalb meiner Person und der Sphäre meines Willens im Recht und in der Sitte begründet sind. Selbst wenn sie mit meinen persönlichen Gefühlen im Einklange stehen und ich ihre Wirklichkeit im Innersten empfinde, so ist diese doch etwas Objektives. Denn nicht ich habe diese Pflichten geschaffen, ich habe sie vielmehr im Wege der Erziehung übernommen. Wie oft kommt es vor, daß über die Einzelheiten der auferlegten Verpflichtungen Unklarheit herrscht, und sich, um sie voll zu erfassen, die Notwendigkeit ergibt, das Gesetz und seine berufenen Interpreten zu Rate zu ziehen. Ebenso hat der gläubige Mensch die Bräuche und Glaubenssätze seiner Religion bei seiner Geburt fertig vorgefunden. Daß sie vor ihm da waren, setzt voraus, daß sie außerhalb seiner Person existieren. Das Zeichensystem, dessen ich mich bediene, um meine Gedanken auszudrücken, das Münzsystem, in dem ich meine Schulden zahle, die Kreditpapiere, die ich bei meinen geschäftlichen Beziehungen benütze, die Sitten meines Berufes führen ein von dem Gebrauche, den ich von ihnen mache, unabhängiges Leben. Das eben Gesagte kann für jeden einzelnen Aspekt des gesellschaftlichen Lebens wiederholt werden. Wir finden also besondere Arten des Handelns, Denkens, Fühlens, deren wesentliche Eigentümlichkeit darin besteht, daß sie außerhalb des individuellen Bewußtseins existieren.

Diese Typen des Verhaltens und des Denkens stehen nicht nur außerhalb des Individuums, sie sind auch mit einer gebieterischen Macht ausgestattet, kraft deren sie sich einem jeden aufdrängen, er mag wollen oder nicht. Freilich, wer sich ihnen willig und gerne fügt, wird ihren zwingenden Charakter wenig oder gar nicht empfinden, da Zwang in diesem Falle überflüssig ist. Dennoch ist er aber eine diesen Dingen immanente Eigenschaft, die bei jedem Versuche des Widerstandes sofort hervortritt. Versuche ich, die Normen des Rechtes zu übertreten, so wenden sie sich wider mich, um meine Handlung zu verhindern, wenn es noch an der Zeit ist, oder sie als nichtig aufzuheben und in ihre normale Form zu bringen, wenn sie schon begangen ist und noch gutgemacht werden kann, oder mich für sie büßen zu lassen, wenn sie nicht mehr gutzumachen ist. Handelt es sich um rein moralische Gebote? Die öffentliche Meinung verhindert jeden Akt, der sie verletzt, durch die Aufsicht, die sie über das Benehmen der Bürger ausübt, und durch die besonderen Strafen, über die sie verfügt. In anderen Fällen ist der Zwang weniger fühlbar. Allein er besteht auch da. Wenn ich mich geltenden Konventionen der Gesellschaft nicht füge, etwa in meiner Kleidung den Gewohnheiten meines Landes und meiner Klasse keine Rechnung trage, wird die Heiterkeit, die ich errege, und die Distanz, in der man mich hält, auf sanftere Art denselben Erfolg erzielen wie eine eigentliche Strafe. In anderen Fällen ist der Zwang nicht weniger wirksam, selbst wenn er nur indirekt ist. Ich bin nicht gerade verpflichtet, mit meinen Landsleuten französisch zu sprechen, auch nicht, die gesetzliche Währung zu gebrauchen. Und doch ist es unmöglich, daß ich anders handle. Ein Versuch, mich dieser Notwendigkeit zu entziehen, müßte elendiglich scheitern. Nichts hindert einen Industriellen daran, mit den Methoden eines anderen Jahrhunderts zu arbeiten. Er soll es aber nur tun. Sein Ruin wäre sicher. Selbst wenn ich mich in der Tat von diesen Regeln befreien und sie mit Erfolg verletzen kann, bleibt mir doch der Kampf gegen sie nicht erspart. Und selbst wenn sie endgültig überwunden werden, spürt man ihre Zwangsgewalt an dem Widerstand, den sie einem entgegensetzen.

Es gibt keinen Neuerer, nicht einmal einen erfolgreichen, dessen Unternehmungen nicht auf Widerstände dieser Art stoßen.
Hier liegt also ein Klasse von Tatbeständen von sehr speziellem Charakter vor: sie bestehen in besonderen Arten des Handelns, Denkens und Fühlens, die außerhalb der Einzelnen stehen und mit zwingender Gewalt ausgestattet sind, kraft deren sie sich ihnen aufdrängen. Mit organischen Erscheinungen sind sie nicht zu verwechseln, denn sie bestehen aus Vorstellungen und Handlungen, ebensowenig mit psychischen Erscheinungen, deren Existenz sich im Bewußtsein des Einzelnen erschöpft. Sie stellen also eine neue Gattung dar und man kann ihnen mit Recht die Bezeichnung »sozial« vorbehalten. Sie gebührt ihnen. Denn da ihr Substrat nicht im Individuum gelegen ist, so verbleibt für sie kein anderes als die Gesellschaft, sei es die staatliche Gesellschaft als Ganzes, sei es eine der Teilgruppen, die sie einschließt, Religionsgemeinschaften, politische oder literarische Schulen, berufliche Korporationen usw. Anderseits gebührt sie ihnen ausschließlich. Denn das Wort »sozial« hat einen bestimmten Sinn einzig unter der Voraussetzung, daß lediglich die Erscheinungen damit benannt werden, die in keine andere schon bestehende und benannte Kategorie fallen. Sie bilden also das der Soziologie eigene Gebiet. Freilich legt der zur Abgrenzung benützte Begriff des Zwanges die Gefahr nahe, eifrige Anhänger eines absoluten Individualismus in Aufregung zu versetzen. Weil sie auf die schlechthinnige Autonomie des Einzelnen schwören, erscheint es ihnen als Herabwürdigung, wenn man erklärt, der Einzelne hänge doch nicht nur von sich selbst ab. Es läßt sich heutzutage nicht mehr bestreiten, daß die Mehrzahl unserer Gedanken und Bestrebungen nicht unser eigenes Werk sind, sondern uns von außen zuströmen. Sie können nur in uns eindringen, indem sie sich uns aufdrängen. Mehr will unsere Definition nicht sagen. Überdies weiß man ja, daß sozialer Zwang die individuelle Freiheit nicht notwendigerweise ausschließt*.
Da sich jedoch die zitierten Beispiele (Rechtsnormen, Moralgebote, religiöse Dogmen, Finanzsysteme usw.) durchweg auf festgesetzte Glaubensvorstellungen und Gebräuche stützen, so könnte man nach dem Vorhergehenden annehmen, es gebe keinen soziologischen Tatbestand ohne bestimmte Organisation. Doch weisen auch andere Erscheinungen, die nicht in diesen kristallisierten Formen auftreten, dieselbe Gegenständlichkeit und dieselbe Gewalt über das Individuum auf. Es sind dies die sogenannten sozialen Strömungen. So entstehen im

* Übrigens wollen wir nicht gesagt haben, daß jeder Zwang etwas Normales ist. Wir werden auf diesen Punkt noch weiter zu sprechen kommen.

Verlaufe einer Versammlung die großen Ausbrüche des Enthusiasmus, der Entrüstung und des Mitleides nicht im Sonderbewußtsein der Einzelnen. Sie treten an jeden der Teilnehmer von außen heran und sind imstande, sie auch wider ihren Willen fortzureißen. Zweifellos kann es geschehen, daß der Druck, den sie ausüben, von dem, der sich ihnen willfährig überläßt, nicht empfunden wird. Aber jeder Versuch einer Auflehnung macht ihn sofort bemerkbar. Unternimmt es ein Einzelner, sich einer dieser Kollektivkundgebungen entgegenzustellen, so kehren sich die Empfindungen, denen er widerstrebt, gegen ihn. Behauptet sich diese Zwangsgewalt im Falle des Widerstandes mit derartiger Deutlichkeit, so muß man daraus schließen, daß sie, wenn auch unbewußt, in den Gegenfällen ebenfalls existiert. Wir werden von Illusionen genarrt, die uns einreden, wir hätten selbst geschaffen, was uns in Wahrheit von außen auferlegt wurde. Die Selbstgefälligkeit, in der wir uns gehen lassen, maskiert den erlittenen Druck. Allein sie beseitigt ihn nicht. Ähnlich wie die Luft nicht an Gewicht verliert, wiewohl wir ihre Last nicht mehr fühlen. Der Eindruck, den wir davontragen, ist auch dann, wenn wir in der gemeinsamen Bewegung mitgemacht haben, spontan ein ganz anderer, als wenn wir allein gewesen wären. Sobald sich die Versammlung aufgelöst hat, die Einflüsse der Masse nicht mehr auf uns wirken und wir uns allein mit uns selbst finden, erscheinen uns die Gefühlszustände, die wir durchgemacht haben, als etwas Fremdes, worin wir uns selbst nicht mehr erkennen. Wir erfahren dann, daß wir sie eher erlitten als sie selbst gemacht haben. Manchmal schaudert uns auch vor ihnen, so unvereinbar waren sie mit unserer Natur. So können sich höchst harmlose Menschen, wenn sie zu einer Masse vereint sind, zu Grausamkeiten hinreißen lassen. Das gilt nicht nur von vorübergehenden Eruptionen. Es läßt sich auch von den dauerhafteren Meinungsströmungen behaupten, die sich ohne Unterlaß um uns herum entwickeln, sei es in der gesamten Ausdehnung der Gesellschaft, sei es in engeren Kreisen, auf dem Gebiete der Politik, der Religion und der Literatur.

Um diese Definition der »soziologischen Tatbestände« durch eine bezeichnende Erfahrung zu erhärten, genügt es übrigens, die Art zu beobachten, wie die Kinder erzogen werden. Betrachtet man die Tatsachen, wie sie sind und wie sie immer waren, so liegt es auf der Hand, daß die ganze Erziehung in einer ununterbrochenen Bemühung besteht, dem Kinde eine gewisse Art zu sehen, zu fühlen und zu handeln aufzuerlegen, zu der es spontan nicht gekommen wäre. Von Geburt an zwingen wir es, regelmäßig zu bestimmten Stunden zu essen, zu trinken und zu schlafen, zwingen es auch zur Reinlichkeit, zum Stillsein und Gehorsam. Später zwingen wir es, Rücksicht zu nehmen, Anstand und guten Ton zu wahren, zwingen es zur Arbeit usw. Wenn mit der Zeit dieser Zwang nicht mehr empfunden wird, so geschieht dies deshalb, weil er nach und nach Gewohnheiten und innere Tendenzen zur Entstehung bringt, die ihn überflüssig machen; aber sie ersetzen ihn nur, weil sie ja von ihm herstammen. Man kann Spencer beipflichten, daß eine rationelle Erziehung ein derartiges Vorgehen verwerfen und dem Kind seine Freiheit lassen müßte; aber diese pädagogische Theorie ist bisher von keinem der bekannten Völker praktisch angewandt worden und stellt nur ein persönliches Desiderat dar, keine Tatsache, die den vorher angeführten Tatsachen entgegengestellt werden kann. Diese sind darum besonders instruktiv, weil die Erziehung gerade die Herausbildung des sozialen Wesens zum Gegenstand hat. Man kann hier in einem verkleinerten Abbilde ersehen, wie das soziale Wesen in der Geschichte entsteht. Der immerwährende Drück, den das Kind erleidet, ist der Druck des sozialen Milieus selbst, das es nach seinem Vorbilde zu formen strebt. Die Eltern und Lehrer sind nur die Stellvertreter und Vermittler des Milieus.

Ihre Allgemeinheit kann also nicht zur Charakteristik der sozialen Phänomene benutzt werden. Ein Gedanke, der sich in jedem Sonderbewußtsein vorfindet, oder eine Bewegung, die bei allen Individuen in gleicher Weise auftritt, ist darum noch kein soziologischer Tatbestand. Man begnügte sich nur darum mit diesem Merkmal bei der Definition der »soziologischen Tatbestände«, weil man sie zu Unrecht mit dem zusammengeworfen hat, was man ihre individuellen Inkarnationen nennen könnte. Ihr Inhalt sind die Glaubensvorstellungen, die Neigungen, die Gebräuche einer Gruppe als Ganzes genommen. Die Formen, die die kollektiven Zustände annehmen, sofern sie sich in den Individuen widerspiegeln, sind Dinge ganz anderer Art. Die Zweiheit ihrer Natur zeigt sich offensichtlich darin, daß beide Arten von Tatsachen häufig voneinander getrennt auftreten. In der Tat nehmen manche Arten des Handelns und des Denkens infolge ihrer ständigen Wiederholung eine gewisse Konsistenz an, welche sie gewissermaßen beschleunigt und sie von den einzelnen Ereignissen isoliert, in denen sie sich vollziehen. Sie nehmen körperhafte Gestalt, wahrnehmbare, ihnen eigene Formen an und bilden eine Realität sui generis, die sich von den individuellen Handlungen, in denen sie sich offenbart, vollständig unterscheidet. Die kollektive Gewohnheit existiert nicht nur im Zustand der Immanenz in den sukzessiven Akten, die sie bestimmt; vermöge einer Besonderheit, für die es im Bereiche des Biologischen kein Beispiel gibt, wird sie ein für allemal in einer

Form ausgedrückt, die von Mund zu Mund geht, durch Erziehung sich fortpflanzt und sogar durch die Schrift festgehalten wird. Solcherart sind der Ursprung und die Natur rechtlicher und sittlicher Gebote, der Sprichworte und volkstümlichen Wendungen, der Dogmen, in denen religiöse oder politische Sekten ihr Glaubensbekenntnis festlegen, der Regeln des Geschmacks, die von literarischen Schulen aufgestellt werden, usw. Keine dieser Normen geht vollkommen in den Anwendungen auf, die die Einzelnen von ihr machen, da sie ja vorhanden sein können, ohne wirklich angewendet zu werden.

Allerdings zeigt sich diese Spaltung nicht immer in der gleichen Deutlichkeit. Aber es genügt, daß sie unstreitig in den wichtigen und zahlreichen Fällen, die wir erwähnten, vorhanden ist, um zu beweisen, daß sich die soziologischen Tatbestände von ihren individuellen Ausstrahlungen unterscheiden. Und wenn sie sich auch manchmal nicht unmittelbar beobachten läßt, so kann man sie doch mit Hilfe gewisser methodischer Kunstgriffe zur Erscheinung bringen. Manchmal ist es sogar unumgänglich, so vorzugehen, will man den soziologischen Tatbestand von allem fremden Beiwerk loslösen und in völliger Reinheit beobachten. So gibt es gewisse Meinungsströmungen, die je nach der Zeit und dem Orte in ungleicher Stärke den einen beispielsweise zur Ehe, den anderen zum Selbstmord drängen, die Zahl der Geburten beeinflussen usw. Das sind gewiß soziale Phänomene. Auf den ersten Blick scheinen sie von der Form, die sie im einzelnen Fall annehmen, nicht zu trennen. Aber die Statistik liefert uns das Mittel, sie zu isolieren. Sie sind mit ziemlicher Genauigkeit durch die Häufigkeiten der Geburten, Ehen und Selbstmorde bestimmt, d. h. durch die Zahl, die man erhält, wenn man den Jahresdurchschnitt der Ehen, Geburten und Selbstmorde durch die Anzahl der Menschen dividiert, die in dem zur Ehe, Zeugung oder Selbstmorde geeigneten Alter stehen*. Da in jeder dieser Ziffern alle Einzelfälle unterschiedslos enthalten sind, heben sich die individuellen Verhältnisse, die an ihrem Zustandekommen etwa teilhaben konnten, wechselseitig auf und tragen zu dem endgültigen Ergebnisse nichts bei. Was die Ziffern ausdrücken, ist vielmehr ein bestimmter Zustand des Kollektivgeistes.

Das sind die sozialen Phänomene, sofern sie von jedem fremden Elemente befreit werden. Was nun ihre persönlichen Erscheinungsformen betrifft, so tragen diese allerdings etwas Soziales in sich, da

* Nicht in jedem Alter wird Selbstmord begangen, und in verschiedenen Lebensaltern in verschiedener Häufigkeit.

sie teilweise ein Kollektivmodell reproduzieren. Außerdem hängen sie aber, und zwar zu einem großen Teile, von der psycho-physiologischen Verfassung des Einzelnen, von den besonderen Verhältnissen ab, in die er hineingestellt ist. Es sind das also keine rein soziologischen Erscheinungen. Sie gehören gleichzeitig zwei Gebieten an. Man könnte sie sozial-psychische Phänomene nennen. Sie interessieren den Soziologen, ohne unmittelbar den Stoff der Soziologie abzugeben. Erscheinungen von einer ähnlichen Mischnatur, mit denen sich Grenzwissenschaften wie die biologische Chemie beschäftigen, kommen ja auch innerhalb des Organismus vor.

Man wird jedoch einwenden, ein Phänomen könne nur kollektiv sein, wenn es allen Mitgliedern der Gesellschaft gemeinsam ist oder wenigstens der Mehrzahl von ihnen, also wenn es allgemein ist. Zweifelsohne; aber wenn es allgemein ist, so ist es das, weil es kollektiv (d. h. mehr oder weniger obligatorisch) ist; und nicht umgekehrt ist es kollektiv, weil es allgemein ist. Es ist ein Zustand der Gruppe, der sich bei den Einzelnen wiederholt, weil er sich ihnen aufdrängt. Er ist in jedem Teil, weil er im Ganzen ist, und er ist nicht im Ganzen, weil er in den Teilen ist. Das ist insbesondere evident bei den Glaubensvorstellungen und Gewohnheiten, die von früheren Generationen fertig auf uns überkommen sind. Wir übernehmen und pflegen sie, weil sie als ein Werk des Kollektivs und der Jahrhunderte mit einer besonderen Autorität ausgestattet sind, die die Erziehung uns anzuerkennen und zu achten gelehrt hat. Nun ist zu bemerken, daß die überwiegende Mehrheit der sozialen Erscheinungen auf diesem Wege zu uns gelangt. Sogar wenn ein soziales Phänomen wenigstens zum Teil auf unsere Mitwirkung zurückgeht, ist es von keiner anderen Beschaffenheit. Ein Kollektivaffekt, der in einer Versammlung ausbricht, drückt nicht einfach das den Gefühlen der Einzelnen Gemeinsame aus. Er ist, wie wir gezeigt haben, ein Ding von ganz anderem Charakter. Er ist eine Resultante des Gemeinschaftslebens, ein Erzeugnis der Wirkungen und Gegenwirkungen, die sich zwischen den individuellen Psychen abspielen, und wenn er in jedem Bewußtsein einen Widerhall findet, geschieht dies vermöge einer besonderen Energie, die er gerade seinem kollektiven Ursprung verdankt. Der Zusammenklang der Empfindungen ist nicht die Folge einer spontanen und vorgeplanten Harmonie, sondern ein und derselben Kraft, die alle im selben Sinn bewegt. Der Einzelne wird von der Gesamtheit hingerissen.

Wir können uns jetzt über das Gebiet der Soziologie genaue Rechenschaft geben. Es umfaßt nur eine begrenzte Gruppe von Erscheinungen. Ein soziales Phänomen ist an der äußerlich verbindlichen Macht zu erkennen, die es über die Einzelnen ausübt oder auszuüben imstande ist; und das Vorhandensein dieser Macht zeigt sich wiederum an entweder durch das Dasein einer bestimmten Sanktion oder durch den Widerstand, den das Phänomen jedem Beginnen des Einzelnen entgegensetzt, das ihn zu verletzen geeignet ist. Eine andere Bestimmung bietet die Diffusion, die das soziale Phänomen innerhalb einer Gruppe aufweist, vorausgesetzt, daß im Sinne der vorgehenden Ausführungen ein zweites und wesentliches Merkmal hinzugefügt wird, daß es unabhängig von den Einzelformen existiert, die es bei der Diffusion annimmt. Dieses zweite Kriterium ist sogar in manchen Fällen leichter anzuwenden als das früher erwähnte. Tatsächlich ist der Zwang unschwer zu konstatieren, sobald er sich im Wege einer unmittelbaren Reaktion der Gesellschaft nach außen überträgt, wie es beim Rechte, der Sitte, dem Brauch, den Glaubensvorstellungen, selbst bei den Moden der Fall ist. Der mittelbare Zwang, wie etwa der, den eine wirtschaftliche Organisation ausübt, läßt sich nicht immer so gut wahrnehmen. Die Allgemeinheit, verbunden mit der Gegenständlichkeit, kann aber leicht festgestellt werden. Übrigens ist diese zweite Definition nur eine andere Form der ersten. Denn wenn eine Art des Verhaltens, die außerhalb des Einzelbewußtseins existiert, allgemein wird, kann es nicht anders geschehen als durch Zwang*.

Indessen kann man fragen, ob diese Definition auch vollständig ist. Und wirklich sind die Tatbestände, von denen wir ausgegangen sind, durchweg *Arten des Handelns;* sie gehören also der physiologischen

* Diese Definition weicht offensichtlich von derjenigen ab, die dem geistreichen System Tardes zugrunde liegt. Zunächst müssen wir erklären, daß unsere Untersuchungen den von Tarde behaupteten Einfluß der Nachahmung auf die Entstehung der sozialen Phänomene nicht bestätigten. Ferner geht aus der aufgestellten Definition, die keine Theorie, sondern eine bloße Zusammenfassung dessen ist, was die Beobachtung unmittelbar darbietet, hervor, daß die Nachahmung nicht nur nicht für jeden Fall, sondern überhaupt niemals das Wesentliche und Charakteristische an den sozialen Phänomenen ausdrückt. Allerdings wird jedes soziale Phänomen nachgeahmt und besitzt, wie wir soeben gezeigt haben, die Tendenz, allgemein zu werden. Das geschieht aber aus dem Grunde, weil es sozial, also obligatorisch ist. Seine Fähigkeit, sich auszubreiten, ist nicht die Ursache, sondern die Wirkung seines soziologischen Charakters. Würden die sozialen Phänomene allein diese Wirkung hervorbringen, so könnte die Nachahmung dazu verwendet werden, jene, wenn nicht zu erklären, so doch wenigstens zu definieren. Doch auch ein individueller Zustand, der nachgeahmt wird, hört darum nicht auf, individuell zu sein. Ferner kann man fragen, ob der Ausdruck Nachahmung angemessen ist, um eine von einer zwingenden Einwirkung veranlaßte Ausbreitung zu bezeichnen. In diesem einen Ausdruck werden sehr verschiedene Phänomene vermengt, die richtigerweise geschieden werden sollten.

Ordnung an. Nun gibt es auch *Arten des Kollektivseins*, d.h. soziologische Tatbestände anatomischer oder morphologischer Ordnung. Die Soziologie kann sich des Interesses für Erscheinungen nicht entschlagen, die das Substrat des Kollektivlebens betreffen. Und doch läßt sich die Zahl und Natur der Teile, aus denen sich Gesellschaft zusammensetzt, die Art ihrer Anordnung, die Innigkeit ihrer Verbindung, die Verteilung der Bevölkerung über die Oberfläche des Landes, die Zahl und Beschaffenheit der Verkehrswege, die Gestaltung der Wohnstätten usw. bei oberflächlicher Prüfung scheinbar nicht auf Formen des Handelns, Fühlens und Denkens zurückführen.
Dabei zeigen aber diese unterschiedlichen Erscheinungen dieselben Merkmale, die zur Definition der anderen herangezogen wurden. Diese Arten des Seins drängen sich dem Einzelnen genau so auf, wie die früher besprochenen Arten des Handelns. Wer die Art der politischen Teilung einer Gesellschaft, die Zusammensetzung dieser Teile, die mehr oder weniger enge Verbindung zwischen ihnen kennenlernen will, kann zu diesem Ziele nicht durch eine rein materielle Untersuchung und durch geographische Beobachtungen gelangen. Diese Einteilungen sind moralischer Natur, wenn sie auch in der physischen Natur eine Grundlage haben. Erst vermittels des öffentlichen Rechtes ist die Erforschung dieser Verfassung möglich; denn das Recht regelt sie ebenso wie alle unsere häuslichen und bürgerlichen Beziehungen; ihr kommt derselbe obligatorische Charakter zu. Daß sich die Bevölkerung in den Städten zusammendrängt, anstatt sich über das Land zu verstreuen, geschieht, weil es eine Meinungsströmung und einen kollektiven Drang gibt, der den Einzelnen eine solche Konzentration auferlegt. Es steht uns ebensowenig frei, die Form unserer Häuser zu wählen, wie die der Kleidung; die eine ist mindestens im gleichen Maße verbindlich wie die andere. Die Verkehrswege bestimmen gebieterisch die Richtung der Binnenwanderungen und des Handels und sogar die Intensität der Wanderungen und des Handels usw. Folglich könnte man hochstens der Liste der früher aufgezählten Erscheinungen eine Kategorie mehr hinzufügen, die ebenfalls die Kennzeichen der soziologischen Tatbestände aufweist. Da diese Aufzählung keineswegs erschöpfend war, wäre diese Hinzufügung nicht unerläßlich.
Sie ist nicht einmal besonders nützlich; denn diese Arten des sozialen Daseins sind nur gefestigte Arten des Handelns. Die politische Struktur einer Gesellschaft besteht nur in der Art, wie die verschiedenen Teile, aus denen sie sich zusammensetzt, gewohnheitsmäßig miteinander leben. Sind ihre Beziehungen traditionell eng, so trachten sie sich zu vermischen, im Gegenfalle, sich schärfer zu scheiden. Der Typus

der Wohnstätte, der uns aufgezwungen wird, besteht lediglich in der Art, wie unsere Umwelt und zum Teil schon frühere Generationen ihre Häuse zu bauen sich gewöhnten. Die Verkehrswege stellen nur das Bett dar, das der regelmäßige Strom der Wanderungen und des Handels sich selbst gegraben hat. Wären freilich die Erscheinungen der morphologischen Ordnung die einzigen, die eine solche Beharrlichkeit zeigen, so könnte man glauben, daß sie eine Art für sich bilden. Aber eine rechtliche Norm ist eine nicht minder dauerhafte Einrichtung wie ein architektonischer Typus, obwohl es sich um eine physiologische Tatsache handelt. Eine einfache moralische Maxime ist sicherlich eher schmiegsam. Und doch hat sie starrere Formen als etwa eine Berufssitte oder eine Mode. So gibt es eine ganze Skala von Abstufungen, die in Form eines Kontinuums von den ausgesprochen strukturierten Tatbeständen zu den freien Strömungen des sozialen Lebens reichen, die noch in keine feste Form eingegangen sind. Es gibt also zwischen ihnen nur Gradunterschiede der Konsolidierung. Die einen wie die anderen sind nur mehr oder weniger kristallisiertes Leben. Zweifelsohne können Gründe dafür sprechen, die Bezeichnung morphologisch jenen soziologischen Tatbeständen vorzubehalten, die das Substrat der Gesellschaft betreffen; doch darf dabei nicht außer acht gelassen werden, daß sie ihrer Natur nach den anderen gleichen. Unsere Definition wird also weit genug sein, wenn sie sagt: *Ein soziologischer Tatbestand ist jede mehr oder minder festgelegte Art des Handelns, die die Fähigkeit besitzt, auf den Einzelnen einen äußeren Zwang auszuüben; oder auch, die im Bereiche einer gegebenen Gesellschaft allgemein auftritt, wobei sie ein von ihren individuellen Äußerungen unabhängiges Eigenleben besitzt**.

* Die enge Verwandtschaft zwischen dem Leben und der Struktur, dem Organ und der Funktion kann in der Soziologie leicht festgestellt werden, weil zwischen diesen beiden Grenzfällen eine ganze Reihe von leicht zu beobachtenden Zwischengliedern existiert, die auf deren enge Verbindung hindeuten. Die Biologie entbehrt dieses Hilfsmittels. Doch ist die Annahme statthaft, daß die Induktionen der ersten Wissenschaft auf die andere übertragbar sind und daß bei den Organismen sowohl wie bei den Gesellschaften zwischen diesen beiden Gattungen von Tatbeständen nur graduelle Unterschiede bestehen.

ZWEITES KAPITEL

Regeln zur Betrachtung der soziologischen Tatbestände

Die erste und grundlegendste Regel besteht darin, die soziologischen Tatbestände wie Dinge zu betrachten.

I

Sobald eine neue Gattung von Erscheinungen Gegenstand wissenschaftlicher Untersuchung wird, ist sie schon im Bewußtsein vertreten, und zwar nicht nur durch sinnlich-bildliche Vorstellungen, sondern auch durch eine Art von grob geformten Begriffen. Noch vor den Anfängen der wissenschaftlichen Physik und Chemie verfügten die Menschen über Kenntnisse auf physikalischem und chemischem Gebiete, die über die reine Wahrnehmung hinausgingen. Solcher Art sind z. B. Begriffsbildungen, die wir sämtlichen Religionen beigemengt finden. Das Nachdenken geht eben der Wissenschaft voraus, die es nur mit mehr Methode zu handhaben versteht. Der Mensch kann nicht inmitten der Dinge leben, ohne sich über sie Gedanken zu machen, nach denen er sein Verhalten einrichtet. Nur weil diese Begriffsbildungen uns näherstehen und unserem Verstande angemessener sind als die Wirklichkeiten, denen sie entsprechen, neigen wir naturgemäß dazu, sie an deren Stelle zu setzen und zum Gegenstande unserer Betrachtungen zu machen. Anstatt die Dinge zu beobachten, sie zu beschreiben und zu vergleichen, bescheiden wir uns damit, unserer Ideen bewußt zu werden, sie zu analysieren und zu kombinieren. An Stelle einer Wissenschaft von Realitäten betreiben wir nur ideologische Analyse. Zweifellos schließt diese Analyse nicht notwendig alle Beobachtung aus. Man kann durchaus auf die Wirklichkeiten zurückgreifen, um diese Begriffe oder die Schlüsse, die man aus ihnen ableitet, zu rechtfertigen. Aber die Tatsachen sind dann nur sekundär relevant, als Illustrationen oder bestätigende Belege; sie sind aber nicht Gegenstand der Wissenschaft. Diese geht von den Ideen an die Dinge und nicht von den Dingen zu den Ideen.

Es ist klar, daß diese Methode keine objektiven Ergebnisse liefern kann. Diese Gedankenbildungen oder Begriffe oder wie man sie auch nennen will, sind nicht die legitimen Vertreter der Dinge. Als Produkte der Vulgärerfahrung zielen sie vor allem darauf ab, unsere Handlungen mit der Umwelt in Einklang zu bringen. Sie sind von der Praxis und für die Praxis geschaffen. Nun kann eine Vorstellung praktisch ganz wohl eine nützliche Rolle spielen und dennoch falsch sein. Kopernikus hat vor mehreren Jahrhunderten die Täuschungen unserer Sinne über die Bewegungen der Gestirne entlarvt; trotzdem sind es nach wie vor diese Täuschungen, die uns bei der Einteilung der Zeit leiten. Damit ein Gedanke die Bewegungen auslöst, die die Natur einer Sache erfordert, ist es nicht nötig, daß er diese Natur getreu ausdrückt. Es reicht hin, daß er uns fühlen läßt, was an der Sache nützlich und was nachteilig ist, worin sie uns dienlich und worin hinderlich sein kann. Außerdem besitzen derart gebildete Vorstellungen jene praktische Folgerichtigkeit nur sehr annähernd und nur im Durchschnitt der Fälle. Häufig sind sie ebenso gefährlich wie unangemessen. Indem man sich auf ihre Verarbeitung beschränkt, gelangt man nicht zu den Gesetzen der Wirklichkeit, man fange es an, wie man wolle. Diese Begriffe sind im Gegenteil wie ein Schleier, der sich zwischen die Dinge und uns legt und sie desto mehr verhüllt, je durchsichtiger man ihn glaubt.

Eine solche Wissenschaft ist nicht nur notwendig bruchstückhaft; sie entbehrt auch des Stoffes, von dem sie zehren kann. Kaum ist sie vorhanden, so verschwindet sie wieder und verwandelt sich in Kunst. Diese Begriffe enthalten, so meint man, alles Wesentliche der Wirklichkeit, da man sie mit der Wirklichkeit selbst verwechselt. Sie scheinen also alles Erforderliche in sich zu schließen, damit wir nicht nur verstehen, was ist, sondern auch, was sein soll, und die Mittel zu dessen Durchführung vorschreiben können. Denn gut ist, was der Natur der Dinge entspricht, schlecht, was ihr zuwiderläuft, und die Mittel, das eine zu erreichen und das andere zu fliehen, fließen ebenfalls aus dieser Natur. Wenn wir sie nun von vornherein beherrschen, so hat die Erforschung der gegenwärtigen Wirklichkeit kein praktisches Interesse mehr, und da eben dieses Interesse den Seinsgrund der Forschung abgibt, so hat sie von allem Anfang an keinen Sinn. So wird das Nachdenken verleitet, vom eigentlichen Gegenstand der Wissenschaft abzuschweifen, nämlich von dem Gegenwärtigen und Vergangenen, und sich in einem Sprung der Zukunft zuzuschwingen. Anstatt überlieferte und wirkliche Tatbestände verstehen zu lernen, unternimmt sie es, unmittelbar neue zu verwirklichen, die besser zu den menschlichen Zwecken stimmen.

Sobald man sich über das Wesen der Materie klar zu sein glaubt, begibt man sich unverzüglich auf die Suche nach dem Stein der Weisen. Solche Eingriffe der Praxis in die Wissenschaft, die letztere in der Entwicklung behindern, werden übrigens durch die Umstände begünstigt, die das Aufkommen der wissenschaftlichen Reflexion bestimmen. Denn da diese nur entsteht, um den Notwendigkeiten des Lebens Genüge zu tun, ist sie selbstverständlich völlig auf das Praktische gerichtet. Die Bedürfnisse, die sie zu befriedigen berufen ist, sind stets dringlich und drängen sie, Resultate zu erreichen; sie verlangen keine Erklärungen, sondern Heilmittel.

Dieses Verfahren entspricht so sehr der natürlichen Neigung unseres Verstandes, daß es auch den Anfängen der Naturwissenschaften eigen ist. Dasselbe Verfahren unterscheidet die Alchemie von der Chemie wie die Astrologie von der Astronomie. Mit diesem Verfahren kennzeichnet Bacon die Methode, deren sich die Gelehrten seinerzeit bedienten und die er bekämpft. Die Begriffe, von denen hier gesprochen wird, sind die *notiones vulgares* oder *praenotiones* *, deren Existenz er am Grunde aller Wissenschaften ** aufweist, wo sie an Stelle der Tatbestände stehen ***. Es sind die *idola*, gewissermaßen Phantome, die das wahre Aussehen der Dinge entstellen und die wir dennoch für die Dinge selbst nehmen. Und weil diese imaginäre Welt dem Verstande keinen anderen Widerstand bietet, überläßt er sich ohne Halt schrankenlosen Ambitionen und hält es für möglich, allein mit seinen Kräften die Welt nach Belieben zu konstruieren oder reformieren zu können.

Geschah dies schon in den Naturwissenschaften, so lag es für die Soziologie noch viel näher. Die Menschen haben die Entstehung der Sozialwissenschaften nicht abgewartet, um sich über Recht, Moral und Familie, Staat und Gesellschaft Gedanken zu machen. Sie brauchten das zum unmittelbaren Lebensvollzug. Nun sind gerade in der Soziologie diese Vorbegriffe, also die *praenotiones*, um mit Bacon zu reden, imstande, die Geister zu beherrschen und sich an Stelle der Dinge zu setzen. Tatsächlich werden soziale Verhältnisse nur durch Menschen verwirklicht. Sie sind ein Erzeugnis menschlicher Tätigkeit. Sie scheinen also nichts anderes zu sein als die Verwirklichung von Ideen, die wir, angeboren oder nicht, in uns tragen, und deren Anwendung auf die verschiedenen Umstände, welche die Beziehungen der Menschen

* Nov. Org. I, 26.

** ibid. I, 17.

*** ibid. I. 36.

untereinander begleiten. Die Organisation der Familie, des Staates und der Gesellschaft, der Strafe und des Vertrages erscheinen so einfach als Entwicklung von Ideen, die wir über Gesellschaft, Staat, Gerechtigkeit usw. haben. Demnach haben diese und ihnen analoge Tatsachen scheinbar keine andere Realität als in den Ideen und durch die Ideen, denen sie ihren Ursprung verdanken; daher werden diese Ideen der eigentliche Gegenstand der Soziologie.

Ein weiterer Umstand verschafft schließlich dieser Art, die Dinge anzusehen, besonderes Ansehen. Die Einzelheiten des sozialen Lebens, die von allen Seiten das Bewußtsein überschwemmen, werden nicht hinreichend scharf aufgefaßt, um ihre Realität zu fühlen. Da wir nicht genug feste und naheliegende Anknüpfungspunkte in uns vorfinden, macht uns alles das nur zu leicht den Eindruck, es schwebe haltlos im Leeren, eine halb unwirkliche und unendlich plastische Materie. Darum haben auch so viele Denker in den sozialen Einrichtungen nur künstliche und mehr oder weniger willkürliche Kombinationen gesehen. Aber wenn sich uns auch die Details, die konkreten und besonderen Formen entziehen, so besitzen wir wenigstens grobe und beiläufige Vorstellungen darüber, wie im großen und ganzen das Kollektivleben aussieht, und gerade diese schematischen und summarischen Vorstellungen sind es, die die Vorbegriffe bilden, deren wir uns für das Bedürfnis des Tages bedienen. Die Existenz solcher Begriffe können wir nicht in Zweifel ziehen, da wir uns ihrer zur selben Zeit bewußt werden wie unserer eigenen. Sie sind nicht nur in uns vorhanden, als Erzeugnis oft wiederholter Erfahrungen erwerben sie auf Grund der Wiederholung und der ihr entspringenden Gewohnheit Einfluß und Ansehen. Wir fühlen ihren Widerstand, sobald wir uns von ihnen frei machen wollen. Und das, was uns Widerstand leistet, müssen wir als wirklich ansehen. Alles trägt also dazu bei, uns hier die wahre soziale Wirklichkeit sehen zu lassen.

Tatsächlich hat die Soziologie bis jetzt mehr oder weniger ausschließlich nicht von Dingen gehandelt, sondern von Begriffen. Comte hat freilich den Grundsatz aufgestellt, daß die sozialen Erscheinungen Naturtatsachen und als solche den Naturgesetzen unterworfen sind. Damit hat er implizit ihren dinglichen Charakter erkannt. Denn in der Natur gibt es nur Dinge. Sowie er aber über philosophische Allgemeinheiten hinausgeht und sein Prinzip praktisch anzuwenden sucht, um hieraus eine Wissenschaft aufzubauen, sind es Ideen, die er zum Vorwurfe seiner Untersuchung macht. Den Hauptgegenstand seiner Soziologie bildet der Fortschritt der Menschheit im Laufe der Zeit. Er geht von einer ununterbrochenen Entwicklung des menschlichen Geschlechtes aus, die in einer immer vollkommeneren Verwirklichung der menschlichen Natur bestehen soll, und es ist sein Problem, das Gesetz dieser Entwicklung aufzufinden. Vorausgesetzt, daß jene Entwicklung wirklich existiert, kann ihre Wirklichkeit erst festgestellt werden, nachdem die Wissenschaft erst einmal existiert. Man kann die Entwicklung nicht zum Gegenstande einer Untersuchung machen, außer man faßt sie als Idee und nicht als Ding auf. Und in der Tat handelt es sich um eine ganz subjektive Vorstellung. Denn in Wirklichkeit existiert diese Entwicklung der Menschheit gar nicht. Vorhanden und der Beobachtung ausschließlich gegeben sind nur besondere Gesellschaften, die unabhängig voneinander entstehen, sich entwickeln und zugrunde gehen. Wenn noch die jüngeren unter ihnen das Leben ihrer Vorgänger fortsetzen, so könnte jeder höhere Typus als einfache, durch einen neuen Zusatz bereicherte Wiederholung des nächst niederen aufgefaßt werden. Man könnte sie sozusagen aneinanderreihen, wobei man diejenigen, die auf der gleichen Stufe der Entwicklung stehen, gleichsetzt, und könnte die so gebildete Reihe als Vertretung der Menschheit ansehen. So einfach sind aber die Dinge nicht. Ein Volk, das an Stelle eines anderen tritt, ist nicht einfach eine Fortsetzung des früheren mit einigen neuen Eigentümlichkeiten; es ist vielmehr ein anderes, hat einige Eigentümlichkeiten mehr, andere weniger; es ist eine neue Individualität, und alle diese verschiedenen Individualitäten können, heterogen wie sie sind, nicht in eine fortlaufende Reihe gestellt werden, am allerwenigsten in eine einzige Reihe. Denn die Aufeinanderfolge der Gemeinschaften ließe sich nicht durch eine geometrische Linie darstellen; sie würde eher einem Baume gleichen, dessen Äste sich nach verschiedenen Richtungen ausstrecken. Kurz, Comte hat an Stelle der geschichtlichen Entwicklung den Begriff gesetzt, den er selbst davon hatte und der von dem Vulgärbegriff nicht sonderlich abweicht. Aus der Ferne gesehen nimmt die Geschichte ja allzuleicht ein reihenmäßiges und einfaches Aussehen an. Man gewahrt nur Individuen, die aufeinanderfolgen und in dieselbe Richtung gehen, weil sie dieselbe Natur haben. Da dabei außer acht gelassen wird, daß die soziale Entwicklung doch etwas anderes sein kann als die Entwicklung irgendeiner menschlichen Idee, scheint es ganz natürlich, sie durch die Idee zu definieren, die die Menschen von ihr haben. Mit einem derartigen Verfahren bleibt man aber nicht nur in der Ideologie stecken; man macht auch einen Begriff zum Gegenstande der Soziologie, der nichts spezifisch Soziologisches an sich hat.

Diesen Begriff der Entwicklung der Menschheit hat Spencer zwar vermieden, aber nur, um ihn durch einen anderen zu ersetzen, der nicht anders geartet ist. Er macht die Gesellschaften und nicht die Menschheit zum Gegenstande der Wissenschaft; allein er definiert jene in einer Weise, daß sich die Sache, von der er spricht, verflüchtigt, worauf sofort sein eigener Vorbegriff an ihre Stelle tritt. Er stellt es wie eine selbstverständliche Voraussetzung hin, daß eine Gesellschaft nur dann existiert, »wenn zur Juxtaposition die Kooperation hinzukommt«, und daß dadurch allein eine Vereinigung von Individuen zur Gesellschaft im eigentlichen Sinne wird. Von dem Prinzip ausgehend, daß das Wesen des sozialen Lebens in der Kooperation gelegen ist, teilt er die Gemeinschaften in zwei Klassen ein, je nach der vorherrschenden Natur der Kooperation. »Es gibt, sagt er, eine spontane Kooperation, die sich ohne Plan im Verfolge von Privatzwecken durchsetzt; es gibt auch eine planmäßig eingerichtete Kooperation, die eindeutig anerkannte Zwecke von öffentlichem Interesse voraussetzt*.« — Erstere nennt er industrielle Gesellschaften, letztere militärische, und man darf wohl sagen, daß diese Unterscheidung die befruchtende Idee seiner Soziologie geworden ist.

Diese Leitdefinition verkündet aber wie eine gegenständliche Wahrheit, was nur ein Gesichtspunkt ist. Sie gibt sich als Ausdruck einer unmittelbar einleuchtenden Tatsache, welche die Beobachtung bloß festzustellen braucht, da sie am Anfang der Wissenschaft wie ein Axiom aufgestellt wird. Es ist jedoch nicht möglich, auf Grund der bloßen Anschauung zu wissen, ob wirklich die Kooperation das Ganze des sozialen Lebens ausmacht. Eine solche Behauptung wäre wissenschaftlich nur dann berechtigt, wenn man sämtliche Äußerungen des Kollektivlebens Revue passieren ließe und klarstellte, daß sie insgesamt nur verschiedene Formen der Kooperation sind. Also wiederum eine bestimmte Art, die soziale Wirklichkeit zu betrachten, die sich an die Stelle der Wirklichkeit selbst setzt**. Was auf diese Weise definiert wurde, ist nicht die Gesellschaft, sondern die Vorstellung, die sich Spencer von ihr gemacht hat. Und daß er keine Skrupel empfindet, so vorzugehen, ist wohl darin begründet, daß auch für ihn die Gesellschaft nichts anderes ist und sein kann als die Verwirklichung einer Idee, und zwar der Idee der Kooperation, durch die er sie definiert***. Es wäre leicht zu zeigen, daß bei jedem einzelnen Problem, das er anschneidet, seine Methode die gleiche bleibt. Zwar gibt er vor, empirisch vorzugehen. Da aber die in seiner Soziologie angehäuften

* Prinzipien der Soziologie, Bd. III.

** Eine Betrachtung, die übrigens strittig ist; siehe meine Division du travail social II, 2 § 4.

*** Die Kooperation könnte ja nicht ohne Gesellschaft existieren und ist der Zweck des Daseins einer Gesellschaft. Prinzipien der Soziologie, Bd. III.

Tatsachen statt zur Beschreibung und Erklärung der Dinge vorzugsweise zur Illustration von Begriffsanalysen verwendet werden, scheinen sie wirklich nur da zu sein, um die Rolle von Beweisen zu spielen. In Wahrheit kann alles, was an seiner Lehre wesentlich ist, unmittelbar aus seiner Definition der Gesellschaft und den verschiedenen Formen der Kooperation abgeleitet werden. Denn wenn wir nur die Wahl zwischen einer tyrannisch auferlegten und einer freien und spontanen Kooperation haben, so ist selbstverständlich die letztere das Ideal, dem die Menschheit zustrebt und zustreben muß.

Diese Vulgärbegriffe finden sich aber nicht nur in den Grundlagen der Wissenschaft, sondern man begegnet ihnen auch jederzeit im Laufe der wissenschaftlichen Argumentationen. Bei dem gegenwärtigen Stande unserer Kenntnisse können wir nicht mit Bestimmtheit sagen, was Staat, Souveränität, politische Freiheit, Demokratie, Sozialismus, Kommunismus usw. eigentlich sind, und die wissenschaftliche Methode würde dementsprechend verlangen, daß man sich des Gebrauches aller dieser Begriffe so lange enthalte, als sie nicht wissenschaftlich geklärt sind. Nichtsdestoweniger kommen diese Worte in den Diskussionen der Soziologen ohne Unterlaß vor. Gewöhnlich gebraucht man sie mit einer Sicherheit, als ob sie wohlbekannten und definierten Dingen entsprächen, während sie nur wirre Vorstellungen und ein unbestimmbares Gemisch von dumpfen Empfindungen, Vorurteilen und Leidenschaften in uns hervorrufen. Wir lächeln heutzutage über die sonderbaren Klügeleien, die die Ärzte des Mittelalters unter Zuhilfenahme der Begriffe von warm und kalt, feucht, trocken usw. aufbauten, ohne zu bemerken, daß wir dieselbe Methode immer noch auf eine Gattung von Erscheinungen anwenden, die es am allerwenigsten verträgt, weil sie besonders komplex ist.

In den Sonderfächern der Soziologie ist dieser ideologische Charakter noch ausgesprochener. Dies gilt besonders für die Ethik. Man kann wohl sagen, daß es kein einziges System gibt, in dem sie nicht als einfache Entwicklung einer leitenden Idee, die sie potentiell ganz enthält, dargestellt würde. Diese Idee soll, wie die einen glauben, der Mensch schon bei seiner Geburt fertig in sich vorfinden, während andere annehmen, sie bilde sich mehr oder weniger langsam im Laufe der Geschichte heran. Aber für die einen wie für die anderen, für die Empiristen wie für die Rationalisten ist sie das wahrhaft Wirkliche in der Moral. Die Einzelheiten der rechtlichen und sittlichen Normen sollen sozusagen keine Eigenexistenz führen, sondern vielmehr nur die Grundidee sein, die auf besondere Lebensgebiete angewendet und nach der Beschaffenheit des Falles verschieden gestaltet wird. Daher könnte nicht dieses System von Vorschriften ohne Wirklichkeit, sondern einzig die Idee, aus der sie fließen und deren unterschiedliche Anwendungen sie nur sind, Gegenstand der Ethik sein. Auch alle Fragen, mit denen sich die Ethik gewöhnlich befaßt, beziehen sich nicht auf Dinge, sondern auf Ideen. Auch hier handelt es sich darum zu wissen, was die Idee des Rechtes, die Idee der Moral ist, nicht aber das Recht und die Sitte an sich selbst. Die Ethiker sind noch nicht zu der sehr einfachen Auffassung gelangt, daß, ähnlich wie die Vorstellung der sinnlich wahrnehmbaren Dinge von diesen Dingen selbst ausgeht und sie mehr oder minder genau ausdrückt, unsere Vorstellung der Moral von dem Bild der Regeln, die vor unseren Augen in Wirkung sind, herrührt und sie schematisch abbildet; daß infolgedessen diese Regeln und nicht die ungefähre Anschauung, die uns darüber zu Gebote steht, Gegenstand der Wissenschaft sind, so wie ja auch die Physik die Körper, so wie sie existieren, zum Gegenstande nimmt und nicht die Idee, die sich der naive Mensch über sie bildet. Daraus folgt, daß man für die Grundlage der Moral hält, was nur ihr Gipfel ist, nämlich die Art und Weise, wie sie sich ins Bewußtsein der Einzelnen hinein verlängert und dort auswirkt. Nicht nur bei den allgemeinsten Problemen der Wissenschaft wird diese Methode verfolgt; auch bei Spezialfragen bleibt sie sich gleich. Von den wesentlichen Ideen, die er anfänglich untersucht, geht der Ethiker zu Ideen zweiten Ranges über, denen der Familie, des Vaterlandes, der Verantwortlichkeit, der Nächstenliebe, der Gerechtigkeit. Immer aber wendet sich sein Nachdenken Ideen zu.

Nicht anders steht es um die Nationalökonomie. Sie hat nach John Stuart Mill jene sozialen Geschehnisse zum Gegenstande, die hauptsächlich oder ausschließlich beim Erwerb von Reichtümern vorkommen *. Damit aber die so definierten Tatbestände wie Dinge der wissenschaftlichen Betrachtung unterworfen werden können, ist es mehr oder minder erforderlich, das Merkmal anzugeben, an dem die Tatbestände, die der erwähnten Bedingung Genüge tun, erkennbar sind. Zu Beginn der Forschung ist man nun nicht berechtigt, auch nur zu behaupten, daß solche existieren, geschweige denn, daß man wissen könnte, wie sie beschaffen sind. Bei jeder Art von Forschung muß erst die Erklärung der Tatbestände hinreichend fortgeschritten sein, bis man feststellen kann, daß sie einen Zweck haben und welchen. Es gibt kein Problem, das verwickelter und weniger tauglich ist, im ersten Ansatz gelöst zu werden. Nichts gibt uns also im voraus die Sicherheit, daß ein Gebiet der sozialen Aktivität existiert, in dem das Streben nach Reichtum wirklich eine so überwiegende Rolle spielt. Infolgedessen setzt sich der Gegenstand einer so verstandenen Nationalökonomie nicht aus realen

* System der deduktiven und induktiven Logik, Buch III.

Dingen zusammen, die greifbar vorhanden sind, sondern aus einfachen Möglichkeiten, bloßen gedanklichen Vorstellungen, d. h. aus Tatsachen, von denen der Nationalökonom annimmt, daß sie sich auf den erwogenen Zweck beziehen, und zwar so, wie er sie sieht. Läßt er sich beispielsweise darauf ein, das, was er Produktion nennt, zu untersuchen? Er glaubt, die wichtigsten Triebkräfte, vermöge deren sie vor sich geht, in einem Zuge aufzählen und vorführen zu können. Er hat also ihre Existenz nicht dadurch erkannt, daß er die Bedingungen beobachtete, von welchen das untersuchte Ding abhängt; sonst hätte er damit begonnen, die Erfahrungen darzulegen, aus denen er seine Schlüsse gezogen hat. Wenn er schon am Anfang seiner Untersuchung und in wenigen Worten zu seiner Klassifikation gelangt, so erklärt sich das damit, daß er sie durch einfache logische Analyse gewonnen hat. Er geht vom Begriff der Produktion aus; bei dessen Zerlegung findet er, daß er die Begriffe der Naturkräfte, der Arbeit und des Produktionsmittels oder Kapitals logisch in sich schließt, und behandelt dann die abgeleiteten Begriffe auf dieselbe Weise *.

Die grundlegendste aller ökonomischen Theorien, die des Wertes, ist offensichtlich nach derselben Methode aufgebaut. Wäre der Wert so erforscht worden wie ein reales Ding, so würden die Nationalökonomen zunächst angeben, woran man das so benannte Ding erkennen kann, sodann seine Unterarten ordnen und durch methodische Induktion untersuchen, auf Grund welcher Ursachen sie variieren, ferner die verschiedenen Ergebnisse vergleichen, um schließlich eine allgemeine Formel daraus zu entwickeln. Die Theorie könnte also nicht früher aufgestellt werden, als nachdem die Wissenschaft hinreichend weit gediehen ist. Statt dessen begegnet man von allem Anfang an der Theorie. Das rührt daher, daß sich der Nationalökonom damit begnügt, sich auf sich selbst zu konzentrieren und sich die Idee, die er sich vom Werte, d. h. von einem Tauschmittel macht, zu Bewußtsein zu bringen. So findet er, daß diese Idee die des Nutzens, der Seltenheit usw. in sich schließt, und mit diesen Erzeugnissen seiner Analyse baut er seine Definition auf. Natürlich belegt er sie mit einigen Beispielen. Wenn man aber an die zahllosen Tatsachen denkt, denen eine solche Theorie gerecht werden soll, wie kann man dann den notwendigerweise sehr wenigen Tatsachen, die auf diese Weise ganz zufällig angeführt werden, die geringste Beweiskraft zubilligen?

* Dieses Verfahren ist aus der von den Nationalökonomen verwendeten Terminologie selbst ersichtlich. Unausgesetzt ist die Rede von Ideen, der Idee des Sparens, der Idee des Nutzens, der Anlage, des Aufwands!

So ist auch in der Nationalökonomie wie in der Ethik der Anteil der wissenschaftlichen Forschung sehr beschränkt, jener der Praxis überwiegend. In der Moral reduziert sich die Theorie auf einige Diskussionen über die Idee der Pflicht, des Guten und des Rechts. Überdies stellen die abstrakten Spekulationen keine Wissenschaft im genauen Sinne des Wortes dar, da sie nicht das bestimmen, was das oberste Gesetz der Moral in Wirklichkeit ist, sondern das, was es sein sollte. Ebenso lauten die Fragen, die in den Untersuchungen der Nationalökonomen den breitesten Raum einnehmen, beispielsweise dahin, ob die Gesellschaft nach den Anschauungen der Individualisten oder der Sozialisten organisiert *sein soll;* ob es *besser ist,* daß der Staat in die industriellen oder Handelsbeziehungen eingreife oder sie gänzlich der Privatinitiative überlassen soll; ob das Münzsystem der Monometallismus oder der Bimetallismus *sein soll* usw. Gesetze im vollen Sinne sind auf diesem Gebiete wenig zahlreich; selbst diejenigen, die man so zu nennen gewohnt ist, verdienen im allgemeinen diese Bezeichnung nicht, sondern sind nur Maximen des Handelns, verkleidete praktische Vorschriften. Man nehme z. B. das berühmte Gesetz von Angebot und Nachfrage. Es ist noch niemals auf induktivem Wege als Ausdruck der wirtschaftlichen Wirklichkeit erwiesen worden. Niemals wurde irgendeine Erfahrung gemacht, eine methodische Vergleichung vorgenommen, um klarzustellen, ob die wirtschaftlichen Beziehungen *tatsächlich* von diesem Gesetz beherrscht werden. Alles, was man tun konnte und was man getan hat, bestand darin, dialektisch zu beweisen, daß die Individuen sich so verhalten müssen, wollen sie ihre Interessen wahren; daß jede andere Handlungsweise für sie schädlich sei und bei jenen, die anders handelten, eine eigentliche logische Verirrung voraussetze. Es ist logisch, daß die ergiebigsten Industrien die gesuchtesten sind; daß die Besitzer der am meisten nachgefragten und seltensten Produkte sie zu den höchsten Preisen verkaufen. Aber diese rein logische Notwendigkeit gleicht derjenigen, welche die wirklichen Naturgesetze zur Schau tragen, nicht im geringsten. Letztere drücken jene Beziehungen aus, nach denen die Tatsachen sich in Wirklichkeit abspielen, nicht aber die Art und Weise, nach welcher sie sich zweckmäßig abspielen sollten. Was wir von diesem Gesetz gesagt haben, braucht bezüglich aller übrigen Gesetze, welche die klassische Schule der Nationalökonomie zu Naturgesetzen stempelt und die im übrigen einzig besondere Fälle des ersteren sind, nur wiederholt zu werden. Sie sind, wenn man so will, in dem Sinne Naturgesetze, daß sie die natürlichen oder natürlich scheinenden Mittel zur Durchsetzung des vorgesetzten Zweckes bezeichnen, aber es ist unzulässig, sie so zu nennen, wenn man unter Naturgesetz jede induktiv festgestellte Seinsweise der Natur versteht.

Im großen und ganzen sind diese Sätze nichts anderes als Ratschläge zur Lebensweisheit; daß man sie mehr oder weniger trügerisch für den Ausdruck der Wirklichkeit selbst ausgeben konnte, ist dadurch erklärlich, daß man, ob nun mit Recht oder mit Unrecht, annehmen konnte, diese Ratschläge würden von der Mehrzahl der Menschen im Durchschnitt der Fälle befolgt.

Und dennoch sind die sozialen Erscheinungen Dinge und müssen wie Dinge behandelt werden. Um diesen Satz zu beweisen, muß man nicht über ihre Natur philosophieren oder die Analogien besprechen, die sie im Verhältnis zu den Erscheinungen niederer Ordnung aufweisen. Es reicht vollkommen, festzustellen, daß sie die einzige Gegebenheit sind, welche sich der Soziologie bietet. Ein Ding ist ja alles, was gegeben ist, was sich der Beobachtung anbietet oder vielmehr sich ihr aufdrängt. Die Erscheinungen wie Dinge zu behandeln, bedeutet also, sie in ihrer Eigenschaft als data zu behandeln, die den Ausgangspunkt der Wissenschaft darstellen. Die sozialen Phänomene zeigen unstreitig diesen Charakter. Was uns gegeben ist, ist nicht die Idee, die sich die Menschen vom Werte machen, denn sie ist uns nicht zugänglich: es sind die Werte, die wirklich im Verlauf wirtschaftlicher Beziehungen ausgetauscht werden. Es ist nicht diese oder jene Auffassung der Sittenidee; es ist die Gesamtheit der Regeln, die das Handeln tatsächlich bestimmen. Es ist nicht der Begriff des Nutzens oder des Reichtums; es sind alle Einzelheiten der wirtschaftlichen Organisation. Es ist möglich, daß das soziale Leben nur in der Entwicklung gewisser Ideen besteht. Aber vorausgesetzt, daß dem so sei, so sind doch diese Ideen nicht unmittelbar gegeben. Man kann sie also nicht direkt erreichen, sondern nur durch die phänomenale Wirklichkeit, die sie ausdrückt. Wir wissen nicht a priori, welche Ideen am Ursprunge der verschiedenen Strömungen stehen, in die sich das soziale Leben teilt, noch ob es solche gibt. Erst nachdem wir diese Strömungen bis zu ihren Quellen zurückverfolgt haben, werden wir wissen, woher sie stammen.

Wir müssen also die sozialen Erscheinungen in sich selbst betrachten, losgelöst von den bewußten Subjekten, die sie sich vorstellen; wir müssen sie von außen, als Dinge der Außenwelt betrachten. Denn in dieser Eigenschaft bieten sie sich uns dar. Wenn dieser Charakter der Exteriorität nur scheinbar ist, so wird die Illusion in dem Maße verschwinden, als die Wissenschaft fortschreitet, und man wird gewahr werden, wie gewissermaßen das Äußere in das Innere eintreten wird. Doch kann das Ergebnis nicht präjudiziert werden, und selbst wenn die sozialen Phänomene nicht sämtliche charakteristischen Eigenschaften des Dinges haben sollten, müßte man sie zunächst so behandeln, als ob sie diese Eigenschaften hätten. Diese Regel ist auf die soziale

Wirklichkeit in ihrer ganzen Ausdehnung anzuwenden, ohne daß eine Ausnahme statthaben könnte. Auch die Erscheinungen, die am meisten aus künstlichen Anordnungen zu bestehen scheinen, müssen unter diesem Gesichtspunkt betrachtet werden. *Der konventionelle Charakter einer Sitte oder einer Institution darf niemals vorausgesetzt werden.* Wenn wir übrigens unsere persönliche Erfahrung anrufen dürfen, so glauben wir versichern zu können, daß man bei dieser Methode häufig die Genugtuung haben wird, daß selbst die scheinbar willkürlichsten Tatsachen bei aufmerksamer Beobachtung die Eigenschaften der Konstanz und der Regelmäßigkeit als Anzeichen ihrer objektiven Beschaffenheit aufweisen.

Übrigens reicht das im Vorhergehenden über die Kriterien der soziologischen Tatbestände Gesagte durchaus hin, um uns über das Wesen dieser Objektivität Gewißheit zu schaffen und darzutun, daß sie keine Täuschung ist. In der Tat wird ein Ding hauptsächlich daran erkannt, daß es durch einen bloßen Willensentschluß nicht veränderlich ist. Das bedeutet nicht, daß es unbedingt jeder Änderung widerstrebt. Doch reicht das bloße Wollen nicht aus, um eine Wandlung hervorzurufen, es bedarf dazu vielmehr einer mehr oder minder mühsamen Anstrengung infolge des Widerstandes, den das Ding uns entgegensetzt und der überdies auch nicht immer überwunden werden kann. Wir sahen nun, daß die sozialen Erscheinungen diese Eigentümlichkeit besitzen. Weit davon entfernt, ein Erzeugnis unseres Willens zu sein, bestimmen sie ihn von außen her; sie bestehen gewissermaßen aus Gußformen, in die wir unsere Handlungen gießen müssen. Häufig ist dieser Zwang so stark, daß wir ihm nicht ausweichen können. Aber selbst wenn wir ihn schließlich überwinden, genügt der erfahrene Widerstand, um uns klar zu machen, daß wir hier vor einem Ding stehen, das nicht von uns abhängig ist. Sofern wir also die sozialen Erscheinungen wie Dinge betrachten, passen wir uns lediglich ihrer Natur an.

Um zu einem Ende zu kommen: die Reform, die in die Soziologie eingeführt werden soll, ist in allen Punkten mit jener identisch, durch welche die Psychologie in den letzten dreißig Jahren umgestaltet wurde. Ebenso wie Comte und Spencer die sozialen Erscheinungen zwar für Naturtatsachen erklärten, sie aber dessenungeachtet nicht wie Dinge behandelten, haben die verschiedenen empirischen Schulen seit langer Zeit den natürlichen Charakter der psychischen Erscheinungen erkannt und trotzdem auch weiterhin eine rein ideologische Methode auf sie angewendet. In Wirklichkeit bedienten sich die Empiristen nicht minder als ihre Gegner ausschließlich der Introspektion. Nun sind aber die Tatsachen, die man nur an sich selbst beobachtet, zu selten, zu flüchtig, zu dehnbar, um die ihnen korrespondierenden, gewohnheitsmäßig fixierten Anschauungen zu beeinflussen und ihnen ein Gesetz aufzuerlegen. Wenn diese Anschauungen keiner anderen Kontrolle unterliegen, hält ihnen nichts Gegengewicht; infolgedessen nehmen sie den Platz der Tatsachen ein und geben den Stoff der Wissenschaft ab. Auch Locke und Condillac haben die psychischen Erscheinungen nicht objektiv betrachtet. Nicht die Empfindung haben sie erforscht, sondern eine bestimmte Idee von der Empfindung. Darum ist auch die wissenschaftliche Psychologie, obwohl sie von ihnen in mancher Hinsicht vorbereitet wurde, erst in viel späterer Zeit entstanden, als man sich endlich zu der Auffassung durchrang, daß die Bewußtseinszustände von außen her beobachtet werden können und müssen und nicht von dem Standpunkte des Bewußtseins, das sie empfindet. Darin besteht die große Umwälzung, die sich in diesem Zweig der Forschung vollzogen hat. Alle die besonderen Verfahrensarten, alle neuen Methoden, mit denen diese Wissenschaft bereichert worden ist, sind nur verschiedene Mittel, um diesen Grundgedanken vollständiger zu verwirklichen. Es ist der gleiche Fortschritt, den die Soziologie noch durchmachen muß. Sie muß aus dem subjektiven Stadium, über das sie noch nicht hinausgekommen ist, zur objektiven Phase fortschreiten.

Dieser Übergang ist übrigens weniger schwierig zu vollziehen als in der Psychologie. Die psychischen Erscheinungen sind naturgesetzte Zustände des Subjekts und von ihm überhaupt nicht zu trennen. Als innere Erscheinungen der Definition nach lassen sie sich, wie es scheint, ohne daß ihrer Natur Gewalt angetan wird, nicht als äußere Erscheinungen behandeln. Nicht nur ein beträchtlicher Aufwand an Abstraktion, sondern auch ein ganzes System von Methoden und Kunstgriffen ist erforderlich, um sie aus diesem Gesichtswinkel zu betrachten. Im Gegensatz dazu besitzen die sozialen Phänomene viel ungezwungener und unmittelbarer dingliche Eigenschaften. Das Recht existiert in den Gesetzbüchern, die Bewegungen des täglichen Lebens werden in den Ziffern der Statistik und den Denkwürdigkeiten der Geschichte festgehalten, die Moden in den Kleidern, der Geschmack in den Kunstwerken. Vermöge ihrer Natur selbst streben sie dahin, sich außerhalb des individuellen Bewußtseins zu stellen, da sie es ja beherrschen. Um sie also in ihrer Gestalt als Dinge zu sehen, ist es nicht nötig, sie erst künstlich umzubiegen. Von diesem Standpunkte aus besitzt die Soziologie vor der Psychologie einen bedeutsamen Vorzug, der bisher nicht beachtet wurde und der ihre Entwicklung beschleunigen muß. Die Tatsachen sind vielleicht schwieriger auszulegen, weil sie komplexer sind, aber sie sind leichter festzustellen. Die Psychologie ist dagegen nicht nur mit der Verarbeitung der Tatsachen schlecht daran, sondern auch mit deren Erfassung. Folglich darf man wohl annehmen, daß von dem Tage an, da dieses Prinzip in der Methode der Soziologie einhellig anerkannt und angewendet werden wird, die Soziologie mit einer Schnelligkeit fortschreiten werde, welche die jetzige Langsamkeit ihrer Entwicklung nicht voraussehen läßt, und daß sie sogar den Vorsprung einholen wird, den die Psychologie einzig und allein ihrem früheren geschichtlichen Auftreten verdankt*.

II

Die Erfahrungen unserer Vorgänger haben gezeigt, daß es nicht hinreicht, um der eben festgestellten Wahrheit Geltung zu verschaffen, einen theoretischen Beweis für sie zu liefern, ja nicht einmal sich von ihr überzeugen zu lassen. Der Verstand ist von Natur aus so sehr geneigt, jene Wahrheit mißzuverstehen, daß er unausweichlich in die alten Irrungen zurückverfällt, sofern man sich nicht einer strengen Disziplin unterwirft, deren Hauptsätze, Folgerungen der obigen These, wir nun formulieren wollen.

1. Die erste dieser Folgerungen lautet: *Es ist notwendig, alle Vorbegriffe systematisch auszuschalten.* Ein besonderer Hinweis für diese Regel ist überflüssig; sie folgt aus allem früher Gesagten. Sie ist übrigens die Grundlage für jedes wissenschaftliche Verfahren. Der methodische Zweifel von Descartes ist im Grunde nur eine Anwendung dieser Regel. Wenn Descartes im Augenblick, da er an die Grundlegung der Wissenschaft herangeht, sich zum Gesetze macht, alle Vorstellungen, die er früher empfangen hat, in Zweifel zu ziehen, so tut er es, weil er nur wissenschaftlich erarbeitete Begriffe, d. h. solche, die nach der von ihm festgesetzten Methode aufgebaut sind, benützen will; alle übrigen, die ihren Ursprung anderswo herleiten, müßten also, wenigstens vorläufig, verworfen werden. Wir haben schon gesehen, daß die Theorie der Idola bei Bacon keinen anderen Sinn hat. Die zwei großen Systeme, die man so häufig einander entgegengestellt hat, stimmen in diesem wesentlichen Punkte überein. Der Soziologe muß also, sowohl bei der Bestimmung des Gegenstandes seiner Forschung als auch im Verlaufe seiner Beweisführung, sich des Gebrauchs

* Es ist richtig, daß die außerordentliche Komplexheit der sozialen Erscheinungen die Soziologie zu einer höchst schwierigen Wissenschaft macht. Aber zum Ersatz dafür kann die Soziologie, gerade weil sie die jüngste Wissenschaft ist, von dem Fortschritt aller anderen Nutzen ziehen und in ihrer Schule lernen. Die Verwertung der erreichten Erfahrungen kann nicht verfehlen, ihre Entwicklung zu beschleunigen.

von Begriffen entschieden entschlagen, die außerhalb der Wissenschaft und für Bedürfnisse, die nichts Wissenschaftliches an sich haben, gebildet wurden. Er muß sich von den falschen Selbstverständlichkeiten befreien, die den Verstand des naiven Menschen beherrschen, und ein für allemal das Joch dieser empirischen Kategorien abschütteln, die durch lange Gewöhnung schließlich zu einer tyrannischen Macht werden. Wenn ihn bisweilen die Notwendigkeit zwingt, auf jene zurückzugreifen, so mag er es wenigstens im Bewußtsein ihres geringen Wertes tun und sie nicht in der Wissenschaft eine Rolle spielen lassen, die ihnen nicht gebührt.

Was diese Emanzipation in der Soziologie besonders schwierig macht, ist der Umstand, daß das Gefühl häufig Partei ergreift. Tatsächlich erhitzen wir uns für unsere politischen und religiösen Überzeugungen, für unsere praktische Moral in ganz anderem Maße als für Dinge der physischen Welt; infolgedessen teilt sich dieser leidenschaftliche Charakter auch der Art mit, in der wir die ersteren erfassen und erklären. Die Gedanken, welche wir uns über sie machen, ergreifen unser Gefühl ganz so wie ihre Objekte und erringen dadurch eine solche Autorität, daß sie keinen Widerspruch vertragen. Jede Meinung, die ihnen zuwiderläuft, wird feindselig behandelt. Steht eine Behauptung nicht im Einklang mit der Vorstellung, die man sich beispielsweise etwa vom Patriotismus macht oder von der persönlichen Würde, so wird sie bekämpft, wie auch die Gründe geartet sein mögen, auf denen sie beruht. Daß sie wahr sei, darf nicht zugegeben werden; man setzt ihr ein radikales Nein entgegen, und das Gefühl hat keine Mühe, zu seiner Rechtfertigung Gründe vorzutäuschen, die man allzuleicht für entscheidend hält. Diese Anschauungen können sogar ein derartiges Prestige genießen, daß sie eine wissenschaftliche Überprüfung gar nicht zulassen. Die bloße Tatsache, daß die Erscheinungen, deren Ausdruck diese Anschauungen sind, einer kühlen und trockenen Analyse unterworfen werden sollen, empört gewisse Gemüter. Wer immer die Moral von außen her als eine Tatsache der Außenwelt zu erforschen unternimmt, scheint diesen zartbesaiteten Menschen als des moralischen Sinnes bar, so wie ein Vivisektionist dem gemeinen Verstande des gewöhnlichsten Gefühls entblößt erscheint. Weit entfernt zuzugeben, daß diese Gefühle die Forschung beeinträchtigen, glaubt man sich gerade an sie halten zu müssen, um die Wissenschaft von den Dingen aufzubauen, auf die sie sich beziehen. »Wehe«, schreibt ein beredsamer Religionshistoriker, »wehe dem Gelehrten, der sich göttlichen Dingen nähert, ohne in der Tiefe seines Bewußtseins, im unzerstörbaren Untergrunde seines Wesens, dort, wo die Seele der Ahnen schläft, ein unbekanntes Heiligtum zu hegen, woher zuweilen ein Duft von Weihrauch, der Vers eines Psalms, ein schmerzhafter oder jauchzender Aufschrei sich erhebt, den er als Kind, den Spuren seiner Brüder folgend, gegen den Himmel gesendet hat und der ihn im Nu mit den Propheten von ehemals in Verbindung setzt*.«

Man kann sich nicht kräftig genug gegen diese mystische Doktrin wenden, die – wie übrigens aller Mystizismus – im Grunde nur verkleideter Empirismus, eine Negation aller Wissenschaft ist. Die Gefühle, die die sozialen Dinge zum Gegenstande haben, besitzen keinen Vorrang vor anderen, weil sie keinen anderen Ursprung aufweisen. Sie haben sich ebenfalls geschichtlich entwickelt; sie sind ein Produkt menschlicher Erfahrung, aber einer wirren und ungeordneten. Sie sind nicht irgendwelcher transzendentalen Antizipation der Wirklichkeit entsprungen, sondern die Resultante von allerart Eindrücken und Emotionen, die ohne Ordnung und ohne methodische Interpretation dem Zufall der Umstände folgend angehäuft worden sind. Weit davon entfernt, höhere Erleuchtungen zu den Erleuchtungen des Verstandes hinzuzubringen, sind sie ausschließlich aus allerdings starken, aber wirren Erlebnissen hervorgegangen. Ihnen ein solches Übergewicht einzuräumen, bedeutet nur, niederen Geisteskräften die Suprematie über die höchsten zu verleihen, sich also zu einer mehr oder weniger rhetorischen Logomachie zu verdammen. Eine Wissenschaft solcher Art kann nur Geister befriedigen, die lieber mit ihrem Gefühl als mit ihrem Verstande denken, die die unvermittelte und verworrene Synthese der Wahrnehmung den geduldigen und lichtvollen Analysen der Vernunft vorziehen. Das Gefühl ist Gegenstand der Wissenschaft, aber kein Kriterium der wissenschaftlichen Wahrheit. Übrigens gibt es keine Wissenschaft, die nicht bei ihrem ersten Auftreten ähnlichen Widerständen begegnet wäre. Es gab eine Zeit, zu welcher die Gefühle, die sich auf Dinge der physischen Welt bezogen, gleichfalls einen religiösen und moralischen Charakter hatten und sich mit nicht minderer Stärke der Entstehung der Naturwissenschaften widersetzten. Man kann also annehmen, daß dieses von Wissenschaft zu Wissenschaft verjagte Vorurteil auch aus der Soziologie, seiner letzten Zufluchtsstätte, verschwinden wird, um dem Forscher freien Spielraum zu lassen.

2. Die vorhergehende Regel ist jedoch gänzlich negativ. Sie lehrt den Soziologen, der Herrschaft der vulgären Anschauungen zu entgehen, um seine Aufmerksamkeit den Tatsachen zuzukehren; aber sie besagt nicht, wie letztere zu erfassen sind, um sie objektiv zu erforschen.

Jede wissenschaftliche Untersuchung bezieht sich auf eine bestimmte Gruppe von Erscheinungen, die ein und derselben Definition ent-

* J. Darmesteter, Les prophètes d'Israel, S. 9.

sprechen. Der erste Schritt des Soziologen muß also darin bestehen, die Dinge, die er behandelt, zu definieren, damit man weiß, und genau weiß, um welches Problem es sich handelt. Das ist die erste und unumgänglichste Voraussetzung einer jeden Beweisführung und jeder Verifizierung; eine Theorie kann überhaupt nicht kontrolliert werden, wenn man die Tatsachen nicht kennt, denen sie Rechnung tragen soll. Überdies wird, da durch diese einleitende Definition der Gegenstand der Wissenschaft selbst konstituiert wird, dieser Gegenstand ein Ding sein oder nicht, je nachdem wie die Definition gebildet wird.

Damit die Definition objektiv sei, muß sie selbstverständlich die Erscheinungen nicht nach einer bestimmten Auffassung, sondern nach den ihnen innewohnenden Eigentümlichkeiten zum Ausdruck bringen. Sie muß die Phänomene mittels eines Merkmals, das aus deren Natur hervorgeht, und nicht mittels ihrer Übereinstimmung mit einer mehr oder weniger ideellen Anschauung charakterisieren. In einem Zeitpunkte, da die Forschung erst beginnt und die Tatsachen noch keiner weiteren Bearbeitung unterzogen worden sind, sind nun die einzig zugänglichen Eigentümlichkeiten diejenigen, welche äußerlich genug sind, um sofort erkannt zu werden. Jene, die tiefer liegen, sind zweifellos wesentlicher; ihr Wert für die Erklärung ist höher, aber sie sind auf dieser Stufe der Wissenschaft nicht bekannt, und man darf ihnen nicht vorgreifen, außer man setzt an die Stelle der Wissenschaft eine vorgefaßte Meinung. So muß also der Stoff für diese grundlegende Definition unter den ersteren Eigenschaften gesucht werden. Andererseits ist es klar, daß diese Definition ohne Unterschied und Ausnahme alle Phänomene umfassen muß, die in gleicher Weise dieselben Eigenschaften zeigen. Denn wir haben weder einen Grund noch ein Mittel, um unter ihnen eine Auswahl zu treffen. Diese Eigenschaften sind vorläufig alles, was wir von der Wirklichkeit wissen. Folglich müssen sie die Art, wie die Tatsachen gruppiert werden, unumschränkt bestimmen. Wir besitzen kein anderes Kriterium, das im Effekt das erwähnte auch nur teilweise ersetzen könnte. Daher ist folgende Regel gerechtfertigt: *Immer ist zum Gegenstande der Untersuchung nur eine Gruppe von Erscheinungen zu wählen, die zuvor durch gewisse äußere gemeinsame Merkmale definiert worden ist; in die gleiche Untersuchung sind alle Erscheinungen einzuschließen, die der Definition entsprechen.* Wir stellen beispielsweise die Existenz einer bestimmten Anzahl von Handlungen fest, die insgesamt das äußere Kennzeichen besitzen, daß sie, einmal begangen, von seiten der Gesellschaft jene besondere Reaktion auslösen, die man Strafe nennt. Wir bilden daraus eine Gruppe sui generis, die wir mit einem gemeinsamen Namen belegen: wir nennen Verbrechen jede mit Strafe bedrohte Handlung und machen das so definierte Verbrechen zum Gegenstande einer Spezialwissenschaft, der Kriminologie. Ebenso beobachten wir innerhalb aller bekannten Gesellschaften die Existenz einer Sondergesellschaft, die an dem äußeren Merkmal zu erkennen ist, daß sie aus Personen besteht, die zumeist blutsverwandt und rechtlich zu einer Einheit verbunden sind. Wir bilden aus den Tatsachen, die sich hierauf beziehen, eine Sondergruppe und geben ihr einen besonderen Namen; das sind die Erscheinungen des Familienlebens. Wir nennen jede Verbindung dieser Gattung Familie und machen die so definierte Familie zum Gegenstande einer Spezialforschung, die in der soziologischen Terminologie noch keine bestimmte Bezeichnung erhalten hat. Sobald man später von der Familie im allgemeinen zu den verschiedenen Typen der Familie fortschreitet, wird man dieselbe Regel anwenden. Wenn man an das Studium des Klans oder der mutterrechtlichen oder der patriarchalischen Familie herangeht, wird man nach derselben Methode mit der Definition beginnen. Der Gegenstand eines jeden Problems, es mag ein allgemeiner oder ein besonderer sein, muß nach eben demselben Prinzip festgestellt werden.

Wenn der Soziologe so vorgeht, so faßt er vom ersten Schritte an festen Fuß in der Wirklichkeit. Tatsächlich hängt das Verfahren bei einer solchen Klassifikation der Tatsachen nicht von ihm, von der besonderen Richtung seines Denkens ab, sondern von der Natur der Dinge. Das Kennzeichen, das sie in dieser oder jener Kategorie rangieren läßt, kann aller Welt gewiesen und von aller Welt anerkannt und die Behauptungen eines Beobachters können von anderen nachgeprüft werden. Es ist wahr, daß sich der so gebildete Begriff nicht immer, ja nicht einmal gewöhnlich mit der allgemeinen Anschauung decken wird. Es ist zum Beispiel klar, daß die Tatsachen des Freidenkertums oder der Verstöße gegen die Etikette, so regelmäßig und streng sie auch von einer großen Zahl von Gesellschaften bestraft werden, nicht einmal im Bereiche dieser Gesellschaften als Verbrechen angesehen werden. Ebenso ist der Klan keine Familie im Sinne des gewöhnlichen Sprachgebrauches. Jedoch kommt es darauf nicht an; denn es handelt sich nicht einfach darum, ein Mittel zu entdecken, das uns die Tatsachen, auf welche sich die Ausdrücke der Umgangssprache und die in ihnen niedergelegten Gedanken beziehen, mit hinreichender Sicherheit wiederfinden läßt. Vielmehr ist es erforderlich, durchaus neue Begriffe aufzustellen, die den Bedürfnissen der Wissenschaft angepaßt sind und mit Hilfe einer besonderen Terminologie ausgedrückt werden. Das bedeutet nicht, daß die Vulgärbegriffe für den Forscher wertlos sind. Sie dienen ihm als Wegweiser. Sie vermitteln ihm die Kenntnis, daß irgendwie ein Komplex von Erscheinungen existiert, die unter einer gemeinsamen Bezeichnung zusammengefaßt sind, also wahrscheinlich gemeinsame Eigenschaften haben dürften. Da diese Vorbegriffe immer auch eine gewisse Berührung mit den Erscheinungen haben, deuten sie bisweilen, allerdings nur summarisch an, in welcher Richtung diese gesucht werden müssen. Da aber die Begriffe nur grob umrissen sind, ist es nur natürlich, daß sie mit den wissenschaftlichen Begriffen, zu deren Entstehung sie den Anlaß bieten, nicht genau zusammenfallen *.

So einleuchtend und bedeutungsvoll diese Regel auch ist, sie wird in der Soziologie dennoch nicht beachtet. Gerade weil in dieser Wissenschaft von Dingen gehandelt wird, von denen wir unablässig sprechen, wie Familie, Eigentum, Verbrechen usw., scheint es den Soziologen zumeist überflüssig, zunächst einmal eine strenge Definition aufzustellen. Wir sind derart daran gewöhnt, uns dieser Worte zu bedienen, die jeden Augenblick im Laufe des Gespräches wiederkehren, daß es unnütz scheint, den Sinn, in dem wir sie gebrauchen, klarzustellen. Man bezieht sich einfach auf ihre gewöhnliche Bedeutung. Diese ist aber sehr häufig zweideutig. Diese Zweideutigkeit hat zur Folge, daß man unter derselben Bezeichnung und in ein und derselben Erklärung in Wirklichkeit sehr verschiedene Dinge zusammenwirft. Daraus entstehen unlösbare Verwirrungen. So gibt es zwei Arten von monogamischen Verbindungen, die faktischen und die rechtlichen. Bei den ersteren hat der Mann nur eine Frau, wiewohl er rechtlich mehrere haben dürfte. Bei letzteren ist die Polygamie gesetzlich untersagt. Die nur faktische Monogamie trifft man bei manchen Tierarten und auf gewissen niederen Gesellschaftsstufen, nicht etwa nur vereinzelt, sondern gerade so allgemein, als wenn sie kraft des Gesetzes aufgezwungen wäre. Sobald ein Stamm über eine große Oberfläche zerstreut lebt, ist der soziale Zusammenhang sehr locker, und die Einzelnen leben voneinander getrennt. Daher sucht jeder Mann sich naturgemäß nur eine Frau zu beschaffen, da es in diesem Zustand der Isolation schwer-

* In der Praxis geht man immer von einem Vulgärbegriff und einem vulgären Ausdruck aus. Man untersucht, ob es nicht unter den Dingen, die der Ausdruck unklar zusammenfaßt, solche gibt, die gemeinsame äußere Eigenschaften zeigen. Gibt es solche und fällt der auf Grund der Gruppierung der verwandten Tatsachen gebildete Begriff, wenn nicht gänzlich (was selten ist), so doch zum größeren Teil mit dem volkstümlichen Begriff zusammen, so wird man auch in der Folge den ersten Begriff mit demselben Ausdruck bezeichnen können wie den zweiten und die in der Umgangssprache gebräuchliche Ausdrucksweise in der Wissenschaft beibehalten können. Ist der Unterschied zu groß, vermengt der gebräuchliche Ausdruck eine Vielheit verschiedener Begriffe, so wird die Bildung neuer und spezieller Benennungen notwendig.

fällt, mehrere zu besitzen. Dagegen ist die obligatorische Monogamie nur bei den entwickelten Gesellschaftsformen zu beobachten. Diese zwei Arten ehelicher Gemeinschaften haben also eine sehr verschiedene Bedeutung, und doch dient ein einziges Wort dazu, sie zu bezeichnen; denn man sagt häufig von gewissen Tieren, sie seien monogamisch, wiewohl bei ihnen nichts vorhanden ist, was einer rechtlichen Verbindlichkeit gleichen würde. Trotzdem gebraucht Spencer in seiner Untersuchung über die Ehe den Ausdruck Monogamie im gebräuchlichen zwiespältigen Sinne, ohne ihn zu definieren. Die Folge davon ist, daß ihm die Entwicklung der Ehe als eine unfaßbare Anomalie erscheint; denn er glaubt, die höhere Form der geschlechtlichen Vereinigung von den ersten Stadien der geschichtlichen Entwicklung ab zu beobachten, ja sie scheint ihm in der mittleren Periode eher zu verschwinden, um später wieder aufzutauchen. Er schließt daraus, daß es keine regelmäßige Beziehung zwischen dem sozialen Fortschritt im allgemeinen und dem allmählichen Vorrücken zu einem vollkommenen Typus des Familienlebens gibt. Eine angemessene Definition hätte diesem Irrtum vorgebeugt*.

In anderen Fällen ist man allerdings darauf bedacht, den Gegenstand, auf den sich die Untersuchung erstrecken soll, genau zu definieren; aber statt alle Erscheinungen, die die gleichen äußeren Merkmale tragen, in die Definition einzubeziehen und in der gleichen Rubrik zusammenzufassen, trifft man unter ihnen eine Auslese. Man hebt einige gewissermaßen ausgezeichnete Erscheinungen heraus, die man so ansieht, als ob sie allein das Recht hätten, diese Eigenschaften zu besitzen. Was die übrigen anbelangt, so betrachtet man sie so, als ob sie die unterscheidenden Merkmale sich angemaßt hätten, und trägt ihnen weiter keine Rechnung. Es ist jedoch leicht vorauszusehen, daß man derart nur eine subjektive und verstümmelte Anschauung erhalten kann. Diese Ausscheidung kann in der Tat nur nach einer vorgefaßten Idee vorgenommen werden, da zu Beginn der Forschung noch keine Untersuchung die Tatsächlichkeit jener Usurpation, ihre Möglichkeit vorausgesetzt, feststellen konnte. Die ausgewählten Erscheinungen konnten nur deswegen festgehalten werden, weil sie mehr als die übrigen mit der idealen Auffassung übereinstimmten, die man sich von dieser Art der Wirklichkeit zurechtgelegt hat. So weist z. B. Garofalo zu Beginn seiner *Kriminologie* sehr gut nach, daß der Ausgangspunkt dieser Wissenschaft der »soziologische Begriff des

* Derselbe Mangel einer Definition hat auch bisweilen zu der Behauptung geführt, daß sich die Demokratie in gleicher Weise zu Beginn und am Ende der Geschichte vorfinde. Die Wahrheit ist, daß die primitive Demokratie und die von heute voneinander durchaus verschieden sind.

Verbrechens« * sein müsse. Doch vergleicht er, um diesen Begriff aufzustellen, nicht unterschiedslos alle Handlungen, die in verschiedenen Gesellschaftsformen regelrecht mit Strafe belegt wurden, sondern nur bestimmte von ihnen, nämlich diejenigen, die den unveränderlichen, durchschnittlichen Teil der Sitte verletzen. Was die sittlichen Gefühle betrifft, die im Laufe der Entwicklung verschwunden sind, so scheinen nun diese nicht in der Natur der Dinge begründet zu sein, und zwar deshalb, weil es ihnen nicht geglückt ist, sich zu behaupten. Folglich scheinen ihm die Handlungen, die als verbrecherisch galten, weil sie Gebote der zweiten Art verletzten, die Bezeichnung als Verbrechen nur aus zufälligen und mehr oder weniger pathologischen Umständen geführt zu haben. Aber er nimmt diese Scheidung nur aus einer rein persönlichen Auffassung der Moral vor. Er geht von dem Gedanken aus, daß die sittliche Entwicklung, in ihren Anfängen betrachtet, allerlei Schlacken und Verunreinigungen mit sich schleppt und daß sie erst heutzutage dahin gelangt ist, sich von allen Nebenbestandteilen zu befreien, die anfänglich ihren Gang verwirrten. Jedoch ist dieses Prinzip weder ein selbstverständliches Axiom noch eine bewiesene Wahrheit; es ist nur eine durch nichts gerechtfertigte Hypothese. Die veränderlichen Elemente des Gewissens sind nicht minder in der Natur der Dinge begründet wie die unwandelbaren; die Veränderungen, die die ersteren durchgemacht haben, beweisen bloß, daß die Dinge selbst sich geändert haben. In der Zoologie werden die den niederen Arten eigentümlichen Formen nicht als weniger natürlich angesehen als diejenigen, die sich in allen Zweigen des tierischen Stammbaumes wiederholen. Ebenso sind die Handlungen, die von primitiven Gesellschaften als Verbrechen behandelt wurden und diese Qualifikation später verloren haben, im Rahmen dieser Gesellschaften wirklich Verbrechen, ebenso wie alle die, die wir auch heute noch bestrafen. Erstere entsprechen den wechselnden Bedingungen des sozialen Lebens, letztere den dauernden; doch sind die einen nicht künstlicher als die anderen.

Noch mehr: selbst wenn diesen Handlungen die Eigenschaft eines Verbrechens zu Unrecht beigelegt worden wäre, so dürften sie trotzdem nicht von den übrigen schlechthin getrennt werden; denn die krankhaften Formen einer Erscheinung sind ihrem Wesen nach nicht anders beschaffen als die Normalformen, und es ist daher erforderlich, die ersteren so wie die letzteren zu beobachten, um die Natur der Erscheinung zu bestimmen. Die Krankheit widerspricht der Gesundheit nicht; beide sind Abarten derselben Gattung und erklären sich gegenseitig.

* Criminologie, S. 2.

Das ist eine in der Biologie wie in der Psychologie schon längst anerkannte und gehandhabte Regel, und die Soziologie ist sie zu achten nicht minder verbunden. Nimmt man nicht an, daß eine Erscheinung bald auf die eine und bald auf eine andere Ursache zurückgeführt werden kann, das heißt, will man das Prinzip der Kausalität nicht bestreiten, so dürfen die Ursachen, die einer Handlung in abnormaler Weise das Kennzeichen des Verbrechens aufdrücken, nicht ihrer Art nach von denen geschieden werden, die auf normalem Wege dieselbe Wirkung hervorbringen; sie gehen nur im Grade auseinander oder darin, daß sie nicht unter demselben System von Umständen wirken. Das abnormale Verbrechen ist also gleichfalls ein Verbrechen und muß daher in die Definition des Verbrechens eingeschlossen werden. Was geschieht nun? Garofalo faßt als Gattung auf, was nur eine Unterart oder sogar eine bloße Varietät ist. Die Tatsachen, auf welche seine Verbrechensformel angewendet werden kann, stellen also eine verschwindende Minorität unter denen dar, die sie in sich begreifen soll. Denn die Formel paßt weder auf religiöse Verbrechen, noch auf die Verstöße gegen die Etikette, das Herkommen, das Zeremoniell usw., die aus unseren modernen Gesetzbüchern freilich verschwunden sind, hingegen aber beinahe das ganze Strafrecht vergangener Gesellschaften ausfüllen.

Derselbe methodische Fehler hat gewisse Beobachter dazu geführt, den Wilden alle Moral abzusprechen*. Sie gehen von dem Gedanken aus, daß unsere Moral die Moral überhaupt ist: nun ist es selbstverständlich, daß diese den primitiven Völkern unbekannt oder nur in rudimentärem Zustande bei ihnen vorhanden ist. Aber diese Definition ist völlig willkürlich. Wenden wir unsere Regel an, so ändert sich alles. Um zu entscheiden, ob ein Gebot sittlich ist oder nicht, müssen wir prüfen, ob es das äußere Kennzeichen der Moralität aufweist oder nicht. Das Kennzeichen besteht in einer diffusen Strafsanktion, nämlich in einer Mißbilligung der öffentlichen Meinung, die jede Verletzung des Gebotes rächt. So oft wir auf eine Tatsache stoßen, die diese Eigentümlichkeit zeigt, haben wir kein Recht, ihr den Charakter der Moral abzusprechen. Denn dann ist der Beweis erbracht, daß ihr dieselbe Natur zu eigen ist wie den anderen sittlichen Tatsachen. Nicht nur, daß man Regeln dieser Art bei den Gesellschaften niederer Stufe begegnet, sie sind bei ihnen auch zahlreicher als bei den zivilisierten. Eine große Anzahl von Handlungen, die gegenwärtig

* Siehe Lubbock, Anfänge der Kultur, Kap. VIII. Noch allgemeiner ist die nicht minder falsche Behauptung, die alten Religionen seien amoralisch oder immoralisch. Die Wahrheit ist, daß sie ihre eigene Moral hatten.

dem freien Belieben der Einzelnen überlassen sind, sind dort rechtsverbindlich geboten. Derartigen Irrtümern ist man unterworfen, sobald man gar nicht oder schlecht definiert.

Man könnte nun einwenden, daß oberflächlichen Eigentümlichkeiten ein Vorrang vor Grundeigenschaften eingeräumt wird, sobald man die Phänomene durch augenfällige Merkmale definiert. Ist es nicht eine wahre Umkehrung der logischen Ordnung, wenn man die Dinge auf ihre Spitze stellt und nicht auf ihre Grundfläche? So setzt man sich, falls man das Verbrechen durch die Strafe definiert, beinahe unvermeidlich der Beschuldigung aus, das Verbrechen aus der Strafe ableiten zu wollen oder nach einem sehr bekannten Zitate im Schafott die Quelle der Schande zu sehen und nicht in der Handlung, die daselbst gesühnt wird. Doch beruht dieser Vorwurf auf einer Begriffsverwirrung. Da die Definition, für welche wir eine Regel angegeben haben, an den Anfang der Wissenschaft gestellt wird, kann sie nicht darauf abzielen, das Wesen einer Realität auszudrücken; sie soll uns nur in den Stand setzen, später dazu zu gelangen. Ihre Aufgabe besteht ausschließlich darin, uns mit den Dingen in Berührung zu bringen, und da diese vom Verstande nur von der Außenseite erfaßt werden können, ist es diese Außenseite, durch die wir sie ausdrücken. Die Definition erklärt nichts, sondern liefert uns nur den notwendigen Stützpunkt für die Erklärung. Gewiß, es ist nicht die Strafe, die das Verbrechen ausmacht, mit ihr aber bietet es sich uns äußerlich dar, und von ihr müssen wir infolgedessen ausgehen, um zum Verständnis des Verbrechens zu gelangen.

Der Einwand wäre nur dann begründet, wenn die äußeren Merkmale gleichzeitig zufälliger Natur, d. h. nicht mit den Grundeigenschaften verbunden wären. Unter dieser Voraussetzung hätte die Wissenschaft, nachdem sie die äußeren Merkmale bezeichnet hat, kein Mittel, weiter fortzuschreiten; sie könnte nicht tiefer in die Wirklichkeit eindringen, da kein Zusammenhang zwischen der Oberfläche und der Tiefe bestünde. Aber sofern das Prinzip der Kausalität nicht ein leeres Wort ist, kann man versichert sein, daß die äußeren Merkmale mit der Natur der Erscheinungen eng verknüpft sind und ihnen wesentlich anhaften, da sie sich in gleicher Weise ausnahmslos bei allen Erscheinungen einer bestimmten Gattung vorfinden. Wenn eine gegebene Gruppe von Handlungen gleichmäßig die Besonderheit aufweist, daß mit ihr eine Strafsanktion verbunden ist, so liegt der Grund darin, daß eine Verbindung zwischen der Strafe und den konstitutiven Eigenschaften dieser Handlungen besteht. Folglich weisen diese Eigentümlichkeiten, so oberflächlich sie auch sein mögen, dem Forscher den Weg, den er einschlagen muß, um tiefer in das Wesen der Dinge einzudringen, vorausgesetzt, daß sie methodisch beobachtet worden sind; sie sind das erste und unumgänglich notwendige Glied der Kette, die die Wissenschaft im Verlaufe ihrer Untersuchungen aufrollen wird.

Da uns das Äußere der Dinge nur durch die Wahrnehmung vermittelt wird, läßt sich zusammenfassend sagen: die Wissenschaft soll, um objektiv zu sein, nicht von Begriffen ausgehen, die ohne ihr Zutun gebildet wurden, sondern die Elemente ihrer grundlegenden Definitionen unmittelbar dem sinnlich Gegebenen entlehnen. Man muß sich nur klar vorstellen, worin wissenschaftliche Arbeit eigentlich besteht, um einzusehen, daß die Wissenschaft nicht gut anders verfahren kann. Sie benötigt Begriffe, die die Dinge adäquat zum Ausdruck bringen, so wie sie sind, und nicht so, wie sie für die Praxis nützlich wären. Die Begriffe, die außerhalb des Wirkungskreises der Wissenschaft gebildet worden sind, entsprechen nun dieser Bedingung nicht. Die Wissenschaft muß also neue Begriffe schaffen, um die herkömmlichen Anschauungen und ihre Worte zu vermeiden, und wendet sich so der Wahrnehmung zu als dem ursprünglichen und notwendigen Stoffe aller Begriffe. Aus der Wahrnehmung stammen alle allgemeinen Gedanken, wahre und falsche, wissenschaftliche und unwissenschaftliche. Der Ausgangspunkt der Wissenschaft oder spekulativen Erkenntnis darf also nicht anders beschaffen sein als jener der vulgären und praktischen Erfahrung. Die Verschiedenheiten beginnen erst danach, in der Art und Weise wie der gemeinsame Stoff verarbeitet wird.

3. Jedoch ist die Wahrnehmung allzuleicht subjektiv. Daher gilt in den Naturwissenschaften der Grundsatz, sinnliche Gegebenheiten, die die Gefahr der Subjektivität aufkommen lassen, möglichst auszuschalten, und ausschließlich diejenigen, die einen ausreichenden Grad der Objektivität zeigen, im Auge zu behalten. So setzt der Physiker an Stelle der vagen Empfindungen, welche die Wärme oder die Elektrizität erzeugt, die optische Vorstellung der Schwankungen des Thermometers oder des Elektrometers. Der Soziologe muß dieselbe Vorsicht üben. Die äußeren Eigenschaften, mittels deren er den Gegenstand seiner Untersuchung definiert, müssen so objektiv wie möglich sein.

Man kann als Prinzip aufstellen, daß die soziologischen Tatbestände desto geeigneter sind, objektiv erfaßt zu werden, je mehr sie von den individuellen Handlungen, in denen sie sich offenbaren, losgelöst werden.

Tatsächlich ist eine Wahrnehmung um so objektiver, je starrer der Gegenstand ist, auf den sie sich bezieht. Denn Bedingung aller Objektivität ist das Vorhandensein eines dauernden und gleichbleibenden Zielpunkts, auf den die Vorstellung bezogen werden kann und der alles Veränderliche, also Subjektive, auszuschließen gestattet. Wenn aber die einzigen Zielpunkte, die gegeben sind, selbst variieren und in bezug aufeinander immer wieder schwanken, so fehlt jedes gemeinsame Maß, und wir haben kein Mittel, innerhalb der Wahrnehmung zu unterscheiden, was von der Außenwelt und was von uns stammt. Nun hat das soziale Leben, solange es sich von den einzelnen Geschehnissen, deren Inbegriff es ist, nicht losgelöst hat und selbständig auftritt, gerade die erwähnte Eigentümlichkeit. Denn da diese Geschehnisse jedesmal eine andere Physiognomie zeigen, so teilen sie ihm ihre Beweglichkeit mit. Es befindet sich in freien Strömungen, die in fortwährender Wandlung begriffen sind und die der Blick des Beobachters nicht festhalten kann. Das bedeutet, daß der Forscher die Untersuchung der sozialen Wirklichkeit nicht von dieser Seite her in Angriff nehmen kann. Doch wissen wir, daß das soziale Leben auch die Eigentümlichkeit aufweist, daß es, ohne seine Eigenexistenz aufzugeben, die Fähigkeit besitzt, sich zu *kristallisieren.* Die kollektiven Gewohnheiten drücken sich außerhalb der durch sie ausgelösten individuellen Handlungen in umgrenzten Formen aus, in rechtlichen und sittlichen Normen, Sprichwörtern, Tatsachen der sozialen Struktur usw. Da diese Formen in Permanenz existieren und sich nicht mit ihren verschiedenen Anwendungen ändern, so stellen sie einen fixen Gegenstand dar, der dem Beobachter stets zur Verfügung steht und subjektiven Empfindungen sowie persönlichen Beobachtungsfehlern keinen Raum läßt. Eine Rechtsnorm ist, was sie ist; es gibt nicht zwei verschiedene Arten, sie aufzufassen. Da diese Einrichtungen, von einer anderen Seite betrachtet, nur konsolidiertes soziales Leben sind, so erscheint es mit gewissen Ausnahmen* gerechtfertigt, das letztere vermittels seiner Einrichtungen zu erforschen.

Sobald also der Soziologe die Erforschung irgendeiner Gattung soziologischer Tatbestände in Angriff nimmt, muß er sich bestreben, sie an einem Punkte zu betrachten, wo sie sich von ihren individuellen Manifestationen losgelöst zeigen. Auf Grund dieses Prinzips haben wir die soziale Solidarität, ihre verschiedenen Formen und deren Entwicklung vermittels des Systems der sie ausdrückenden Rechtsregeln untersucht**. So setzt man sich der Gefahr aus, die verschiedensten Arten zu vermengen und die entferntesten Typen einander zu nähern, wenn man die verschiedenen Formen der Familie nach Reisebeschreibungen und bisweilen auch nach den Schilderungen der Geschichtsschreiber

* Dieses Verfahren erschiene z. B. unzulässig, wenn man Grund zur Annahme hätte, daß das Recht zu einem gegebenen Zeitpunkte nicht den wahren Zustand der sozialen Beziehungen zum Ausdruck bringt.

** Division du travail social, Buch I.

auseinanderhalten und klassifizieren will. Nimmt man dagegen zur Grundlage dieser Klassifikation die rechtliche Stellung der Familie und insbesondere das Erbrecht, so besitzt man ein objektives Kriterium, das, ohne unfehlbar zu sein, viele Irrtümer verhüten wird *. Oder man wünscht, die verschiedenen Arten der Verbrechen zu klassifizieren. In diesem Falle wird man die Lebensweise und die bei verschiedenen Gruppen der Verbrecherwelt professionellen Gewohnheiten darzustellen versuchen und man wird ebenso viele kriminologische Typen erkennen, als diese Organisation verschiedene Gruppen zeigt. Um den Volkssitten und dem Volksglauben nahezukommen, wende man sich an die Sprichworte und Weistümer, die deren Ausdruck sind. Bei einem derartigen Verfahren wird allerdings der konkrete Stoff des Gesellschaftslebens vorläufig abseits liegen gelassen, und doch hat niemand, so wechselnd dieser Stoff auch ist, ein Recht, ihn für a priori unerkennbar zu erklären. Wer aber methodisch vorgehen will, muß die erste Niederlassung der Wissenschaft auf festen Grund und nicht auf Flugsand bauen. Die Dimension des Sozialen muß an einer Stelle betreten werden, wo sie der wissenschaftlichen Forschung den günstigsten Zugriff bietet. Erst dann wird es möglich sein, die Untersuchung weiterzuführen und diese flüchtigen Realitäten, die der menschliche Geist vielleicht nie vollkommen erfassen wird, allmählich in fortschreitender Annäherung zu umkreisen.

* Vgl. meine »Introduction à la sociologie de la famille«, in: Annales de la Faculté des lettres de Bordeaux, 1889.

DRITTES KAPITEL

Regeln zur Unterscheidung des Normalen und des Pathologischen

Eine Beobachtung, die nach den vorhergehenden Regeln angestellt wird, vermengt zwei Gruppen von Tatsachen, die in gewissen Punkten sehr unähnlich sind: diejenigen, die durchaus so sind, wie sie sein sollen, und diejenigen, welche anders sein sollten, als sie sind, also die normalen und die pathologischen Phänomene. Wir haben sogar gesehen, daß es notwendig war, sie in die Definition, mit welcher jede Untersuchung beginnen muß, gleichermaßen einzubegreifen. Aber wenn sie nun auch in mancher Hinsicht dieselbe Natur haben, so hören sie darum doch nicht auf, zwei verschiedene Varietäten zu verkörpern, deren Unterscheidung wichtig ist. Verfügt nun die Wissenschaft über Mittel, diese Scheidung vorzunehmen?

Die Frage ist von größter Bedeutung; denn von ihrer Beantwortung hängt die Auffassung der Rolle ab, die der Wissenschaft, insbesondere der Wissenschaft vom Menschen, zukommt. Nach einer Theorie, deren Anhänger sich aus den verschiedensten Schulen rekrutieren, würde uns die Wissenschaft nichts über das Sollen lehren. Sie kennt, so wird behauptet, bloß Tatsachen, die alle denselben Wert und dasselbe Interesse haben; die Wissenschaft beobachtet und erklärt die Tatsachen, beurteilt sie aber nicht; für sie haben sie nichts Verwerfliches, gut und böse existieren in ihren Augen nicht. Die Wissenschaft kann uns zwar sagen, wie die Ursachen Wirkungen herbeiführen, aber nicht, welche Zwecke verfolgt werden sollen. Um nicht nur das, was ist, sondern auch das, was wünschenswert ist, zu erfahren, müsse man auf die Eingebungen des Unbewußten zurückgehen, mit welchem Namen man es auch nennt, ob Gefühl, Trieb, Lebenskraft usw. Die Wissenschaft, schreibt ein bereits zitierter Schriftsteller, kann zwar die Welt erklären, aber sie läßt Nacht in den Herzen: es ist Sache des Herzens, sich sein eigenes Licht zu schaffen. Die Wissenschaft findet sich also von jeder praktischen Wirksamkeit fast ausgeschlossen und infolgedessen ohne wesentliche Lebensberechtigung; denn wozu soll man sich abmühen, die Wirklichkeit zu erkennen, wenn die Erkenntnis, die wir von ihr gewinnen, uns im Leben nichts nützen kann? Kann man behaupten, daß uns die Wissenschaft, wenn sie die Ursachen der Erscheinungen aufdeckt, die Mittel an die Hand gibt, sie nach Belieben hervorzubringen und damit Zwecke zu verwirklichen, die wir aus überwissenschaftlichen Gründen anstreben? Jedes Mittel ist aber in einer Hinsicht selbst Zweck; denn um es anzuwenden, muß man es ebenso wollen wie den Zweck, dessen Verwirklichung es vorbereitet. Es gibt immer mehrere Wege, die zu einem gegebenen Ziele führen; unter ihnen muß also eine Auswahl getroffen werden. Wenn uns nun die Wissenschaft bei der Wahl des besten Zweckes nicht behilflich sein kann, wie sollte sie uns Auskunft geben können, welches der beste Weg ist, auf dem man dazu gelangt? Weshalb soll sie den schnelleren Weg vor dem ökonomischeren empfehlen oder den sichereren vor dem einfacheren oder umgekehrt? Kann sie uns bei der Feststellung höherer Zwecke nicht leiten, so ist sie desto ohnmächtiger, sobald es sich um die sekundären und untergeordneten Zwecke handelt, welche man Mittel nennt.

Die ideologische Methode läßt es freilich zu, diesem Mystizismus zu entgehen, und im übrigen war auch der Wunsch, ihm zu entgehen, eine der Ursachen für das Fortleben dieser Methode. Diejenigen, welche sich ihrer bedienten, waren tatsächlich viel zu rationalistisch gesinnt, um anzunehmen, daß das menschliche Verhalten der Leitung durch die Vernunft nicht bedürfe; und dennoch sahen sie in den Erscheinungen, für sich selbst und unabhängig von jeder subjektiven Reaktion genommen, nichts, was sie nach ihrem praktischen Werte zu klassifizieren erlaubte. So schien also das einzige Mittel zu ihrer Beurteilung darin zu bestehen, sie auf einen sie beherrschenden Begriff zu beziehen. Daher wurde in der rationalen Soziologie die Zuhilfenahme von Begriffen unumgänglich, welche der Sammlung der Tatsachen vorausgingen, anstatt daraus abgeleitet zu werden. Wir wissen aber, daß ein Denken nicht wissenschaftlich ist, wenn es unter solchen Voraussetzungen die Praxis zum Gegenstande der Reflexion macht.

Das Problem, an dessen Aufstellung wir nun herangehen, soll uns ermöglichen, die Rechte der Vernunft zurückzuerobern, ohne der Ideologie zu verfallen. Tatsächlich ist für die Gesellschaften wie für den Einzelnen die Gesundheit das Gute und Wünschenswerte, die Krankheit dagegen das Schlechte und zu Meidende. Wenn wir also ein objektives, den Erscheinungen immanentes Kriterium auffinden, das bei ihren verschiedenen Arten die Krankheit von der Gesundheit wissenschaftlich zu scheiden gestattet, so wird die Wissenschaft imstande sein, der Praxis Aufklärung zu bieten, ohne der ihr eigenen Methode untreu zu werden. Da es ihr gegenwärtig nicht glückt, dem Individuum nahezukommen, so kann sie uns nur allgemeine Hinweise bieten, die man einzig dann einwandfrei konkreter ausgestalten kann, wenn man auf dem Wege der Wahrnehmung unmittelbar mit dem einzelnen Fall in Kontakt tritt. Der Gesundheitszustand, so wie die Wissenschaft ihn definieren kann, könnte keinem individuellen Subjekt zukommen, da er nur in seinen allgemeinsten Momenten, die bei dem Einzelnen mehr oder weniger modifiziert sind, festgestellt werden kann. Nichtsdestoweniger bietet er einen für die Orientierung wertvollen Stützpunkt. Aus dem Umstande, daß diese Feststellung an den einzelnen Fall angepaßt werden muß, folgt nicht, daß sie ohne Interesse sei. Ganz im Gegenteil, sie ist die Norm, die allen unseren praktischen Erwägungen als Grundlage dienen muß. Unter diesen Bedingungen hat man nicht mehr das Recht zu erklären, das Denken sei für das Handeln überflüssig. Zwischen Wissenschaft und Praxis klafft kein Abgrund mehr; der Übergang von der einen zur anderen vollzieht sich ohne Unterbrechung. Die Wissenschaft kann allerdings zu den Tatsachen nur durch Vermittlung der Praxis gelangen, die Praxis aber ist nur die Fortsetzung der Wissenschaft. Außerdem kann man sich noch fragen, ob nicht die praktische Unzulänglichkeit der letzteren sich in dem Maße vermindern wird, als die Gesetze, welche sie aufstellt, die individuelle Wirklichkeit immer vollkommener ausdrücken werden.

I

Hergebrachterweise wird der Schmerz als Anzeichen einer Krankheit betrachtet, und es ist sicher, daß im allgemeinen eine Beziehung zwischen diesen beiden Zuständen besteht, die aber der Beständigkeit und Bestimmtheit ermangelt. Es gibt schwere Krankheiten, die schmerzlos verlaufen, während unbedeutende Störungen, wie etwa wenn uns ein Rußkörnchen ins Auge gerät, wahre Pein verursachen. In manchen Fällen ist es sogar das Fehlen des Schmerzes oder vielmehr noch das Wohlbefinden, das ein Krankheitssymptom bildet. Es gibt eine gewisse Empfindungslosigkeit gegen Schmerz, die pathologisch ist. Unter Umständen, die einem gesunden Menschen Schmerzen verursachen würden, empfindet ein Neurastheniker Lustgefühle, deren krankhafte Natur unleugbar ist. Umgekehrt begleitet der Schmerz Zustände wie den Hunger, die Ermüdung, die Entbindung, also ganz normale physiologische Zustände.

Sollen wir sagen, die Gesundheit bestehe in einer glücklichen Entwicklung der Lebenskräfte und werde an der vollkommenen Anpassung des Organismus an sein Milieu erkannt, und sollen wir dagegen

Krankheit nennen, was diese Anpassung stört? Es ist zunächst durchaus nicht bewiesen – wir werden später auf diesen Punkt zurückkommen – daß jeder Zustand des Organismus mit einem äußeren Zustande in Verbindung stehe. Ferner würde dieses Merkmal, sofern es wirklich für den Zustand der Gesundheit kennzeichnend wäre, selber wieder eines anderen Merkmals bedürfen, um erkannt werden zu können; denn in jedem Falle wäre die Angabe erforderlich, nach welchem Prinzip entschieden werden kann, daß eine Art, sich anzupassen, vollkommener ist als eine andere.

Oder müssen wir dies nach der Art entscheiden, wie die eine oder die andere unsere Chancen des Überlebens beeinflußt? Die Gesundheit wäre dann der Zustand des Organismus, in dem diese Chancen ihr Maximum erreichen, die Krankheit dagegen alles das, was dahin wirkt, jene herabzumindern. Tatsächlich ist es nicht zweifelhaft, daß die Krankheit im allgemeinen eine Schwächung des Organismus bewirkt. Nur führt sie dieses Ergebnis nicht allein herbei. Die Funktion der Fortpflanzung zieht bei gewissen niederen Tierarten unentrinnbar den Tod nach sich und schafft selbst für die entwickelteren Arten Gefahren. Trotzdem ist sie normal. Das Alter und die Kindheit zeigen dieselben Erscheinungen; denn der Greis und das Kind sind für schädliche Einflüsse gesteigert empfänglich. Sind sie darum krank und will man nur das Erwachsenenalter als gesund gelten lassen? Damit würde der Bereich der Gesundheit und der Physiologie in höchst eigenartiger Weise eingeschränkt! Wenn übrigens das Alter schon an sich eine Krankheit ist, wie scheidet man den gesunden vom kranken Greis? Von demselben Gesichtspunkt aus muß man die Menstruation unter die krankhaften Erscheinungen einreihen; denn durch die Störungen, welche sie erzeugt, wächst die Empfänglichkeit der Frau für Krankheiten. Wie kann man aber einen Zustand als krankhaft erklären, dessen Ausbleiben oder dessen verfrühtes Verschwinden unstreitig eine pathologische Erscheinung darstellen? Man redet über diese Frage, wie wenn in einem gesunden Organismus sozusagen jedes Detail eine nützliche Rolle zu spielen hätte; wie wenn jeder innere Zustand genau einer äußeren Bedingung entsprechen und infolgedessen seinerseits dazu beitragen würde, das Gleichgewicht des Lebens zu sichern und die Chancen des Todes zu vermindern. Doch ist gerade im Gegenteil die Annahme richtig, daß gewisse anatomische oder funktionelle Anordnungen unmittelbar zu nichts nutze sind und einfach da sind, weil sie sind, weil sie nicht anders als vorhanden sein können, sobald die allgemeinen Bedingungen des Lebens gegeben sind. Trotzdem darf man sie nicht für krankhaft halten; denn die Krankheit ist vor allem etwas Vermeidbares, etwas, was nicht in der regulären Konstitution eines

Lebewesens inbegriffen ist. Nun kann es sich wohl fügen, daß diese Teile, anstatt den Organismus zu stärken, seine Widerstandskraft schwächen und infolgedessen die Todesgefahr steigern.

Andererseits ist es nicht sicher, daß die Krankheit immer zu dem Ergebnis führte, als dessen Funktion man sie definieren will. Gibt es nicht eine Zahl von Erkrankungen, die viel zu geringfügig sind, als daß wir ihnen einen wahrnehmbaren Einfluß auf die Lebensgrundlagen des Organismus einräumen könnten? Selbst unter den schwersten Krankheiten finden sich solche, deren Folgen ganz unbedenklich sind, wenn wir sie mit den uns zur Verfügung stehenden Waffen zu bekämpfen verstehen. Der Magenkranke, welcher nach der richtigen Hygiene lebt, kann ebenso alt werden wie ein gesunder Mensch. Allerdings muß er Vorsicht üben. Doch müssen wir das nicht alle, und kann das Leben überhaupt anders erhalten werden? Jeder von uns hat seine Hygiene. Die des Kranken gleicht nicht jener, welche der Durchschnitt der Menschen seiner Zeit und seiner Umgebung einhält; das ist aber der einzige Unterschied, den es von diesem Standpunkt aus zwischen ihnen gibt. Die Krankheit läßt uns nicht immer zerrüttet in einem Zustande unheilbarer Anpassungsfähigkeit zurück, sie zwingt uns nur, uns anders anzupassen als die Mehrzahl unserer Genossen. Wer sagt denn, daß es nicht sogar Krankheiten gibt, die sich schließlich als nützlich erweisen? Die Impfpocken sind eine richtige Krankheit, der wir uns freiwillig aussetzen, und doch steigern sie unsere Aussicht auf längeres Leben. Vielleicht gibt es auch andere Fälle, in welchen die von der Krankheit verursachte Störung im Verhältnis zu der durch sie erworbenen Immunität ohne Bedeutung ist.

Schließlich ist dieses Kriterium sehr häufig unanwendbar. Man kann zwar zur Not behaupten, daß die niedrigste Sterblichkeitsziffer, die man kennt, sich bei einer bestimmten Gruppe von Individuen vorfinde; man kann aber nicht beweisen, daß es keine niedrigere geben könne. Wer bürgt dafür, daß nicht andere Verhältnisse möglich sind, welche sie noch herabsetzen können? Das tatsächlich vorhandene Minimum ist also kein Beweis für eine vollkommene Anpassung und infolgedessen, wenn man sich auf die angeführte Definition stützt, kein sicheres Zeichen des Gesundheitszustandes. Ferner ist es außerordentlich schwierig, eine Gruppe von solcher Natur zu bilden und von allen anderen zu isolieren, wie es notwendig wäre, um die organische Konstitution, die ihre Besonderheit ausmacht und als Ursache ihrer Überlegenheit anzusehen ist, zu erforschen. Handelt es sich umgekehrt um eine Krankheit mit regelmäßig tödlichem Ausgang, so ist es zwar selbstverständlich, daß die Wahrscheinlichkeiten des Überlebens für das befallene Individuum vermindert sind; nur ist der Beweis im einzelnen Falle schwierig, sofern die Krankheit nicht unmittelbar den Tod herbeiführt. Tatsächlich gibt es nur ein einziges objektives Verfahren, um zu beweisen, daß Lebewesen, in bestimmte Bedingungen versetzt, eine geringere Aussicht auf längeres Leben haben als andere, nämlich zu zeigen, daß die Mehrzahl von ihnen wirklich nur kürzere Zeit lebt. Wenn nun bei rein individuellen Krankheiten dieser Beweis häufig möglich erscheint, so ist er in der Soziologie nicht anwendbar. Denn wir verfügen hier nicht über das Auskunftsmittel, das der Biologie zu Gebote steht, nämlich die Durchschnittsziffern der Sterblichkeit. Wir können auch nicht mit annähernder Genauigkeit unterscheiden, zu welchem Zeitpunkt eine Gesellschaft entsteht oder zugrunde geht. Alle diese Probleme, die auch in der Biologie von einer endgültigen Lösung weit entfernt sind, sind für den Soziologen noch in Dunkel gehüllt. Überdies sind die Geschehnisse, die im Ablaufe des sozialen Lebens vor sich gehen und sich in fast gleicher Weise bei allen Gesellschaften desselben Typus wiederholen, gar zu vielfältig, um feststellen zu können, in welchem Ausmaß eines von ihnen dazu beigetragen hat, die endliche Auflösung zu beschleunigen. Handelt es sich um Individuen, so kann man, da ihre Zahl groß genug ist, zum Zwecke des Vergleiches diejenigen auswählen, welche nur eine und dieselbe Anomalie zeigen; letztere ist so von allen konkomitanten Erscheinungen losgelöst, und die Natur ihres Einflusses auf den Organismus kann infolgedessen erforscht werden. Wenn z. B. auf ein Tausend Rheumakranke, die zufällig ausgewählt werden, eine offenkundig überdurchschnittliche Sterblichkeit entfällt, so hat man gute Gründe dafür, dieses Ergebnis dem Rheumatismus zuzuschreiben. In der Soziologie aber ist das Gebiet der Vergleichung allzu eingeschränkt, als daß solche Gruppierungen Beweiskraft besitzen könnten, da jede soziale Gattung nur einige wenige Vertreter zählt.

Mangels dieses Beweises durch die Tatsachen sind nur deduktive Schlußfolgerungen möglich, deren Ergebnisse nur den Wert subjektiver Vermutungen haben können. Nicht daß ein Geschehnis bestimmter Art den sozialen Organismus wirklich angreift, wird bewiesen, sondern daß es diesen Erfolg haben muß. Es wird darauf hingewiesen, daß eine derartige Erscheinung diese oder jene Wirkung, die man als für die Gesellschaft verderblich ansieht, nach sich ziehen muß. Darum erklärt man sie für krankhaft. Doch selbst vorausgesetzt, daß sie diese Wirkungen wirklich zeigt, ist es nicht ausgeschlossen, daß die Unzuträglichkeiten, die sie verursacht, von unmerklichen Vorteilen mehr als aufgewogen werden. Auch ist nur dann ein Grund vorhanden, ihre Wirkungsweise zu beklagen, wenn sie den normalen Ablauf der Funktionen stört. Eine solche Beweisführung setzt aber das Problem schon als entschieden voraus; denn sie ist nur nach der vorausgehenden Feststellung möglich, worin der normale Zustand besteht, also wenn man schon weiß, an welchem Merkmal dieser erkannt werden kann. Soll man es versuchen, den Normalzustand in allen Stücken a priori zu konstruieren? Welcher Wert einer solchen Konstruktion zukommen könnte, muß nicht erst nachgewiesen werden. Diesem Verfahren ist es ja zuzuschreiben, daß in der Soziologie wie in der Geschichte je nach der persönlichen Stimmung der Forscher die Geschehnisse bald als heilsam, bald als verderblich hingestellt wurden. So geschieht es dem ungläubigen Theoretiker immer wieder, in den Überresten des Glaubens, die inmitten der allgemeinen Zerrüttung der religiösen Überzeugungen fortleben, ein krankhaftes Phänomen zu erblicken, während für den Frommen der Unglaube die große soziale Krankheit der Gegenwart darstellt. Ebenso ist die jetzige Wirtschaftsorganisation für den Sozialisten eine soziale Mißbildung, wogegen für den klassischen Nationalökonomen die sozialistischen Tendenzen als pathologisch erscheinen. Und ein jeder findet zur Stütze seiner Meinung Syllogismen, die er für gut begründet hält.

Der gemeinsame Fehler dieser Definitionen besteht darin, daß sie vorzeitig zum Wesen der Erscheinungen vordringen wollen. Daher setzen sie Sätze als gesichert voraus, die, ob wahr oder nicht, nur bewiesen werden können, wenn die Wissenschaft hinreichend fortgeschritten ist. Und dennoch liegt uns gerade hier ob, uns nach der Regel zu richten, die wir im Vorhergehenden aufgestellt haben. Anstatt mit einem Schlage die Beziehungen des normalen und des entgegengesetzten Zustandes zur Lebenskraft feststellen zu wollen, suchen wir einfach ein äußeres, unmittelbar faßbares, aber objektives Kennzeichen, das uns diese zwei Arten von Tatsachen auseinanderzuhalten gestattet.

Jede soziologische Erscheinung ist wie übrigens jede biologische Erscheinung imstande, je nach Umständen verschiedene Formen anzunehmen, wobei sie doch im Wesen dieselbe bleibt. Unter diesen Formen gibt es nun zwei Arten. Die einen treten im ganzen Bereiche der Gattung allgemein auf; sie finden sich vielleicht nicht gerade bei sämtlichen Individuen, aber doch bei der Mehrzahl von ihnen. Selbst wenn sie sich nicht überall, wo man sie beobachtet, in identischer Weise wiederholen, sondern sich von Individuum zu Individuum ändern, so halten sich ihre Variationen in sehr engen Grenzen. Im Gegensatz dazu gibt es andere Erscheinungen, die nur ausnahmsweise vorkommen. Sie finden sich auch nicht nur bei einer Minorität, sondern selbst da, wo sie vorkommen, geschieht es zumeist, daß sie nicht das ganze Leben des Individuums hindurch andauern. Sie sind eine Ausnahme in der

Zeit wie im Raum*. Wir stehen also vor zwei verschiedenen Spielarten von Erscheinungen, die mit verschiedenen Ausdrücken bezeichnet werden müssen. Wir werden diejenigen Tatbestände normal nennen, die die allgemeinsten Erscheinungsweisen zeigen, und werden den anderen den Namen krankhaft oder pathologisch beilegen. Kommt man überein, als Durchschnittstypus jenes schematische Gebilde zu bezeichnen, das man erhält, indem man die in der Art häufigsten Merkmale mit ihren häufigsten Erscheinungsformen zu einem Ganzen, zu einer Art abstrakter Individualität zusammenfaßt, so wird man sagen können, daß der normale Typus mit dem Durchschnittstypus in eins zusammenfließt und daß jede Abweichung von diesem Schema der Gesundheit eine krankhafte Erscheinung ist. Es ist richtig, daß der Durchschnittstypus nicht in derselben Reinheit festgestellt werden kann wie der individuelle Typus, da seine konstitutiven Eigenschaften nicht schlechterdings fest, sondern veränderungsfähig sind. Daß er aber festgestellt werden kann, steht schon deshalb außer Zweifel, weil er den unmittelbaren Stoff der Wissenschaft bildet und mit dem Typus der Gattung übereinstimmt. Das, was der Physiologe studiert, sind die Funktionen des Durchschnittsorganismus, und bei dem Soziologen ist es nicht anders. Ist man erst einmal imstande, soziale Gattungen zu unterscheiden – wir besprechen die Frage später –, so ist es stets möglich, die allgemeinste Form einer Erscheinung innerhalb einer bestimmten Gattung aufzufinden.

Man sieht, daß eine Tatsache nur unter Bezugnahme auf eine gegebene Gattung als pathologisch erklärt werden kann. Die Bedingungen der Gesundheit und der Krankheit können also nicht in abstracto und in absoluter Weise definiert werden. Die Regel wird in der Biologie nicht bestritten. Noch niemandem ist es eingefallen, daß das, was für ein Weichtier normal ist, es auch für ein Wirbeltier sein könnte. Jede Gattung hat ihre Gesundheit, weil sie einen ihr eigenen Durchschnittstypus hat, und die Gesundheit der niedersten Gattungen ist nicht geringer als die der entwickeltsten. Dasselbe Prinzip findet auch auf

* Man kann hierdurch die Krankheit von der Monstrosität scheiden. Diese ist lediglich eine Ausnahme im Raum. Man begegnet ihr nicht beim Durchschnitt der Gattung; wo sie aber einmal vorhanden ist, dauert sie durch das ganze Leben der Individuen an. Es ist übrigens ersichtlich, daß sich diese beiden Ordnungen von Tatsachen nur dem Grade nach unterscheiden und im Grunde von derselben Natur sind. Ihre Grenzen sind sehr unbestimmt, denn weder ist die Krankheit jeder Beständigkeit unfähig, noch die Monstrosität aller Veränderung. Man kann sie in der Definition also nicht radikal trennen. Die Unterscheidung zwischen ihnen kann nicht genauer sein als die zwischen dem Morphologischen und dem Physiologischen, da, kurz gesagt, das Krankhafte das physiologisch Abnormale, das Krüppelhafte das anatomisch Abnormale ist.

die Soziologie Anwendung, wenn es auch wiederholt verkannt worden ist. Man muß auf die noch sehr verbreitete Gewohnheit verzichten, eine Einrichtung, eine Sitte, eine moralische Maxime so zu beurteilen, als wenn sie an und für sich gut oder schlecht wären, und zwar unterschiedslos für alle sozialen Typen.

Da die Merkmale, in bezug auf welche der Zustand der Gesundheit oder der Krankheit beurteilt werden kann, mit den Gattungen wechseln, so können sie auch für ein und dieselbe Gattung wechseln, sofern diese sich verändert. Was für einen Primitiven normal ist, ist vom rein biologischen Standpunkt aus für einen zivilisierten Menschen nicht normal und umgekehrt*. Übrigens gibt es insbesondere eine Art von Variationen, denen man Rechnung tragen muß, weil sie regelmäßig bei allen Arten auftreten, das sind jene, die mit dem Lebensalter zusammenhängen. Die Gesundheit des Greises ist nicht dieselbe wie die des Jünglings, so wie diese nicht die des Kindes ist; und ebenso ist es auch bei den Gesellschaften**. Ein soziologischer Tatbestand kann somit für eine bestimmte soziale Gattung nur mit Rücksicht auf eine ebenfalls bestimmte Phase ihrer Entwicklung als normal bezeichnet werden. Wenn man also prüfen soll, ob er diese Bezeichnung zu Recht trägt, muß man nicht nur beobachten, in welcher Form er im allgemeinen bei den zu dieser Gattung gehörigen Gesellschaften vorkommt, man muß vielmehr noch darauf achten, sie in der entsprechenden Phase ihrer Entwicklung zu betrachten.

Scheinbar sind wir nur zu einer bloßen Wortdefinition gelangt; denn wir haben nichts getan, als nur die Erscheinungen nach ihren Ähnlichkeiten und Verschiedenheiten zu gruppieren und die so gebildeten Gruppen mit Namen zu belegen. In Wirklichkeit aber haben die von uns geformten Begriffe den großen Vorteil, an objektiven und leicht wahrnehmbaren Eigentümlichkeiten erkennbar zu sein, und entfernen sich nicht von dem herkömmlichen Begriff über Gesundheit und Krankheit. Wird denn die Krankheit nicht allgemein als ein Unfall angesehen, den die Natur eines Lebewesens zwar verträgt, aber durchaus nicht gewöhnlich mit sich bringt? Das wollten die Philosophen der Alten ausdrücken, wenn sie sagten, daß die Krankheit nicht aus der Natur der Dinge hervorgehe, vielmehr das Ergebnis einer Art von

* Beispielsweise wäre der Wilde, der die verfeinerte Verdauung und das entwickelte Nervensystem des gesunden Zivilisierten besäße, in seinem Milieu ein Kranker.

** Wir kürzen diesen Teil unserer Ausführungen ab, denn wir können hier bezüglich der sozialen Erscheinungen im allgemeinen nur das wiederholen, was wir an anderer Stelle anläßlich der Unterscheidung der moralischen Tatsachen in normale und anormale gesagt haben. (S. Division du travail social, S. 33—39.)

Kontingenz sei, die den Organismen immanent ist. Eine solche Ansicht ist sicherlich die Negation aller Wissenschaft; denn die Krankheit hat nichts Wunderbareres an sich als die Gesundheit; sie ist gleichermaßen in der Natur der Lebewesen begründet. Nur ist sie nicht in deren normaler Natur begründet. Sie entspringt weder einer Anlage der Organismen, noch ist sie mit den Lebensbedingungen verknüpft, von denen sie im allgemeinen abhängen. Umgekehrt fällt der Typus der Gesundheit für jedermann mit dem der Gattung zusammen. Eine Gattung, die in sich selbst und vermöge ihrer Grundbeschaffenheit unheilbar krank wäre, ist ohne Widerspruch nicht denkbar. Die Gattung ist die Norm kat'exochen und kann daher nichts Anormales enthalten.
Richtig ist, daß man hergebrachterweise unter Gesundheit auch einen Zustand versteht, welcher im großen und ganzen der Krankheit vorzuziehen ist. Diese Definition ist aber in der früheren mit einbegriffen. Wenn die Eigenschaften, deren Vereinigung den Normaltypus bildet, in einer Gattung tatsächlich allgemein werden konnten, so geschah das nicht ohne Grund. Diese Allgemeinheit ist selbst eine Tatsache, die der Erklärung bedarf und für die man eine Ursache auffinden muß. Sie wäre nun unerklärlich, wenn die verbreitetsten Organisationsformen, *wenigstens in ihrer Gesamtheit,* nicht auch die vorteilhaftesten wären. Wie hätten sie sich bei einer so großen Mannigfaltigkeit von Umständen behaupten können, wenn sie die Individuen nicht in Stand setzten, zerstörenden Einflüssen nachdrücklicher zu widerstehen? Sind dagegen die übrigen Organisationen seltener, so erklärt sich das offenbar daraus, daß ihren Trägern die Erhaltung *im Durchschnitt* schwerer fällt. Die größere Häufigkeit der ersteren stellt demnach den Beweis ihrer Überlegenheit dar*.

* Garofalo hat zwar versucht, das Krankhafte vom Abnormalen zu scheiden (Criminologie S. 109/10). Jedoch stützt er diese Unterscheidung lediglich auf folgende zwei Argumente:

1. Der Ausdruck Krankheit bedeutet stets irgend etwas, was auf völlige oder teilweise Zerstörung des Organismus abzielt. Findet nicht Zerstörung, so findet Heilung statt, niemals ist ein dauernder Zustand vorhanden wie bei einer Anzahl von Anomalien. Wir sahen aber, daß auch das Abnormale im Durchschnitt der Fälle eine Gefahr für das Leben darstellt. Das ist zwar nicht immer der Fall, aber auch die Gefahr, die eine Krankheit mit sich bringt, tritt nur in der Mehrzahl der Fälle hervor. Was das Fehlen der Stabilität betrifft, die das Krankhafte charakterisieren soll, so werden hierbei die chronischen Krankheiten übersehen und das Teratologische vom Pathologischen radikal getrennt. Mißbildungen sind dauerhaft.
2. Das Normale und das Abnormale variiert, so wird behauptet, mit der Rasse, während die Scheidung zwischen dem Physiologischen und dem Pathologischen für das ganze genus homo Gültigkeit besitzt. Wir zeigen dagegen, daß häufig, was beim Wilden krankhaft ist, es nicht beim zivilisierten Menschen ist. Die Bedingungen physischer Gesundheit wechseln mit dem Milieu.

Letztere Bemerkung liefert sogar die Handhabe, um die Ergebnisse der vorerwähnten Methode nachzuprüfen.

Da die Allgemeinheit, welche die normalen Phänomene äußerlich kennzeichnet, selbst ein der Erklärung unterliegendes Phänomen ist, ist es statthaft, nachdem sie im Wege unmittelbarer Beobachtung festgestellt worden ist, eine Erklärung für sie zu suchen. Allerdings kann man von vornherein sicher sein, daß die Allgemeinheit nicht ohne Ursache ist, doch ist es zweifellos richtiger, wenn man ihre Ursache genau kennt. Die Eigenschaft der Erscheinung als einer normalen wird in der Tat noch weniger strittig sein, wenn bewiesen wird, daß das anfänglich entdeckte äußere Kennzeichen nicht nur scheinbar, sondern auch in der Natur der Dinge begründet ist; wenn mit einem Wort ihre nur tatsächliche normale Beschaffenheit zu einer rechtmäßigen erhoben wird. Dieser Nachweis wird übrigens nicht immer in der Feststellung bestehen, daß das Phänomen dem Organismus nützt, wenn dies auch aus den gegebenen Gründen der häufigste Fall sein wird, sondern es kann auch, wie wir schon früher bemerkten, vorkommen, daß eine Einrichtung normal ist, ohne zu etwas nütze zu sein, einfach darum, weil sie in der Natur eines Wesens notwendig inbegriffen ist. So wäre es vielleicht vorteilhaft, wenn die Niederkunft im weiblichen Organismus nicht so heftige Störungen hervorrufen würde. Doch ist die Möglichkeit dafür nicht gegeben. Die Normalbeschaffenheit dieses Phänomens wird daher dadurch allein erklärt sein, daß es mit den Lebensbedingungen der untersuchten Gattung verknüpft ist, sei es als notwendiges mechanisches Produkt dieser Bedingungen, sei es als Mittel, das dem Organismus die Anpassung an diese ermöglicht *.

Dieser Nachweis ist nicht nur der Kontrolle halber nützlich. Man darf in der Tat nicht vergessen, daß es hauptsächlich der Erleuchtung der Praxis dient, wenn ein Interesse an der Unterscheidung des Normalen vom Anormalen vorhanden ist. Um nun in Kenntnis des ursächlichen Zusammenhangs zu handeln, reicht das Wissen, was wir tun sollen, nicht aus, sondern warum wir es sollen, müssen wir wissen. Die wissenschaftlichen Sätze, die sich auf den normalen Zustand beziehen, werden auf den Einzelfall viel unmittelbarer anwendbar sein, sobald sie auf Gründe gestützt auftreten. Denn dann wird leichter erkannt werden können, in welchen Fällen und in welchem Sinne sie bei Anwendung zu modifizieren sind.

* Man kann sich allerdings fragen, ob ein Phänomen nicht schon dadurch allein nützlich erscheint, daß es notwendig aus den allgemeinen Lebensbedingungen hervorgeht. Wir können diese philosophische Frage hier nicht behandeln, doch werden wir sie weiter unten berühren.

Es gibt sogar Umstände, unter denen diese Verifikation unumgänglich erforderlich ist, weil die erste Methode, allein angewandt, zu Irrtümern führen könnte. Das gilt für Perioden des Überganges, wenn die Gattung im ganzen in Entwicklung begriffen ist, ohne noch endgültig in einer neuen Form festgelegt zu sein. In diesem Fall ist der einzige, schon fertige und tatsächlich gegebene Normaltypus der der Vergangenheit, und demnach stimmt er mit den neuen Lebensbedingungen nicht mehr überein. Ein soziales Phänomen kann also im Gesamtbereiche einer Gattung fortdauern, trotzdem es den Forderungen der Lage nicht mehr entspricht. Es zeigt dann nur mehr den Schein des Normalcharakters; denn die Allgemeinheit, die es zur Schau trägt, ist nicht mehr als eine trügerische Etikette, da sie sich nur durch die blinde Macht der Gewohnheit behauptet und kein Anzeichen mehr dafür ist, daß die beobachtete Erscheinung mit den allgemeinen Existenzbedingungen des Kollektivs eng verbunden ist. Diese Schwierigkeit ist übrigens eine Besonderheit der Soziologie. Für den Biologen besteht sie nicht. Tatsächlich kommt es sehr selten vor, daß Tierarten gezwungen sind, unvorhergesehene Lebensformen anzunehmen. Die einzigen normalen Veränderungen, die sie durchmachen, sind jene, die bei jedem einzelnen Individuum hauptsächlich unter dem Einflusse des Alters regelmäßig vor sich gehen. Die Veränderungen sind also bekannt oder können es sein, da sie schon in einer großen Zahl von Fällen da waren. In jedem Augenblick der Entwicklung eines Tieres und selbst in Perioden einer Krise kann man infolgedessen wissen, worin der Normalzustand besteht. In der Soziologie ist dies noch der Fall bei den Gesellschaften, die einer niederen Stufe angehören. Da nämlich eine Anzahl von ihnen ihren Lebenslauf schon vollendet hat, so ist das Gesetz ihrer normalen Entwicklung aufgestellt oder kann wenigstens aufgestellt werden. Handelt es sich aber um die entwickeltsten und jüngsten Gesellschaften, so ist dieses Gesetz schon dem Begriffe nach unbekannt, da sie ja ihre ganze Geschichte noch nicht durchlaufen haben. Der Soziologe kann also in die Verlegenheit kommen, nicht feststellen zu können, ob eine Erscheinung normal ist oder nicht, da ihm jeder Anhaltspunkt dazu fehlt.

Einen Ausweg aus dieser Verlegenheit bietet ihm das eben angegebene Verfahren. Nachdem der Forscher durch Beobachtung festgestellt hat, daß die betreffende Tatsache allgemein ist, wird er auf die Bedingungen zurückgehen, die in der Vergangenheit diese Allgemeinheit herbeigeführt haben, und dann untersuchen, ob diese Bedingungen gegenwärtig noch gegeben sind oder ob sie sich im Gegenteil geändert haben; im ersten Falle wird er berechtigt sein, die Erscheinung als normal zu behandeln, im zweiten, ihr diesen Charakter abzusprechen. Um z. B.

zu entscheiden, ob der gegenwärtige wirtschaftliche Zustand der europäischen Staaten, welchen der Mangel an Organisation* charakterisiert, etwas Normales sei oder nicht, wird er danach suchen, was diesem Zustand in der Vergangenheit zur Entstehung verholfen hat. Sind diese Bedingungen noch die gleichen wie jene, unter denen unsere heutigen Gesellschaften leben, dann heißt das, daß diese Lage normal ist, trotz aller Proteste, die sie hervorruft. Ergibt sich aber im Gegenteil, daß sie mit jener altertümlichen sozialen Struktur zusammenhängt, die ich an anderer Stelle als segmentäre** bezeichnet habe und die, nachdem sie lange Zeit das eigentliche Gerüst der Gesellschaften gebildet hat, ihrem Aussterben entgegengeht, so wird man schließen können, daß sie heute einen krankhaften Zustand darstellt, so allgemein sie auch sein möge. Nach derselben Methode müssen alle strittigen Fragen dieser Art entschieden werden, wie jene, ob der Niedergang des religiösen Glaubens oder die Entwicklung der Staatsgewalt normale Erscheinungen sind oder nicht***.

* S. über diesen Punkt einen Aufsatz, den wir in der Revue philosophique (November 1893) über die Definition des Sozialismus veröffentlicht haben.

** Die segmentären Gesellschaften und besonders die segmentären Gesellschaften auf territorialer Grundlage sind jene, deren eigentliche Gliederung der territorialen Teilung entspricht. (S. Division du travail social, 189—210.)

*** In gewissen Fällen kann man etwas anders vorgehen und feststellen, ob eine Tatsache, deren Normalcharakter zweifelhaft ist, diesen Zweifel rechtfertigt oder nicht, indem man zeigt, daß sie sich an die frühere Entwicklung des betrachteten sozialen Typus und sogar an das Ganze der sozialen Entwicklung anschließt oder im Gegenteil dem einen und dem anderen widerstreitet. Auf diese Weise konnten wir nachweisen, daß der gegenwärtige Niedergang des religiösen Glaubens, oder, allgemeiner gesagt, der kollektiven Gefühle mit kollektiven Inhalten nur etwas Normales ist. Wir haben gezeigt, daß dieser Niedergang immer stärker auftritt, in dem Maße, als sich die Gesellschaft dem jetzigen Typus annähert und als andererseits dieser sich immer mehr entfaltet (Division du travail social, 173—182); doch ist diese Methode eigentlich nur ein Sonderfall der oben ausgeführten. Denn wenn die Normalität dieses Phänomens auf solche Weise festgestellt werden konnte, so erklärt sich das daraus, daß es zugleich mit den allgemeinsten Bedingungen unseres sozialen Lebens verknüpft ist. Wenn dieser Rückgang des religiösen Bewußtseins desto stärker auftritt, je bestimmter die Struktur unserer Gesellschaft wird, so rührt dies davon her, daß er nicht aus irgendeiner akzidentellen Ursache, sondern aus der Konstitution des sozialen Milieus selbst hervorgeht, und so wie andererseits die charakteristischen Eigentümlichkeiten dieses letzteren heute gewiß entwickelter sind denn je, so ist es nur normal, daß auch die von ihm abhängigen Phänomene intensiver werden. Diese Methode unterscheidet sich von der obigen nur darin, daß die Bedingungen, welche die Allgemeinheit des Phänomens erklären und rechtfertigen, erschlossen und nicht unmittelbar beobachtet werden. Man weiß, daß es aus der Natur des sozialen Milieus entspringt, ohne zu wissen, aus welchem Grunde und auf welche Weise es entsteht.

Keinesfalls kann jedoch diese Methode die früher genannte völlig ersetzen und nicht einmal in erster Linie zur Anwendung kommen. Zunächst bietet sie den Anlaß zu Fragestellungen, auf welche wir später zu sprechen kommen werden und deren Beantwortung erst versucht werden kann, nachdem man in der Wissenschaft weit genug fortgeschritten ist; denn sie erfordert schließlich eine beinahe vollständige Erklärung der Phänomene, da sie entweder deren Ursachen oder deren Wirkungen als festgestellt voraussetzt. Nun ist es erforderlich, daß man gleich zu Beginn der Untersuchung die Tatbestände, allerdings unter Ausschaltung außerordentlicher Fälle, in normale und anormale scheiden kann, um der Physiologie wie der Pathologie ihr jeweiliges Gebiet zuweisen zu können. Also muß eine Tatsache in Beziehung auf den Normaltypus als nützlich oder notwendig befunden werden, um selbst als normal bezeichnet werden zu können. Sonst wäre der Nachweis möglich, daß die Krankheit mit der Gesundheit zusammenfällt, da sie dem von ihr befallenen Organismus notwendig entspringt. Nur mit dem Durchschnittsorganismus steht sie nicht in derselben Beziehung. Ebenso könnte die Anwendung eines Heilmittels, das für den Kranken nützlich ist, als normale Erscheinung gelten, wiewohl es offenbar etwas Abnormes ist, denn nur unter abnormalen Umständen ist es nützlich. Daher kann man sich dieser Methode nur bedienen, wenn der Normaltypus vorher festgestellt wurde, und das kann nur mittels eines anderen Verfahrens geschehen. Sollte es schließlich auch richtig sein, daß alles Normale nützlich, wenn nicht gar notwendig ist, so ist es falsch, daß alles Nützliche normal ist. Wir können dessen zwar gewiß sein, daß ein Zustand, welcher innerhalb einer Gattung allgemein wurde, nützlicher ist als ein anderer, der vereinzelt blieb; nicht aber, daß er der nützlichste ist, den es gibt oder geben kann. Wir sind nicht zu der Annahme berechtigt, daß im Laufe der Erfahrung alle möglichen Kombinationen versucht worden sind, und unter denen, die zwar denkbar, aber nicht verwirklicht worden sind, gibt es vielleicht viele, die viel vorteilhafter sind als die uns bekannten. Der Begriff des Nützlichen ist weiter als der des Normalen; jener verhält sich zu diesem wie die Gattung zur Art. Es ist unmöglich, das Mehr aus dem Minder, die Gattung aus der Art abzuleiten. Doch in der Art ist die Gattung aufzufinden, weil sie in jener enthalten ist. Darum können die Ergebnisse ersterer Methode, wenn einmal die Allgemeinheit einer Erscheinung feststeht, durch die Aufdeckung des Nutzens der Erscheinung bestätigt werden*. Wir könnten also die drei folgenden Regeln formulieren:

* Man wird jedoch einwenden, daß die Realisierung des normalen Typus nicht das höchste Ziel ist, das man sich setzen kann, und daß man, um darüber hinaus-

1. Ein soziales Phänomen ist für einen bestimmten sozialen Typus in einer bestimmten Phase seiner Entwicklung normal, wenn es im Durchschnitt der Gesellschaften dieser Art in der entsprechenden Phase ihrer Evolution auftritt.

2. Die Ergebnisse dieser Methode kann man verifizieren, indem man nachweist, daß bei dem betrachteten sozialen Typus die Allgemeinheit des Phänomens in den allgemeinen Bedingungen des Kollektivlebens begründet ist.

3. Diese Verifikation ist notwendig, wenn sich die Tatsache auf eine soziale Art bezieht, die ihre Entwicklung noch nicht vollständig abgeschlossen hat.

III

Man ist so sehr gewöhnt, diese schwierigen Fragen mit einem Worte abzutun und hastig nach summarischer Beobachtung mit Hilfe einiger Syllogismen zu entscheiden, ob ein soziales Phänomen normal ist oder nicht, daß man dieses Verfahren für überflüssig kompliziert erachten könnte. So viel Umstände scheinen zur Unterscheidung der Krankheit von der Gesundheit nicht erforderlich zu sein. Treffen wir denn nicht diese Unterscheidung tagtäglich? Das ist richtig; doch bleibt zu erkennen übrig, ob wir es mit Recht tun. Die Schwierigkeit dieser Probleme wird uns dadurch verhüllt, daß wir sehen, wie der Biologe sie mit verhältnismäßiger Leichtigkeit löst. Doch vergessen wir dabei, daß ihm die Beobachtung der Art und Weise, in welcher jede Erscheinung die Widerstandskraft des Organismus in Anspruch nimmt, und demgemäß die praktisch ausreichend genaue Feststellung ihres normalen und anormalen Charakters viel leichter fällt. In der Soziologie verpflichtet die größere Komplexheit und Wandelbarkeit der Tatsachen zu beträchtlicherer Behutsamkeit, wie die widersprechenden

zugehen, auch über die Wissenschaft hinausgehen muß. Wir haben hier diese Frage nicht ex professo zu behandeln, so sei nur bemerkt: 1. daß sie bloß theoretisch ist, denn in Wirklichkeit ist der normale Typus, der Zustand der Gesundheit, schon ziemlich schwer zu verwirklichen und wird ziemlich selten erreicht, so daß wir unsere Phantasie nicht zu bemühen brauchen, um etwas besseres zu suchen; 2. daß diese Verbesserungen wohl objektiv vorteilhafter, deswegen aber nicht objektiv wünschenswerter sind. Denn wenn sie keiner latenten oder aktuellen Tendenz entsprechen, so würden sie nichts zum Glücke hinzufügen, und wenn sie irgendeiner Tendenz entsprechen, so geschieht dies, weil der normale Typus nicht realisiert ist; 3. endlich muß man den normalen Typ kennen, um ihn verbessern zu können. Man kann also jedenfalls nur dann über die Wissenschaft hinausgehen, wenn man sich auf sie stützt.

Urteile verschiedener Parteien über ein und dieselbe Erscheinung beweisen. Um klarzulegen, wie notwendig diese Vorsicht ist, wollen wir an einigen Beispielen zeigen, welchen Irrtümern man sich aussetzt, sofern man sich nicht an sie hält, und in welch neuem Lichte die wesentlichsten Phänomene erscheinen, wenn sie methodisch behandelt werden.

Wenn es eine Tatsache gibt, deren pathologischer Charakter unbestritten ist, so ist es das Verbrechen. Alle Kriminologen stimmen in diesem Punkte überein. In der Anerkennung seiner pathologischen Natur sind sie sich einig, wenn sie sie auch in verschiedener Weise erklären. Trotzdem sollte das Problem weniger summarisch behandelt werden.

Wenden wir die früher aufgestellten Regeln nun tatsächlich an. Das Verbrechen wird nicht nur bei der überwiegenden Majorität von Gesellschaften dieser oder jener Gattung, sondern bei allen Gesellschaften aller Typen angetroffen. Es gibt keine Gesellschaft, in der keine Kriminalität existierte. Sie wechselt zwar der Form nach; es sind nicht immer dieselben Handlungen, die so bezeichnet werden. Doch überall und jederzeit hat es Menschen gegeben, die sich derart verhielten, daß die Strafe als Repressionsmittel auf sie angewendet wurde. Wenn der Kriminalitätsquotient, d. i. das Verhältnis zwischen der Jahresziffer der Verbrechen und der Bevölkerungszahl in dem Maße, als die Gesellschaften von niedereren Formen zu höheren aufsteigen, eine sinkende Tendenz zeigen würde, so könnte man glauben, daß das Verbrechen, obwohl noch immer eine normale Erscheinung, diesen Charakter allmählich verliert.

Doch liegt kein Grund vor, eine solche sinkende Tendenz in Wirklichkeit anzunehmen. Vielmehr scheint eine Anzahl von Tatsachen das Vorhandensein einer Bewegung im entgegengesetzten Sinne zu beweisen. Seit Beginn des vergangenen Jahrhunderts besitzen wir in der Statistik das Mittel, die Entwicklung der Kriminalität zu verfolgen; überall ist sie im Wachsen begriffen. In Frankreich beträgt der Zuwachs nahezu 300 %. Es gibt also keine Erscheinung, die unwiderleglicher alle Symptome der Normalität aufweist; offenbar ist sie mit den Gesamtbedingungen eines jeden Kollektivlebens auf das engste verknüpft. Das Verbrechen als soziale Krankheit hinzustellen, hieße zugeben, daß die Krankheit nicht etwas Zufälliges ist, sondern im Gegenteil in gewissen Fällen der Grundanlage der Lebewesen entspringt; das würde jeden Unterschied zwischen der Physiologie und der Pathologie verwischen. Allerdings kann auch das Verbrechen abnormale Formen annehmen; das kommt beispielsweise vor, wenn es in erhöhter Menge auftritt. Dann ist in der Tat nicht zu bezweifeln, daß dieses Übermaß krankhaft ist. Normal ist einfach die Tatsache, daß eine

Kriminalität besteht, vorausgesetzt, daß sie sich im Rahmen des gegebenen Typs hält, dessen Höhe im Sinne der vorgehenden Regeln festgestellt werden kann, und ihn nicht überschreitet *.

Wir stehen hier vor einer scheinbar recht paradoxen Folgerung. Darüber darf man sich nicht täuschen. Das Verbrechen unter die Erscheinungen der normalen Soziologie einzureihen, bedeutet nicht bloß, die Ansicht vertreten, daß es eine unvermeidliche, wenn auch bedauerliche Erscheinung ist, die der unverbesserlichen Böswilligkeit der Menschen zugeschrieben werden muß; es schließt auch die Behauptung ein, daß es einen Faktor der öffentlichen Gesundheit, einen integrierenden Bestandteil einer jeden gesunden Gesellschaft bilde. Dieses Ergebnis ist auf den ersten Blick so überraschend, daß es uns lange Zeit hindurch selbst bedenklich gestimmt hat. Hat man jedoch einmal den ersten, bestürzenden Eindruck überwunden, so fällt es nicht schwer, die Gründe aufzufinden, die den normalen Charakter des Verbrechens erklären und zugleich bestätigen.

Zunächst ist das Verbrechen deshalb normal, weil eine Gesellschaft, die frei davon wäre, ganz und gar unmöglich ist.

Das Verbrechen besteht, wie wir an anderer Stelle gezeigt haben, in einer Handlung, die gewisse Kollektivgefühle verletzt, die durch eine besondere Energie und Eindeutigkeit ausgezeichnet sind. Damit in einer gegebenen Gesellschaft die als verbrecherisch erachteten Handlungen nicht mehr begangen werden, müßten sich demnach die durch sie verletzten Gefühle ausnahmslos in allen individuellen Bewußtseinen vorfinden, und zwar in einer hinreichenden Stärke, um widerstrebende Gefühle zu unterdrücken. Angenommen, daß diese Bedingung tatsächlich erfüllt werden könnte, dann würde das Verbrechen darauf nicht verschwinden, sondern nur die Form wechseln; denn dieselbe Ursache, welche die Quellen der Kriminalität derart zum Versiegen brächte, würde ihr unvermittelt neue eröffnen.

Damit die Kollektivgefühle, welche vom Strafrecht eines Volkes zu einem bestimmten Zeitpunkte seiner Geschichte geschützt werden, derart in das ihnen bis dahin verschlossene Bewußtsein der Einzelnen eindringen oder dort mehr Macht gewinnen, wo sie deren nicht genug besaßen, müssen sie in einer Stärke auftreten, welche diejenige, die ihnen bis dahin eigen war, übertrifft. Die Gemeinschaft muß sie im ganzen mit gesteigerter Lebhaftigkeit empfinden. Aus einer anderen

* Daraus, daß das Verbrechen eine normale Erscheinung der Soziologie ist, folgt nicht, daß der Verbrecher vom biologischen und psychologischen Gesichtspunkte aus normal ist. Die zwei Fragen sind voneinander unabhängig. Diese Unabhängigkeit wird nach Darlegung des Unterschiedes zwischen psychischen und sozialen Tatsachen leichter verständlich sein, die später gegeben werden soll.

Quelle können die Gefühle nicht den Kraftüberschuß schöpfen, der es ihnen ermöglicht, sich Individuen, die ihnen so lange völlig unzugänglich blieben, aufzuzwingen. Damit die Mörder verschwinden, muß sich die Scheu vor vergossenem Blut in den sozialen Schichten, aus denen sich die Mörder rekrutieren, vergrößern. Dazu ist aber erforderlich, daß sie sich im gesamten Umkreis der Gesellschaft vergrößere. Übrigens würde das Fehlen des Verbrechens selbst unmittelbar dazu beitragen, ein solches Ergebnis hervorzubringen. Denn ein Gefühl genießt offenbar viel mehr Ansehen, sobald es immer und von jedermann geachtet wird. Dabei wird jedoch übersehen, daß diese intensiven Gefühle des Gemeinbewußtseins nicht derart gestärkt werden können, ohne daß schwächere Bewußtseinszustände, deren Verletzung vorher nur als rein moralisches Vergelten gegolten hätte, gleichzeitig verstärkt werden. Denn diese sind nur die Fortsetzung, die gemilderte Form jener. So richtet sich der Diebstahl und die bloße Unehrlichkeit gegen ein und dasselbe altruistische Gefühl, die Achtung vor dem Eigentum der anderen. Nur wird dieses Gefühl durch die eine Handlung weniger verletzt als durch die andere; und da andererseits das Durchschnittsgewissen nicht intensiv genug ist, um auch die leichtere Schuld lebhaft zu empfinden, wird diese mit größerer Nachsicht behandelt. Deshalb tadelt man den Unehrlichen nur, während der Dieb bestraft wird. Gewinnt aber das Gefühl eine solche Stärke, daß in jedem Bewußtsein der Hang zum Diebstahl überwunden wird, so wächst auch seine Empfindlichkeit gegen Angriffe, die es sonst nur schwach berührten; gegen diese wird es sich mit vermehrter Lebhaftigkeit kehren; sie werden energischer mißbilligt und gehen aus der Gattung der rein moralischen Vergehen in die der Verbrechen über. Unreelle oder unreell erfüllte Verträge, die nur die Mißachtung der Öffentlichkeit oder die zivilrechtliche Verpflichtung zum Schadenersatz nach sich ziehen, werden zu Delikten. Man stelle sich eine Gesellschaft von Heiligen, ein vollkommenes und musterhaftes Kloster vor. Verbrechen im eigentlichen Sinne des Wortes werden hier freilich unbekannt sein; dagegen werden dem Durchschnittsmenschen verzeihlich erscheinende Vergehen dasselbe Ärgernis erregen wie sonst gewöhnliche Verbrechen in einem gewöhnlichen Gewissen. Befindet sich diese Gesellschaft im Besitze der richterlichen und Strafgewalt, so wird sie jene Handlungen als Verbrechen erklären und demgemäß behandeln. Dieselben Gründe sind dafür entscheidend, daß ein vollständig ehrenhafter Mensch über seine geringfügigsten moralischen Entgleisungen mit einer Strenge urteilt, welche die große Masse nur bei eigentlich verbrecherischen Handlungen aufbringt. In früheren Zeiten kamen Gewalttätigkeiten gegen Personen häufiger vor, weil die Achtung vor der persönlichen Würde geringer war. In dem

Maße, wie diese Achtung gestiegen ist, wurden jene Verbrechen seltener. Gleichzeitig aber wurde eine Anzahl vorher ungeahndeter Handlungen, welche dieses Gefühl verletzten, Gegenstand strafrechtlicher Verfolgung*.

Um sämtliche logisch möglichen Hypothesen zu erledigen, soll schließlich noch die Frage aufgeworfen werden, warum sich denn eine solche Einhelligkeit nicht ausnahmslos auf alle Kollektivgefühle erstrecken kann; warum nicht auch die schwächsten sozialen Gefühle Energie genug annehmen können, um jede Dissidenz zu verhindern. Das moralische Bewußtsein der Gesellschaft könnte sich allen Individuen vollständig und mit einer Lebhaftigkeit mitteilen, die ausreichend wäre, um jede Überschreitung zu verhindern, die rein moralischen Vergehungen ebenso wie die Verbrechen. Eine so allumfassende und so absolute Uniformität ist jedoch schlechtweg unmöglich; denn die unmittelbare physische Umgebung, in die jeder von uns hineingestellt ist, die erblichen Vorbedingungen, die sozialen Einflüsse, von denen wir abhängen, schwanken von Individuum zu Individuum und gestalten dadurch jedes Bewußtsein anders. Allein darum kann sich nicht jedermann gleich verhalten, weil ein jeder seinen eigenen Organismus hat und weil sich diese Organismen an verschiedenen Orten im Raum aufhalten. Darum verschwindet die persönliche Originalität selbst bei niedrig stehenden Völkern, obwohl sie bei diesen nur in geringem Maße entwickelt ist, niemals ganz. Da es also keine Gesellschaft geben kann, in der die Individuen nicht mehr oder weniger vom kollektiven Typus abweichen, ist es unvermeidlich, daß sich unter diesen Abweichungen auch solche befinden, die einen verbrecherischen Charakter tragen. Denn dieser Charakter entspringt nicht ihrer inneren Bedeutung, sondern wird ihnen vom Gemeinbewußtsein zuerkannt. Ist nun das letztere kräftiger ausgebildet, verfügt es über hinreichende Autorität, um diese Abweichungen in ihrem absoluten Werte abzuschwächen, so wird es auch empfindlicher und anspruchsvoller sein und gegen die geringfügigsten Verfehlungen mit einer Energie auftreten, die es andernfalls nur gegen bedeutendere Abweichungen in Anwendung bringt. Es wird ihnen die nämliche Wichtigkeit beimessen, d. h. sie zu Verbrechen stempeln.

Das Verbrechen ist also eine notwendige Erscheinung; es ist mit den Grundbedingungen eines jeden sozialen Lebens verbunden und damit zugleich nützlich. Denn die Bedingungen, an die es geknüpft ist, sind ihrerseits für eine normale Entwicklung des Rechtes und der Moral unentbehrlich.

* Verleumdungen, Beleidigungen, Ehrabschneidung, Betrug.

Tatsächlich läßt sich heute nicht mehr bestreiten, daß das Recht und die Moral sich nicht nur mit dem sozialen Typus wandeln, sondern sich auch bei demselben Typus ändern, wenn in den Bedingungen der gesellschaftlichen Existenz ein Wechsel eintritt. Damit aber diese Umwandlung möglich ist, dürfen die kollektiven Gefühle, welche die Grundlage der Moral bilden, einer Änderung nicht unbedingt widerstehen und daher nur eine mäßige Energie besitzen. Wären sie allzu stark, so würden sie an Wandlungsfähigkeit verlieren. Jede Einrichtung ist für die Umstrukturierung ein Hindernis, und das um so mehr, je fester gefügt die ursprüngliche Einrichtung ist. Je stärker ausgeprägt eine Struktur ist, desto größeren Widerstand leistet sie jeder Änderung; das gilt für funktionelle Anordnungen ebenso wie für anatomische. Gäbe es nun kein Verbrechen, so wäre diese Bedingung nicht erfüllt; denn eine solche Annahme setzt voraus, daß die sozialen Gefühle einen Intensitätsgrad erreicht haben, der in der Geschichte ohne Beispiel ist. Ohne Maß und Ende ist jedoch nichts gut. Die Autorität, welche das moralische Bewußtsein genießt, darf gewisse Schranken nicht überschreiten, sonst würde niemand daran zu rühren wagen und es allzuleicht eine erstarrte Form annehmen. Damit sich das moralische Bewußtsein entwickeln kann, erscheint es notwendig, daß sich die individuelle Originalität durchzusetzen imstande ist; und damit die Moral des Idealisten, der seinem Jahrhundert voraus sein will, sich entfalten kann, muß die unterhalb des Zeitniveaus stehende Moral des Verbrechers möglich sein. Eines bedingt das andere.
Das ist nicht alles. Außer dieser indirekten Zweckmäßigkeit geschieht es, daß das Verbrechen in der sittlichen Entwicklung sogar eine nützliche Rolle spielt. Es hält nicht bloß den notwendigen Änderungen den Weg offen, in manchen Fällen bereitet es auch diese Änderungen direkt vor. Nicht bloß befinden sich da, wo es existiert, die Kollektivgefühle in einem wandlungsfähigen Zustand, um neue Formen anzunehmen, sondern es trägt auch zuweilen dazu bei, um ihre zukünftige Form voraus zu bestimmen. Wie oft ist das Verbrechen wirklich bloß eine Antizipation der zukünftigen Moral, der erste Schritt zu dem, was sein wird. Nach dem athenischen Rechte war Sokrates ein Verbrecher, und seine Verurteilung war gerecht. Und doch war sein Verbrechen, die Unabhängigkeit seines Denkens, nützlich, nicht nur für die Menschheit, sondern auch für seine Vaterstadt. Denn er trug dazu bei, eine neue Moral und einen neuen Glauben vorzubereiten, deren die Athener damals bedurften, weil die Traditionen, von denen sie bis dahin gelebt hatten, nicht mehr mit ihren Existenzbedingungen übereinstimmten. Und der Fall Sokrates ist nicht der einzige; er wiederholt sich in der Geschichte periodisch. Die Gedankenfreiheit, deren wir uns heute

erfreuen, wäre niemals proklamiert worden, wenn die sie verbietenden Normen nicht verletzt worden wären, bevor sie noch feierlich außer Kraft gesetzt wurden. In jenem Zeitpunkt war ihre Verletzung jedoch ein Verbrechen, da sie eine Beleidigung von Gefühlen bedeutete, welche bei der Mehrheit noch sehr lebendig waren. Nichtsdestoweniger war dieses Verbrechen nützlich, da es das Vorspiel zu allmählich immer notwendiger werdenden Umwandlungen war. Die unabhängige Philosophie hat ihre Vorläufer bei den Häretikern jeder Art zu suchen, die während des ganzen Mittelalters bis an die Schwelle der Neuzeit vom weltlichen Arm mit Recht verfolgt wurden.

Von diesem Gesichtspunkte aus zeigen sich die Grundtatbestände der Kriminologie in völlig neuem Lichte. Im Gegensatz zu der herkömmlichen Vorstellung erscheint der Verbrecher nicht mehr als schlechthin unsozial, als eine Art von Parasit, als ein nicht assimilierbarer Fremdkörper im Inneren der Gesellschaft*; er ist vielmehr ein regulärer Wirkungsfaktor des sozialen Lebens. Das Verbrechen seinerseits darf nicht mehr als ein in ganz enge Grenzen einzuschränkendes Übel aufgefaßt werden; weit entfernt davon, daß ein allzu auffälliges Herabsinken der Kriminalität unter ihr gewöhnliches Niveau ein begrüßenswertes Ereignis ist, kann es als sicher hingestellt werden, daß dieser vermeintliche Fortschritt zugleich mit irgendeiner sozialen Störung auftritt und mit ihr zusammenhängt. So ist es zu erklären, daß die Zahl der Gewaltverbrechen nie so niedrig ist wie zu Zeiten der Not**. Zu gleicher Zeit und als Folge davon ist die Theorie der Strafe umgestaltet worden oder vielmehr vor die Notwendigkeit einer Umgestaltung gestellt worden. Ist das Verbrechen tatsächlich eine soziale Krankheit, so ist die Strafe das Heilmittel und kann nicht anders aufgefaßt werden; alle Diskussionen, die sie hervorruft, beziehen sich auch wirklich auf die Erkenntnis ihrer Rolle als Heilmittel. Hat aber das Verbrechen

* Wir haben selbst den Irrtum begangen, in dieser Weise vom Verbrecher zu sprechen, weil wir unsere eigene Regel nicht anwendeten. (Division du travail social, S. 395, 396.)

** Übrigens folgt daraus, daß das Verbrechen eine Tatsache der normalen Soziologie ist, keineswegs, daß man es nicht verabscheuen soll. Der Schmerz ist ebenfalls wenig wünschenswert; das Individuum scheut ihn gerade so, wie die Gesellschaft das Verbrechen scheut, und dennoch ist er ein normales physiologisches Phänomen. Nicht nur wurzelt er in der Anlage der Lebewesen, er spielt auch im Leben eine nützliche Rolle, in welcher er nicht ersetzt werden kann. Es hieße, unsere Lehre verzerren, wollte man sie als eine Apologie des Verbrechens hinstellen. Wir würden gar nicht daran denken, eine solche Interpretation zurückzuweisen, wüßten wir nicht, welch seltsamen Beschuldigungen man sich aussetzt, sofern man es unternimmt, die moralischen Tatsachen objektiv zu erforschen und in einer Sprache darüber zu sprechen, die nicht die herkömmliche ist.

nichts Krankhaftes an sich, so kann auch die Strafe nicht auf Heilung abzielen, und ihre Funktion muß anderswo gesucht werden.

Die Annahme, daß die im Vorhergehenden aufgestellten Regeln keine andere Existenzberechtigung haben, als einem logischen Formalismus ohne nennenswerten Sinn Genüge zu tun, ist also durchaus verfehlt, da die wesentlichsten soziologischen Tatbestände, je nachdem man jene Regeln anwendet oder nicht, einen völlig verschiedenen Charakter aufweisen. War übrigens dieses Beispiel besonders überzeugend — deshalb glaubten wir uns hierbei aufhalten zu müssen —, so gibt es noch viele andere, die ebenfalls hätten mit Nutzen zitiert werden können. Es gibt keine Gesellschaft, in welcher nicht das Prinzip herrschte, daß die Strafe dem Verbrechen proportional sein solle. Dennoch gilt dieses Prinzip für die italienische Schule nur als eine jeder Begründung entbehrende Erfindung der Juristen*. Sogar die Institution der Strafe als Ganzes erscheint diesen Kriminologen in der Gestalt, wie sie bis zur Gegenwart bei sämtlichen bekannten Völkern bestanden hat, als ein widernatürliches Phänomen. Wir sahen schon, daß die den Gesellschaften niederer Stufe eigene Kriminalität für Garofalo nichts Natürliches an sich hat. Für die Sozialisten ist es die kapitalistische Wirtschaftsordnung, die trotz ihrer Allgemeinheit eine durch Gewalt und Willkür hervorgebrachte Abirrung vom Normalzustande darstellt. Dagegen bedeutet für Spencer unsere Zentralisation der Verwaltung, die Ausdehnung der gouvernementalen Befugnisse den Hauptmangel unserer Gesellschaft, wiewohl die eine wie die andere in der regelmäßigsten Weise fortschreiten, je weiter man in der Geschichte vorangeht. Wir glauben nicht, daß man sich jemals systematisch darum bemüht hat, den normalen oder abnormalen Charakter der sozialen Phänomene einzig nach dem Grade ihrer Allgemeinheit zu bestimmen. Immer wurden diese Fragen nur mit einem großen Aufwande von Dialektik behandelt.

Trotzdem setzt man sich nicht nur Teilirrtümern und Teilunklarheiten wie den eben erwähnten aus, sofern man dieses Kriterium nicht beachtet, sondern die Wissenschaft selbst wird unmöglich gemacht. In Wirklichkeit hat die Wissenschaft die Erforschung des Normaltypus zum unmittelbaren Gegenstande. Wenn aber nun die allgemeinsten Tatbestände krankhaft sein können, so liegt es im Bereiche der Möglichkeit, daß der Normaltypus im Bereiche der Tatsachen niemals existiert hat. Hat aber deren Erforschung dann einen Zweck? Die Tatsachen können dann nur unsere Vorurteile bestärken und unsere Irrtümer, die sich ja aus ihnen herleiten, stützen. Sind die Strafe und die

* Garofalo, Criminologie, S. 299.

Verantwortung, so wie sie in der Geschichte gegeben sind, nur ein Erzeugnis der Unwissenheit und der Barbarei, wozu soll es dann gut sein, sich ihrer Erkenntnis zu widmen, um ihre Normalformen zu bestimmen? So wird der Verstand verleitet, sich von einer Realität ohne weiteres Interesse abzuwenden, um sich auf sich selbst zurückzuziehen und in sich selbst das notwendige Material zur Konstruktion der Wirklichkeit zu suchen. Damit die Soziologie die Phänomene wie Dinge behandelt, muß sich der Soziologe der Notwendigkeit bewußt sein, sich von ihnen belehren zu lassen. Da der Hauptgegenstand einer jeden Wissenschaft des Lebens, sei es des individuellen, sei es des sozialen, kurz gesagt die Feststellung des Normaltypus ist, so ist es um diese heilsame Abhängigkeit geschehen, wenn die Normalbeschaffenheit nicht in den Dingen selbst gegeben ist, sondern wenn wir im Gegenteil diesen Charakter von außen her hineintragen und ihn aus irgendwelchen Gründen ihnen absprechen. Mit Leichtigkeit findet sich der Geist in den Tatsachen, die ihm nicht viel zu bieten haben, zurecht. Er wird vom Stoffe nicht festgehalten, da in gewisser Art er es ist, welcher dem Stoffe gebietet. Die verschiedenen von uns bisher aufgestellten Regeln sind also untereinander eng verknüpft. Damit die Soziologie wirklich eine Wissenschaft von Dingen sei, muß die Allgemeinheit der Phänomene zum Kriterium ihres normalen Charakters gewählt werden.

Unsere Methode besitzt übrigens den Vorzug, das Denken und das Handeln gleichzeitig zu regeln. Wenn das Erstrebenswerte kein Gegenstand der Beobachtung ist, sondern mittels einer Art gedanklichen Kalküls erkannt werden kann und soll, so kann den freien Empfindungen der Einbildungskraft bei der Suche nach dem Vollkommeneren sozusagen keine Schranke gezogen werden. Wie könnte man auch der Vollkommenheit Grenzen stecken? Sie ist dem Begriffe nach grenzenlos. Das Ziel der Humanität verfließt also ins Unendliche, entmutigt die einen durch seine Entfernung und stachelt dagegen die andern an, die die Gangart beschleunigen und sich in Revolutionen stürzen, um sich ihm ein wenig zu nähern. Diesem praktischen Dilemma entgeht man, wenn das Erstrebenswerte die Gesundheit ist, und wenn die Gesundheit etwas Umgrenztes und in den Tatsachen Gegebenes ist; denn die Grenze des Strebens ist dann zugleich gegeben und bestimmt. Es handelt sich nicht mehr darum, verzweifelt einem Ziele nachzugehen, das in dem Maße, als man sich ihm nähert, entflieht, sondern mit regelmäßiger Beharrlichkeit daran zu arbeiten, den Normalzustand zu erhalten, ihn wieder herzustellen, falls er gestört ist, und seine Bedingungen von neuem zu schaffen, wenn sie sich geändert haben. Die Pflicht des Staatsmannes besteht nicht mehr darin, die Gesellschaft gewaltsam einem ihm verführerisch scheinenden Ideal zuzutreiben, sondern seine Rolle ist vielmehr die des Arztes: er verhütet den Ausbruch von Krankheiten durch eine angemessene Hygiene und sucht sie zu heilen, wenn sie ausgebrochen sind *.

* Aus der in diesem Kapitel entwickelten Theorie hat man zuweilen gefolgert, daß, nach unserer Auffassung, die ansteigende Bewegung der Kriminalität im Laufe des 19. Jahrhunderts ein normales Phänomen sei. Nichts liegt unserem Denken ferner. Einige Tatsachen, die wir in bezug auf den Selbstmord (s. Le Suicide, S. 420 f.) vorgebracht haben, lassen uns im Gegenteil der Ansicht zuneigen, daß diese Entwicklung im allgemeinen krankhaft ist. Allenfalls wäre es möglich, daß ein gewisser Zuwachs gewisser Formen der Kriminalität normal ist, da jede Stufe der Zivilisation ihre eigene Kriminalität hat. Doch können darüber nur Hypothesen aufgestellt werden.

VIERTES KAPITEL

Regeln für die Aufstellung der sozialen Typen

Da ein soziologischer Tatbestand nur in Beziehung auf eine bestimmte soziale Art als normal oder abnormal qualifiziert werden kann, ergibt sich aus dem Vorgehenden, daß ein Zweig der Soziologie der Aufstellung dieser Arten und ihrer Klassifikation zu widmen ist.
Dieser Begriff der sozialen Art hat überdies den großen Vorzug, uns eine Mittelstellung zwischen den beiden gegensätzlichen Auffassungen des kollektiven Lebens zu bieten, zwischen denen man seit langer Zeit schwankte, nämlich dem extremen Nominalismus der Historiker* und dem extremen Realismus der Philosophen. Für den Historiker stellen die einzelnen Gesellschaften ebensoviel verschiedene untereinander nicht vergleichbare Individualitäten dar. Jedes Volk hat seine Physiognomie, seine besondere Konstitution, sein Recht, seine Moral, seine wirtschaftliche Organisation, die einzig ihm zukommen, und jede Verallgemeinerung ist nahezu unmöglich. Für den Philosophen sind dagegen alle die besonderen Gruppen, die man Stämme, Staaten, Nationen nennt, nur zufällige und vorläufige Verbindungen ohne eigene Realität. Real ist nur die Menschheit, und den allgemeinen Eigenschaften der menschlichen Natur entspringt jede soziale Entwicklung. Für die Historiker ist die Geschichte infolgedessen nichts als eine Aufeinanderfolge von Geschehnissen, die sich aneinander gliedern, ohne sich zu wiederholen. Für die Philosophen haben dieselben Geschehnisse Wert und Interesse nur als Illustration allgemeiner Gesetze, die in der Konstitution der Menschen wurzeln und jede historische Entwicklung beherrschen. Nach jenen läßt sich das, was für die eine Gesellschaft richtig ist, nicht auf andere übertragen. Die Bedingungen der Gesundheit wechseln von Volk zu Volk und sind theoretisch nicht bestimmbar; sie aufzufinden ist vielmehr Sache der Praxis, der Erfahrung, des Ausprobierens. Nach den anderen können diese Bedingungen ein für allemal und für das ganze Menschengeschlecht festgestellt werden.

* Ich nenne ihn so, weil er häufig bei den Historikern vorkommt, ohne damit sagen zu wollen, daß er sich bei allen vorfindet.

Scheinbar konnte also die soziale Wirklichkeit nur Gegenstand einer abstrakten und vagen Philosophie oder rein beschreibender Monographien sein. Doch entgeht man dieser Alternative, sofern man einmal erkannt hat, daß es zwischen der wirren Vielheit historischer Gesellschaften und dem einen, aber ideellen Begriff der Menschheit Zwischenglieder gibt: das sind die sozialen Arten. In dem Begriff der Art sind sowohl die Einheit, welche jede wahrhaft wissenschaftliche Untersuchung fordert, als auch die Vielfältigkeit, die in den Tatsachen gegeben ist, wirklich vereint, da sich die Art bei sämtlichen Individuen, die zu ihr gehören, in gleicher Weise vorfindet, während die Arten sich voneinander unterscheiden. Es ist zwar wahr, daß die rechtlichen, moralischen und wirtschaftlichen Einrichtungen unendlich variabel sind, doch sind diese Variationen nicht so beschaffen, daß sie sich der wissenschaftlichen Erfassung entziehen.

Einer Verkennung der Existenz sozialer Arten ist es zuzuschreiben, daß Comte geglaubt hat, den Fortschritt der menschlichen Gesellschaften als identisch mit dem eines einzigen Volkes hinstellen zu können, »auf welches sämtliche in zeitlicher Aufeinanderfolge bei verschiedenen Völkern beobachteten Veränderungen ideell bezogen werden *«. Wenn es nur eine einzige soziale Art gibt, dann können sich in der Tat die besonderen Gesellschaften nur dem Grade nach unterscheiden, in dem sie die konstitutiven Merkmale dieser einzigen Art mehr oder weniger vollständig aufweisen, je nachdem sie die Menschheit mehr oder weniger vollkommen zum Ausdruck bringen. Gibt es dagegen qualitativ verschiedene soziale Typen, so wird man niemals erreichen können, selbst wenn man sie einander annähert, daß sie sich wie homogene Abschnitte einer geometrischen Graden aneinander anschließen. Die geschichtliche Entwicklung verliert so die ideelle und simplistische Einheit, die man ihr zugeschrieben hat. Sie zerfällt sozusagen in eine Vielheit von Bruchstücken, die sich, weil sie spezifisch voneinander verschieden sind, nicht lückenlos vereinigen lassen. Die berühmte von Comte aufgegriffene Metapher Pascals kann von nun an nicht mehr als zutreffend gelten.

Wie soll man nun aber bei Aufstellung dieser Arten verfahren?

* Cours de philos. pos. IV, 263.

I

Auf den ersten Blick kann es scheinen, daß es keine andere Art des Vorgehens gibt, als jede Gesellschaft für sich zu untersuchen, eine möglichst genaue und vollständige Monographie darüber zu liefern, hierauf alle diese Monographien zu vergleichen, zuzusehen, worin sie übereinstimmen und worin sie auseinandergehen, und schließlich je nach der relativen Bedeutung dieser Ähnlichkeiten und Verschiedenheiten die Völker in ähnliche und unähnliche Gruppen zu teilen. Zur Begründung dieser Methode führt man an, daß sie in einer Erfahrungswissenschaft die einzig anwendbare ist. Die Art ist in Wirklichkeit nichts anderes als die Zusammenfassung der Individuen; wie will man also die Art feststellen, wenn man nicht damit beginnt, die Individuen ein jedes für sich und vollständig zu beschreiben? Entspricht es nicht der Regel, zum Allgemeinen nicht eher aufzusteigen, als bis das Einzelne und zwar in seiner ganzen Ausdehnung erforscht ist? Darum hat man auch bisweilen die soziologische Forschung in jene unbestimmt ferne Epoche verlegen wollen, in der die Geschichtsschreibung bei der Untersuchung der einzelnen Gesellschaften zu Ergebnissen gelangt sein wird, die hinreichend objektiv und bestimmt sind, um eine zweckmäßige Vergleichung zuzulassen.

In Wirklichkeit hat jedoch eine solche Vorsicht nur den Schein der Wissenschaftlichkeit für sich. Es ist weder richtig, daß die Wissenschaft Gesetze erst aufstellen kann, nachdem sie sämtliche in jenen zum Ausdruck gebrachten Tatsachen untersucht hat, noch daß sie Gattungen erst bilden kann, nachdem die diesen zugehörigen Individuen vollständig beschrieben wurden. Die eigentlich experimentelle Methode strebt vielmehr dahin, an Stelle der alltäglichen Tatsachen, die nur in großer Zahl gesammelt beweiskräftig sind und infolgedessen immer nur suspekte Schlüsse ermöglichen, die entscheidenden Tatbestände oder experimenta crucis zu setzen, wie Bacon * sagte, die an sich und ohne Rücksicht auf ihre Zahl wissenschaftliches Interesse und Wert besitzen. So zu verfahren ist vor allem dann notwendig, wenn Gattungen und Arten festgestellt werden sollen. Denn es ist ein unlösbares Problem, ein Inventar sämtlicher einem Individuum zukommenden Eigenschaften aufzustellen. Jedes Individuum ist etwas Unendliches, und das Unendliche kann nicht erschöpft werden. Sollte man sich nun an die wesentlichsten Eigenschaften halten? Doch nach welchem Prinzip soll die Auslese getroffen werden? Dazu ist ein Kriterium erforderlich, das über das Individuum hinausreicht und das uns daher

* Novum Organum II, § 36.

die besten Monographien nicht bieten können. Auch abgesehen von dieser strengen Fassung läßt sich voraussehen, daß, je zahlreicher die der Klassifikation zugrunde liegenden Eigenschaften sind, es um so schwerer sein wird, daß die verschiedenen Formen, in denen sich die Eigenschaften im einzelnen Fall kombinieren, hinreichende Ähnlichkeiten und deutliche Verschiedenheiten aufweisen, um die Bildung bestimmter Gruppen und Untergruppen zu gestatten.

Doch selbst wenn eine Klassifikation nach dieser Methode möglich wäre, hätte diese den großen Nachteil, den Zweck, um dessenwillen sie aufgestellt wird, nicht zu erfüllen. Tatsächlich hat die Klassifikation vor allem den Zweck, die wissenschaftliche Arbeit dadurch abzukürzen, daß sie an Stelle der unendlichen Menge von Individuen eine beschränkte Anzahl von Typen setzt. Sie verliert aber diesen Vorzug, wenn die Typen erst gebildet werden können, nachdem alle Individuen untersucht und durchwegs analysiert wurden. Sie kann die Forschung nicht fördern, wenn sie einzig bereits durchgeführte Untersuchungen zusammenfaßt. Wirklich nützlich kann sie uns nur werden, wenn sie uns andere Eigenschaften zu klassifizieren gestattet als diejenigen, die ihr zur Grundlage dienten, wenn sie den Rahmen für neue Tatsachen schafft. Ihre Rolle besteht darin, uns Kennzeichen an die Hand zu geben, an welche wir andere Beobachtungen als diejenigen anknüpfen können, die uns diese Kennzeichen selbst geliefert haben. Dazu ist aber erforderlich, daß die Einteilung nicht erst auf Grund eines vollständigen Inventars aller individuellen Eigenschaften, sondern auf Grund einer kleinen Anzahl sorgfältig ausgewählter Eigenschaften vorgenommen wurde. Unter diesen Voraussetzungen wird sie nicht bloß dazu dienen, in bereits gewonnene Erkenntnisse ein wenig Ordnung zu bringen, sondern auch dazu, neue zu gewinnen. Sie wird durch ihre Führung dem Forscher manchen Umweg ersparen. Sobald einmal die Klassifikation auf dieses Prinzip gestellt ist, wird die Beobachtung aller Gesellschaften dieser Art nicht mehr nötig sein, um zu erfahren, ob ein Tatbestand in einer Art allgemein ist; die Beobachtung einiger Gesellschaften wird dazu ausreichen. In vielen Fällen wird sogar eine einzige sorgfältige Beobachtung genügend sein, so wie häufig ein einziges gut durchgeführtes Experiment zur Aufstellung eines Gesetzes genügt.

Wir müssen also für unsere Klassifikation besonders wesentliche Eigenschaften auswählen. Allerdings sind diese nur erkennbar, wenn die Erklärung der Phänomene hinreichend weit vorgeschritten ist. Erklärung und Klassifikation sind miteinander eng verknüpft und unterstützen sich gegenseitig im Fortschritt der Erkenntnis. Dennoch lassen sich noch vor Eintritt in die Erforschung der Tatsachen mit Leichtigkeit

Vermutungen darüber anstellen, wo die charakteristischen Eigenschaften der sozialen Typen zu suchen sind. In der Tat wissen wir, daß die Gesellschaften aus miteinander verbundenen Teilen bestehen. Da die Natur einer jeden Resultante notwendig von der Natur, der Zahl und der Verbindungsart der Komponenten abhängt, sind es offenbar diese Teile, die wir zugrunde legen müssen, und man wird in der Tat sehen, daß sie es sind, von denen die allgemeinsten Tatsachen des sozialen Lebens abhängen. Da sie andererseits morphologischer Natur sind, kann man jenen Teil der Soziologie, dessen Aufgabe es ist, die sozialen Typen zu bilden und zu klassifizieren, *soziale Morphologie* nennen.

Man kann sogar das Prinzip dieser Klassifikation noch präziser ausdrücken. Man weiß ja, daß diese konstitutiven Teile, aus denen sich jede Gesellschaft zusammensetzt, einfachere Gesellschaften sind als jene. Ein Volk geht aus der Vereinigung zweier oder mehrerer Völker hervor, die vor ihm da waren. Wenn wir also die einfachste Gesellschaft, die jemals existiert hat, kennen, so brauchen wir, um unsere Klassifikation durchzuführen, nur die Art zu verfolgen, wie sich diese Gesellschaft mit ihresgleichen verbindet und wie sich diese Verbindungen wieder untereinander verbinden.

II

Spencer hat sehr wohl begriffen, daß die methodische Klassifikation der sozialen Typen keine andere Grundlage haben kann.

»Wir haben gesehen«, sagt er, »daß die soziale Entwicklung mit kleinen, einfachen Aggregaten beginnt; daß sie mit der Vereinigung einiger dieser Aggregate beginnt; daß sie mit der Vereinigung einiger dieser Aggregate zu größeren sich fortsetzt, und daß sich diese Gruppen nach erfolgter Festigung mit ähnlichen vereinigen, um noch größere Aggregate zu bilden. Unsere Klassifikation muß also mit Gesellschaften der ersten Art, d. h. mit den einfachsten beginnen*.«

Leider müßte man nun, um dieses Prinzip in die Praxis umzusetzen, damit beginnen, das, was man unter einfacher Gesellschaft versteht, zu definieren. Eine solche Definition gibt nun Spencer allerdings nicht, er hält sie auch für geradezu unmöglich**. Tatsächlich besteht die Einfachheit, wie er sie auffaßt, in einer gewissen Grobschlächtigkeit

* Spencer, Prinzipien der Soziologie.

** »Wir können nicht immer genau angeben, was eine einfache Gesellschaft ausmacht« (a. a. O.).

der Organisation. Nun läßt sich nicht leicht mit Bestimmtheit angeben, zu welchem Zeitpunkte die soziale Organisation rudimentär genug ist, um als einfach zu gelten; das ist Sache der Wertung. Auch ist die von ihm aufgestellte Formel so fließend, daß sie auf jede Form der Gesellschaft paßt. »Wir können nichts besseres tun«, schreibt er, »als jede Gesellschaft, die ein Ganzes darstellt, das keinem anderen untergeordnet ist, und dessen Teile, mit oder ohne regulatives Zentrum, im Hinblick auf gewisse Zwecke öffentlichen Interesses kooperieren, als einfach zu betrachten.« Es gibt nun viele Völker, die dieser Bedingung entsprechen. Spencer faßt in dieser Rubrik aufs Geradewohl alle minder zivilisierten Völker zusammen. Es läßt sich denken, wie bei einem derartigen Ausgangspunkt das Ergebnis seiner Klassifikation aussehen mag. In der Tat werden die disparatesten Gesellschaften in einem höchst erstaunlichen Durcheinander aneinandergerückt, die homerischen Griechen werden den Feudalherren des 10. Jahrhunderts nebengeordnet und den Bechuanas, den Zulus und den Fidschiinsulanern untergeordnet; der athenische Bund wird den französischen Feudalherren des 13. Jahrhunderts neben- und den Irokesen- und Araukanerbünden untergeordnet.

Der Ausdruck Einfachheit kann nur dann einen bestimmten Sinn gewinnen, wenn er die vollständige Abwesenheit von Teilen bezeichnet. Unter einer einfachen Gesellschaft muß also jede Gesellschaft verstanden werden, die keine anderen einfacheren einschließt; die nicht nur aus einem einzigen Segment besteht, sondern auch keine Spuren früherer Segmentierung zeigt. Die *Horde,* so wie wir sie an anderer Stelle* definiert haben, entspricht genau dieser Definition. Sie ist ein soziales Aggregat, das in seinem Inneren kein elementareres Aggregat umfaßt noch auch je eines umfaßt hat und das unmittelbar in Individuen zerfällt. Die letzteren bilden innerhalb der Gesamtgruppe keine engeren von jener unterschiedenen Gruppen; sie sind einander wie Atome nebengeordnet. Eine einfachere Gesellschaft kann es offensichtlich nicht geben; sie ist das Protoplasma des sozialen Lebens und infolgedessen die natürliche Grundlage einer jeden Klassifikation.

Es ist wahr, daß in der Geschichte vielleicht keine einzige Gesellschaft vorkommt, die genau dieser Beschreibung entspricht; doch wie wir in dem schon zitierten Buche gezeigt haben, kennen wir eine große Zahl von Gesellschaften, die unmittelbar und ohne ein anderes Zwischenglied durch eine einfache Häufung von Horden gebildet werden. Sobald die Horde auf diese Weise zu einem sozialen Segment wird, statt

* Divis. du trav. soc., S. 189.

eine Gesellschaft in sich selber darzustellen, erhält sie einen anderen Namen: man spricht von einem Klan; doch behält sie ihre wesentlichen Züge bei. Der Klan ist in Wirklichkeit ein soziales Aggregat, das keine engeren Verbände umfaßt. Wohl ließe sich darauf hinweisen, daß er dort, wo wir ihn gegenwärtig beobachten können, eine Mehrheit von Familien in sich schließt. Doch aus Gründen, die wir hier nicht auseinandersetzen können, glauben wir, daß die Bildung dieser kleineren Familiengruppen zu einer späteren Zeit erfolgte als die des Klans; außerdem stellen diese kleinen Gruppen genau gesprochen keine sozialen Segmente dar, weil sie keiner politischen Ordnung entsprechen. Wo immer wir den Klan finden, stellt er die letzte politische Einheit dar. Selbst also, wenn keine anderen Tatsachen für die Existenz der Horde sprechen würden – wir hoffen, das später einmal ausführen zu können –, so würde die Existenz des Klans, d. i. einer aus Horden bestehenden Gesellschaft, die Annahme rechtfertigen, daß früher einfachere Gesellschaften, die aus Horden im eigentlichen Sinn des Wortes bestanden, vorhanden waren. Wir können also die Horde als Grundelement aller sozialen Arten behandeln.

Ist dieser Begriff der Horde oder der monosegmentären Gesellschaft erst einmal aufgestellt, sei es als historische Realität oder als Postulat der Wissenschaft, so ist der notwendige Stützpunkt gegeben, um die vollständige Stufenleiter der sozialen Typen zu konstruieren. Man wird so viel Grundtypen unterscheiden, als Kombinationsmöglichkeiten der Horden untereinander und der durch deren Verbindung entstehenden Gesellschaften vorhanden sind. Zunächst wird man Aggregate auffinden, die durch bloße Wiederholung von Horden oder Klans, um sie mit ihrem neuen Namen zu bezeichnen, aufgebaut sind, ohne daß die Klans untereinander derart verknüpft wären, daß Zwischengruppen zwischen der Gesamtgruppe, die sie alle umschließt, und jeder Einzelgruppe vorkommen; sie sind einfach nebengeordnet wie die Individuen in der Horde. Beispiele solcher Gesellschaften, die man *einfache polysegmentäre Gesellschaften* nennen könnte, finden sich bei gewissen irokesischen und australischen Stämmen. Der »arch« oder kabylische Stamm zeigt denselben Charakter; er ist eine Vereinigung von in Dorfform fixierten Klans. Wahrscheinlich gab es eine Zeit, in der die römische Kurie und die athenische Phratrie eine Gesellschaft dieser Gattung waren. Hierauf kämen die aus einer Vereinigung von Gesellschaften der vorerwähnten Art hervorgehenden, d. h. *einfach zusammengesetzten polysegmentären Gesellschaften.* Dieser Form gehörte der Irokesenbund an und die durch die Vereinigung der kabylischen Stämme gebildete Konföderation. Ebenso gestaltet waren anfänglich die drei Stämme, deren Vereinigung in späterer Zeit den römischen Staat entstehen ließ. Schließlich wird man den *zweifach zusammengesetzen polysegmentären Gesellschaften* begegnen, die aus der Nebenordnung oder Verschmelzung mehrerer einfach zusammengesetzter polysegmentärer Gesellschaften entstehen. Solcher Art sind die Polis, ein Aggregat von Stämmen, die selbst Aggregate von Kurien sind, die ihrerseits in Gentes oder Klans zerfallen, und der germanische Stamm mit seinen Grafschaften, die in Hundertschaften unterteilt sind, welche wiederum den zum Dorf gewordenen Klan zur letzten Einheit haben.

Wir haben diese Andeutungen nicht weiter zu entwickeln, da es sich hier nicht darum handelt, eine Klassifikation der Gesellschaften durchzuführen. Das ist ein viel zu kompliziertes Problem, als daß es so nebenbei gelöst werden könnte: es setzt im Gegenteil ein System langer und spezieller Untersuchungen voraus. Wir wollten lediglich durch einige Beispiele unsere Ideen präzisieren und zeigen, wie das Prinzip unserer Methode angewendet werden muß. Das Vorhergehende darf nicht einmal als vollständige Klassifikation der Gesellschaften niederer Stufe betrachtet werden. Der größeren Klarheit halber haben wir die Dinge ein wenig vereinfacht. Wir haben angenommen, daß jeder höhere Typus durch eine Wiederholung von Gesellschaften des gleichen Typus, nämlich des nächst niedrigeren gebildet wird. Nun ist es durchaus nicht unmöglich, daß Gesellschaften verschiedener Art, die auf der Stufenleiter der sozialen Typen ungleich hoch stehen, sich zu einer neuen Art vereinigen. Mindestens ein solcher Fall ist bekannt, das ist das römische Reich, das Völker der verschiedensten Natur umschloß*.

Nach Feststellung dieser Typen wird es möglich sein, bei jedem von ihnen verschiedene Abarten zu unterscheiden, je nachdem ob die segmentären Gesellschaften, welche die Gesamtgesellschaft bilden, eine gewisse Individualität bewahren oder im Gegenteil in der Masse der Gesamtheit verschwinden. Es ist leicht einzusehen, daß die sozialen Phänomene nicht nur mit der Natur der Elemente, aus denen sie zusammengesetzt sind, variieren, sondern auch mit der Art ihrer Zusammensetzung. Sie müssen sich insbesondere sehr verschieden gestalten, je nachdem eine jede Teilgruppe ihre besondere lokale Lebensweise beibehält oder alle Gruppen im allgemeinen Leben aufgehen, d. h. je nachdem sie mehr oder weniger konzentriert sind. Es muß

* Jedoch ist es wahrscheinlich, daß im allgemeinen der Abstand zwischen den Teilgesellschaften nicht allzugroß sein darf; sonst könnte zwischen ihnen keine moralische Gemeinschaft bestehen.

daher untersucht werden, ob zu irgend einem Zeitpunkte eine vollständige Verschmelzung der Segmente eintritt. Die Verschmelzung ist daran erkennbar, daß die ursprüngliche Zusammensetzung der Gesellschaft auf ihre politische und administrative Organisation keinen Einfluß mehr hat. Von diesem Gesichtspunkte aus unterscheidet sich die Polis scharf von den germanischen Stämmen. Bei den letzteren hat sich die Sippenverfassung, wenn auch verblaßt, bis ans Ende ihrer Geschichte behauptet, während in Rom und Athen die gentes und die γένη sehr bald aufhörten, politische Körperschaften zu sein, und zu bloßen Privatverbänden herabsanken.

Innerhalb des nun hergestellten Rahmens wird man im Stande sein, neue Unterscheidungen nach sekundären morphologischen Merkmalen einzuführen. Indessen halten wir aus Gründen, die wir später anführen wollen, ein erfolgreiches Hinausgehen über die eben angegebenen allgemeinen Einteilungen nicht für möglich. Überdies haben wir auf diese Details nicht einzugehen, es genügt die Aufstellung des Klassifikationsprinzipes, das folgendermaßen ausgesprochen werden kann: *Zunächst sind die Gesellschaften nach dem Grade ihrer Zusammengesetztheit zu klassifizieren, wobei die vollkommen einfache oder monosegmentäre Gesellschaft als Grundlage zu nehmen ist; innerhalb dieser Klassen sind verschiedene Abarten zu unterscheiden, je nachdem eine vollständige Verschmelzung der ursprünglichen Segmente stattfindet oder nicht.*

III

In diesen Regeln liegt implizit die Antwort auf eine Frage, die sich der Leser vielleicht gestellt hat, als wir von den sozialen Arten sprachen, ohne daß ihre Existenz unmittelbar festgestellt worden wäre. Dieser Nachweis ist in dem Prinzip der eben dargelegten Methode enthalten.

Wir haben in der Tat gesehen, daß die Gesellschaften in Wirklichkeit nur verschiedene Kombinationen einer und derselben ursprünglichen Gesellschaft sind. Nun kann sich ein und dasselbe Element mit seinesgleichen nur in einer beschränkten Zahl von Formen kombinieren, besonders wenn die Teilelemente wenig zahlreich sind, und dasselbe gilt von den resultierenden Kombinationen; das ist aber bei den sozialen Segmenten der Fall. Die Skala der möglichen Kombinationen ist also begrenzt, und sie müssen sich wenigstens der Mehrzahl nach wiederholen. Auf diese Weise kommen die sozialen Arten zustande. Es ist übrigens möglich, daß gewisse von diesen Kombinationen nur ein einziges Mal auftreten. Das ändert aber nichts daran, daß sie Arten sind. In solchen Fällen wird man einzig sagen, daß die Art nur ein einziges Individuum umfaßt*.

Es gibt also soziale Arten aus demselben Grunde wie es in der Biologie Arten gibt. Letztere sind ja auf die Tatsache zurückzuführen, daß die Organismen nur verschiedene Kombinationen einer und derselben anatomischen Einheit sind. Doch besteht von diesem Gesichtspunkt aus zwischen den beiden Gebieten ein großer Unterschied. Bei den Lebewesen verleiht ein besonderer Faktor den spezifischen Eigenschaften einen Grad der Resistenz, welchen die andern nicht besitzen; das ist die Vererbung. Diese Eigenschaften wurzeln tiefer im Organismus, weil sie sämtlichen Vorfahren gemeinschaftlich sind. Sie lassen sich also durch die Einwirkung des individuellen Milieus nicht so leicht verdrängen, sondern behaupten sich ständig gleichbleibend trotz der Mannigfaltigkeit äußerer Verhältnisse. Es gibt also eine innere Kraft, die sie ungeachtet äußerer, auf Veränderung hinwirkender Reize erhält; das ist die Kraft hereditärer Eigenschaften. Deshalb sind sie klar umschrieben und können genau bestimmt werden. Auf dem Gebiete des Sozialen fehlt dagegen diese innere Verursachung. Hier können diese spezifischen Eigenschaften durch Fortpflanzung nicht verstärkt werden, weil sie nur eine Generation andauern. Neu entstehende Gesellschaften gehören regelmäßig einer anderen Art an als die Gesellschaften, von denen sie stammen, weil die letzteren, wenn sie sich kombinieren, ganz und gar neue Einrichtungen hervorbringen. Nur die Kolonisation ließe sich mit der Fortpflanzung durch Keimung vergleichen. Soll aber der Vergleich genau zutreffen, so darf sich die Gruppe der Kolonisten nicht mit irgend einer Gesellschaft anderer Art oder anderer Varietät vermischen. Die unterscheidenden Eigenschaften einer sozialen Art erhalten also von der Vererbung keinen Kraftzuwachs, der den individuellen Variationen zu widerstehen ermöglicht, sondern unter dem Einflusse der Umstände ändern sie sich und stufen sich bis ins Unendliche ab. Daher bleibt häufig, wenn man einmal alle Variationen von den Arten losgelöst hat und sie in ihrer Reinheit gewinnen will, nur ein ziemlich unbestimmter Rückstand zurück. Diese Unbestimmtheit wächst naturgemäß umso mehr, als sich die Komplexheit der Eigenschaften steigert; denn je komplexer ein Ding ist, desto mannigfaltigere Verbindungen können die Teile, aus denen es zusammengesetzt ist, eingehen. Daraus folgt, daß der spezi-

* Das ist etwa beim Römischen Reiche der Fall, das in der Geschichte ohne Analogon dazustehen scheint.

fische Typus, jenseits der allgemeinsten und einfachsten Eigenschaften, in der Soziologie nicht so bestimmte Umrisse zeigt wie in der Biologie*.

* Bei der Niederschrift dieses Kapitels für die erste Auflage dieses Werkes wurde die Methode der Klassifikation der Gesellschaften nach dem Stande ihrer Kultur nicht erwähnt. Zu jener Zeit gab es noch keine von berufenen Soziologen vorgeschlagene Einteilung dieser Art, wenn man etwa von der offenbar veralteten von Comte absieht. Seither sind mehrere Versuche in dieser Richtung unternommen worden, insbesondere von Alfred Vierkandt (Die Kulturtypen der Menschheit in: Archiv f. Anthropologie 1898), von Sutherland (The Origin and Growth of the Moral Instinct) und von Steinmetz (Classification des types sociaux in: L'Année sociologique III, S. 43—147). Trotzdem wollen wir uns nicht mit ihrer Besprechung aufhalten, da sie dem in diesem Kapitel gestellten Probleme nicht entsprechen. Nicht soziale Arten klassifizieren sie, sondern, was sehr verschieden davon ist, historische Phasen. Frankreich ist seit den Anfängen seiner Entwicklung durch sehr verschiedene Zivilisationsformen hindurchgegangen; es begann als Agrikulturstaat, um später zum Gewerbe und Kleinhandel, dann zur Manufaktur und schließlich zur Großindustrie fortzuschreiten. Nun ist die Annahme unmöglich, daß ein und dieselbe kollektive Individualität ihre Art drei- oder viermal ändern kann. Eine Art muß durch konstantere Merkmale definiert werden. Der Stand der Wirtschaft, Technik usw. zeigt zu unbeständige und komplexe Phänomene, um die Grundlage einer Klassifikation abzugeben. Es ist sogar sehr gut möglich, daß dieselbe gewerbliche, wissenschaftliche oder künstlerische Zivilisation bei Gesellschaften angetroffen wird, deren ursprüngliche Grundlagen sehr verschieden sind. Japan wird unsere Kunst, unsere Industrie, selbst unsere politische Organisation übernehmen können und wird deshalb doch nicht aufhören, einer anderen sozialen Art als Deutschland oder Frankreich anzugehören. Hinzuzufügen ist noch, daß diese Versuche, obwohl von Soziologen von Ruf vorgenommen, nur zu vagen, strittigen und wenig ersprießlichen Ergebnissen geführt haben.

FÜNFTES KAPITEL

Regeln für die Erklärung der soziologischen Tatbestände

Die Aufstellung der sozialen Typen ist in erster Linie ein Mittel der Gruppierung der Tatsachen, um ihre Auslegung zu erleichtern; die soziale Morphologie ist ein Weg zum eigentlich erklärenden Teil der Wissenschaft. Welche Methode ist nun bezeichnend für diesen letzteren?

I

Die meisten Soziologen glauben, sich über die Phänomene genügende Rechenschaft gegeben zu haben, sobald sie klargestellt haben, wozu diese nützlich sind und welche Rolle sie spielen. Es wird in einer Weise argumentiert, als ob die Phänomene einzig im Hinblick auf diese Rolle existierten und keine andere bestimmende Ursache hätten als das klare oder dunkle Gefühl des Zweckes, den sie erfüllen sollen. Das ist auch der Grund, warum man alles zu ihrem Verständnis Erforderliche gesagt zu haben glaubt, sobald man die Realität dieser Leistung festgestellt und nachgewiesen hat, welchen sozialen Bedürfnissen die Phänomene Genüge leisten. So führt Comte den Fortschritt des menschlichen Geschlechtes auf eine Grundtendenz zurück, »die den Menschen unmittelbar dazu drängt, seine wie immer geartete Lage unter allen Umständen unablässig zu verbessern*«, und Spencer auf das Bedürfnis nach größerem Glück. Kraft dieses Prinzipes erklärt der letztere die Entfaltung der Gesellschaft durch die Vorteile, die aus der Kooperation fließen, die Institution der Regierungsgewalt durch ihren Nutzen für die Regelung der militärischen Kooperation**, die Umbildungen der Familie durch das Bedürfnis, die Interessen der Eltern, der Kinder und der Gesellschaft immer vollkommener zu vertreten.
Doch vermengt diese Methode zwei Fragen, die wohl auseinanderzuhalten sind. Den Nutzen eines Tatbestands aufzuweisen, bedeutet

* Cours de philos. pos. IV, 262.
** Spencer, Prinzipien der Soziologie, Bd. III.

nicht, seine Entstehung und sein Wesen zu erklären; denn die Verwendungsweisen, denen er dient, setzen spezifische Eigenschaften voraus, die ihn zwar charakterisieren, ihn aber nicht geschaffen haben. Unser Bedürfnis nach den Dingen kann nicht bewirken, daß sie so oder so beschaffen sind, und es ist daher auch nicht dieses Bedürfnis, das sie aus dem Nichts erwecken und ihnen Dasein geben kann. Sie verdanken ihre Existenz Ursachen anderer Art. Daß wir den Nutzen, den die Dinge bieten, empfinden, kann uns zwar veranlassen, diese Ursachen ins Werk zu setzen, um dadurch die mit ihnen verbundenen Wirkungen hervorzurufen, nicht aber diese Wirkungen aus dem Nichts zu erzeugen. Diese Behauptung ist evident, sofern es sich nur um materielle oder wenigstens psychische Phänomene handelt. Sie würde auch in der Soziologie nicht bestritten werden, wenn nicht die sozialen Phänomene auf Grund ihrer extremen Unkörperlichkeit uns zu Unrecht jeder Realität bar schienen. Da man sie aber nur als rein gedankliche Kombinationen betrachtet, scheint es, daß sie von selbst entstehen müßten, so wie man sich eine Vorstellung von ihnen bildet und sofern man sie als nützlich empfindet. Da aber jedes soziale Phänomen eine Kraft darstellt, welche die unsere beherrscht und eine eigene Natur hat, kann der bloße Wunsch oder Wille nicht genügen, um ihm ein Sein zu geben. Dazu ist noch erforderlich, daß taugliche Kräfte gegeben seien, um diese bestimmte Kraft, oder taugliche Eigenschaften, um diese besondere Eigenschaft zu erzeugen. Einzig unter dieser Voraussetzung ist die Möglichkeit dazu vorhanden. Um den Familiengeist zu heben, wo er eine Abschwächung erfahren hat, genügt es nicht, daß jedermann einsieht, welche Vorteile das haben müßte. Vielmehr muß man unmittelbar diejenigen Ursachen spielen lassen, die einzig imstande sind, einen solchen Geist zu erzeugen. Um eine Regierung mit der nötigen Autorität auszustatten, reicht das Bewußtsein des Bedürfnisses nicht aus; man muß sich den einzigen Quellen zuwenden, denen diese Autorität entspringt, also Traditionen schaffen, den Gemeingeist stärken etc. Um das zu erreichen, muß also in der Reihe der Ursachen und Wirkungen so weit zurückgegriffen werden, bis der Punkt aufgefunden wird, an dem menschliches Handeln wirksam einsetzen kann.

Die Verschiedenartigkeit dieser beiden Arten von Untersuchungen wird durch den Umstand erwiesen, daß eine Erscheinung existieren kann, ohne irgendwie zu nützen, sei es, daß sie niemals irgendeinem vitalen Zweck gedient hat, sei es, daß sie ihre Nützlichkeit in der Folge eingebüßt und ihre Existenz durch die bloße Macht der Gewohnheit fortgeführt hat. Es gibt in der Tat in der Gesellschaft noch mehr Überlebsel als im Organismus. Es kommt sogar vor, daß soziale

Institutionen oder Gewohnheiten ihre Funktionen ändern, ohne deshalb ihre Natur zu ändern. Die Regel is pater est, quem nuptiae justae demonstrant, hat sich in unserem Gesetzbuch in derselben Gestalt erhalten, die sie im alten römischen Recht hatte. Während sie aber früher die Eigentumsrechte des Vaters über die der rechtmäßigen Ehefrau entsprossenen Kinder zum Ziele hatte, ist es gegenwärtig eher das Recht der Kinder, das hierdurch geschützt wird. Der Eid war anfänglich eine Art gerichtlichen Beweismittels, um schließlich bloß eine feierliche und eindrucksvolle Form für die Zeugenaussage zu werden. Die religiösen Dogmen des Christentums haben sich seit Jahrhunderten nicht geändert: die Rolle dagegen, die sie in der modernen Gesellschaft spielen, ist nicht mehr dieselbe wie im Mittelalter. So dienen auch die Worte dazu, neue Ideen auszudrücken, ohne daß sich ihr Lautbild ändert. Schließlich ist es ein in der Soziologie wie in der Biologie als wahr erkannter Grundsatz, daß das Organ von der Funktion unabhängig ist, d. h. sich selbst gleichbleiben und doch verschiedenen Zwecken dienen kann. Das heißt also, daß die Ursachen, auf denen sein Dasein beruht, von den Zwecken, denen es dient, unabhängig sind.

Wir wollen übrigens nicht behaupten, daß menschliche Bestrebungen, Bedürfnisse und Wünsche niemals in aktiver Weise in die soziale Entwicklung eingreifen. Es ist im Gegenteil gewiß, daß sie je nach ihrer Beziehung zu den Bedingungen, von denen ein Phänomen abhängt, die Entwicklung zu fördern oder zu hemmen vermögen. In keinem Falle können sie aber ein Ding aus nichts hervorbringen, und ihr Eingreifen, welche Folgen es auch immer hat, kann einzig vermöge wirkender Ursachen erfolgen. Selbst in diesem eingeschränkten Maße kann eine Tendenz in der Tat nur dann dazu beitragen, ein neues Phänomen zu erzeugen, wenn sie selbst neu ist, sei es in allen Stücken neu oder eine Umbildung einer früheren Tendenz. Wenn man nicht eine prästabilierte, gewissermaßen von der Vorsehung stammende Harmonie postulieren will, darf man nicht annehmen, daß der Mensch von Anbeginn an in potentiellem Zustande, doch in voller Bereitschaft, auf Geheiß der Umstände hervorzutreten, alle Tendenzen in sich getragen hat, deren Zweckmäßigkeit im Laufe der Entwicklung fühlbar werden sollte. Nun ist eine Tendenz gleichfalls eine Sache; sie kann also dadurch allein, daß wir sie für nützlich halten, weder entstehen noch geändert werden. Sie ist eine Kraft von eigener Natur; damit diese Natur erweckt oder verändert werde, genügt es nicht, daß wir dies für vorteilhaft empfinden. Um solche Veränderungen zu veranlassen, müssen Ursachen wirksam werden, die sie physisch bedingen.

Wir erklärten beispielsweise das andauernde Fortschreiten der sozialen Arbeitsteilung durch den Nachweis ihrer Notwendigkeit, um dem Menschen die Existenz unter den neuen Bedingungen zu ermöglichen, in die er sich im Laufe der Geschichte gestellt sieht. Wir haben also jener Tendenz, die man ziemlich ungenau als Selbsterhaltungstrieb bezeichnet, eine wichtige Rolle in unserer Erklärung zugedacht. Doch dürfte erstens diese Tendenz für sich allein genommen nicht einmal über die rudimentärste Spezialisierung Aufschluß geben können. Denn sie vermag überhaupt nichts, sofern die Bedingungen, von denen das Phänomen abhängt, nicht bereits verwirklicht sind, d. h. wenn die individuellen Differenzen nicht infolge der fortschreitenden Unbestimmtheit des sozialen Bewußtseins und der ererbten Einflüsse hinreichend gewachsen sind*. Die Arbeitsteilung mußte sogar schon existiert haben, damit ihre Nützlichkeit erkannt und ein Bedürfnis nach ihr fühlbar wurde; und die Entfaltung der individuellen Verschiedenheiten, die eine größere Mannigfaltigkeit des Geschmackes und der Fertigkeiten mit sich brachte, mußte jenes Ergebnis notwendig herbeiführen. Ferner ist der Selbsterhaltungstrieb nicht aus sich selbst heraus und ohne Ursache dazu gelangt, diesen ersten Keim der Spezialisierung zu befruchten. Wenn er diesen neuen Weg eingeschlagen und ihn uns gewiesen hat, geschah es zunächst deshalb, weil der Weg, den er früher ging und uns gehen ließ, versperrt wurde, da die der größeren Bevölkerungsdichte entspringende Intensitätssteigerung des Kampfes ums Dasein das Fortleben der Individuen, die sich weiter unspezialisierten Arbeiten widmeten, immer schwieriger gestaltete. So ergab sich die Notwendigkeit einer Richtungsänderung. Wenn sich andererseits unsere Aktivität vorzugsweise einer immer entwickelteren Arbeitsteilung zuwandte, so erklärt sich das daraus, daß in dieser Richtung die geringsten Widerstände lagen. Die anderen möglichen Lösungen waren die Auswanderung, der Selbstmord und das Verbrechen. Nun sind die Bande, die uns an unsere Heimat, an das Leben fesseln, die Sympathie für unseresgleichen durchschnittlich kräftigere und widerstandsfähigere Gefühle als die Gewohnheiten, die uns von einer weiteren Spezialisierung abhalten können. Es sind also die letzteren, die jenem Drucke unausweichlich nachgeben mußten. So fällt man nicht einmal teilweise in die teleologische Betrachtungsweise zurück, weil man es nicht vermeidet, menschlichen Bedürfnissen in soziologischen Erklärungen einen Platz einzuräumen. Denn diese Bedürfnisse können einen Einfluß auf die soziale Entwicklung einzig unter der Voraussetzung einer eigenen Entwicklung haben, und die

* Divis. du travail, l. II, ch. III et IV.

Veränderungen, die sie durchmachen, können nur durch Ursachen erklärt werden, die mit Zwecken nichts zu tun haben.

Noch überzeugender als die vorhergehenden Erwägungen ist die Wirklichkeit der sozialen Phänomene selbst. Wo das teleologische Prinzip herrscht, herrscht auch, mehr oder weniger ausgedehnt, der Zufall; denn es gibt keine Zwecke und noch weniger Mittel, die sich allen Menschen notwendig aufzwingen, selbst wenn man annimmt, daß sie alle unter den gleichen Umständen leben. Ist ein bestimmtes Milieu gegeben, so paßt sich ein jedes Individuum seiner Laune gemäß in der von ihm bevorzugten Art an. Der eine wird es zu ändern versuchen, um es mit seinen Bedürfnissen in Einklang zu setzen. Der andere wird sich lieber selbst ändern und seine Wünsche einschränken, und wie verschiedene Wege können nicht eingeschlagen werden und werden nicht eingeschlagen, um zu ein und demselben Ziel zu gelangen. Wäre es also wahr, daß die historische Entwicklung im Hinblick auf gewisse klar oder dunkel empfundene Zwecke vor sich geht, so müßten die sozialen Phänomene die unendlichste Mannigfaltigkeit zeigen, und jede Vergleichung wäre nahezu unmöglich. Gerade das Gegenteil ist nun wahr. Allerdings wechseln die äußeren Geschehnisse, deren Ablauf die Oberfläche des sozialen Lebens bildet, von Volk zu Volk. Aber genauso hat jedes Individuum seine eigene Geschichte, obwohl die Grundlagen der physischen und moralischen Organisation bei allen die gleichen sind. Sobald man mit den sozialen Phänomen nur einigermaßen in Berührung kommt, wird man im Gegenteil von der erstaunlichen Regelmäßigkeit, mit der sie sich unter denselben Verhältnissen wiederholen, überrascht sein. Selbst die kleinlichsten und anscheinend kindischsten Gebräuche wiederholen sich mit der erstaunlichsten Einförmigkeit. Eine, wie es scheint, so rein symbolische Hochzeitszeremonie wie die Entführung der Braut findet sich immer wieder genau dort, wo ein bestimmter Familientypus existiert, der selbst wiederum an eine ganze politische Organisation gebunden ist. Die bizarrsten Bräuche, wie die Couvade (Männerkindbett), die Leviratsehe, die Exogamie, lassen sich bei den verschiedensten Völkern beobachten und sind für einen gewissen sozialen Zustand symptomatisch. Das Recht der letztwilligen Verfügung erscheint in einer ganz bestimmten Phase der Geschichte, und je nach den mehr oder weniger wichtigen Beschränkungen, die es einengen, läßt sich angeben, in welchem Stadium der sozialen Entwicklung man sich befindet. Es wäre ein leichtes, die Beispiele zu vervielfachen. Diese Allgemeinheit der gesellschaftlichen Formen wäre nun unerklärlich, wenn die Zweckursachen in der Soziologie das Übergewicht besäßen, das man ihnen zuschreibt.

Wird also die Erklärung eines sozialen Phänomens in Angriff genommen, so muß die wirkende Ursache, von der es erzeugt wird, und die Funktion, die es erfüllt, gesondert untersucht werden. Wir wählen den Ausdruck Funktion und nicht Zweck oder Ziel, gerade weil die sozialen Phänomene im allgemeinen nicht im Hinblick auf die nützlichen Ergebnisse, die sie hervorbringen, existieren. Es muß also festgestellt werden, ob zwischen dem betrachteten Tatbestand und den allgemeinen Bedürfnissen des sozialen Organismus eine Korrespondenz besteht und worin diese Korrespondenz besteht, ohne darauf einzugehen, ob sie geplant ist oder nicht. Alle diese Fragen nach den Zielsetzungen sind im übrigen viel zu subjektiv, um wissenschaftlich behandelt werden zu können.

Diese zwei Arten von Problemen müssen nicht nur geschieden werden, es empfiehlt sich im allgemeinen auch, das erste vor dem zweiten zu behandeln. Diese Ordnung entspricht in Wirklichkeit der Ordnung der Tatsachen. Es ist natürlich, zuerst die Ursache eines Phänomens zu suchen, bevor man es unternimmt, seine Wirkungen festzustellen. Dieses Verfahren ist um so logischer, als die erste Frage, einmal gelöst, häufig zur Lösung der zweiten beitragen wird. Das Band der Solidarität, das Ursache und Wirkung vereint, hat in der Tat einen Charakter der Reziprozität, der nicht genügend beachtet worden ist. Zweifellos kann die Wirkung nicht ohne ihre Ursache bestehen, doch die Ursache bedarf wieder ihrer Wirkung. Aus der Ursache zieht die Wirkung ihre Energie, aber sie erstattet sie auch gelegentlich jener zurück und kann daher nicht verschwinden, ohne daß es auf jene zurückwirkt*. So ist z. B. die soziale Reaktion, welche die Strafe darstellt, auf die Intensität der Kollektivgefühle zurückzuführen, die das Verbrechen verletzt. Andererseits aber hat sie die nützliche Funktion, diese Gefühle auf dem nämlichen Intensitätsgrade zu erhalten; denn jene Gefühle würden bald erschlaffen, wenn die ihnen zugefügten Verletzungen nicht gesühnt würden**. Ebenso werden die Traditionen und die fest geprägten Glaubensvorstellungen erschüttert, wenn das soziale Milieu komplexer und beweglicher wird; sie werden immer unbestimmter und gebrechlicher, und die Fähigkeiten der Reflexion entfalten sich. Doch dieselben Fähigkeiten sind für Gesellschaft und Individuen zur Anpassung an ein beweglicheres und komplizierteres

* Wir wollen keine Fragen der allgemeinen Philosophie erörtern, die hier nicht am Platze wären. Dennoch sei bemerkt, daß eine bessere Einsicht in diese Reziprozität von Ursache und Wirkung ein Mittel liefern könnte, um den wissenschaftlichen Mechanismus mit dem Finalismus, der im Dasein und insbesondere in der Erhaltung des Lebens gelegen ist, zu versöhnen.

** Divis. du trav. soc., l. II, ch. II, insbesondere S. 105 ff.

Milieu unumgänglich erforderlich*. In dem Verhältnis, wie die Menschen eine intensivere Arbeit liefern müssen, hebt sich die Zahl und die Qualität der Produkte dieser Arbeit; doch diese reichlicheren und besseren Produkte sind notwendig, um den Aufwand, den die größere Arbeit mit sich bringt, zu ersetzen**. Weit davon entfernt, daß die Ursache der sozialen Phänomene in einer gedanklichen Antizipation der Funktion bestünde, die sie zu erfüllen berufen sind, besteht diese Funktion im Gegenteil, mindestens in den meisten Fällen, darin, die vorher existierende Ursache zu erhalten, von der sie abstammen; man wird also die Funktion leichter auffinden, wenn die Ursache schon bekannt ist.

Wenn nun die Feststellung der Funktion erst an zweiter Stelle vorgenommen werden darf, so ist sie doch nicht minder notwendig, soll die Erklärung des Phänomens vollständig sein. Wenn die Nützlichkeit einer Tatsache nicht das Sein der Tatsache zur Folge hat, so muß sie doch im allgemeinen nützlich sein, um sich behaupten zu können. Denn schon der Umstand, daß sie in keiner Weise nützlich ist, genügt, um ihre Schädlichkeit zu begründen, da sie in diesem Falle einen Aufwand fordert, ohne irgend etwas zu leisten. Hätten also die sozialen Phänomene im Durchschnitt diesen parasitären Charakter, so wäre die Bilanz des Organismus passiv und ein soziales Leben unmöglich. Um über das letztere ausreichenden Aufschluß zu geben, muß man daher zeigen, wie die Phänomene, die seine Materie bilden, zusammenwirken, um die Gesellschaft mit sich selbst und mit der Umwelt in Harmonie zu setzen. Die übliche Formel, die das Leben als Anpassung des inneren an das äußere Milieu definiert, ist allerdings nur annähernd richtig; indessen trifft sie im allgemeinen zu. Dementsprechend genügt es nicht, die Ursache nachzuweisen, von der eine Erscheinung des Lebens abhängt, um diese zu erklären; vielmehr muß man noch, mindestens in der Mehrzahl der Fälle, den Anteil auffinden, der ihr in der Herstellung dieser allgemeinen Harmonie zukommt.

II

Nachdem diese zwei Fragen unterschieden worden sind, muß die Methode, dergemäß sie beantwortet werden sollen, festgestellt werden.

Ebenso wie die von den Soziologen gemeinhin befolgte Erklärungsmethode teleologisch ist, ist sie zugleich auch psychologisch. Diese zwei

* Divis. du trav. soc., S. 52, 63.

** Ibid., S. 301 ff.

Tendenzen hängen miteinander zusammen. Wenn die Gesellschaft wirklich nur ein System von Mitteln ist, die von den Menschen im Hinblick auf gewisse Zwecke eingeführt wurden, so können diese Zwecke nur individuell sein; denn vor der Gesellschaft konnten nur Einzelne existieren. So stammen also die Ideen und Bedürfnisse, welche die Form der Gesellschaft bestimmt haben, vom Individuum ab, und wenn alles sich vom Individuum herleitet, so muß auch alles durch dieses erklärt werden. Überdies gibt es in der Gesellschaft nur das Bewußtsein der Einzelnen; in ihnen liegt also die Quelle einer jeden sozialen Entwicklung. Daher werden auch die soziologischen Gesetze nur Folgerungen aus den allgemeineren Gesetzen der Psychologie sein können; die höchste Erklärung des sozialen Lebens wird also aus dem Nachweis bestehen, wie es aus der menschlichen Natur im allgemeinen hervorgeht, sei es, daß man es aus derselben unmittelbar ohne vorhergehende Beobachtung deduziert, sei es, daß man es nach erfolgter Beobachtung mit dieser Natur in Verbindung bringt.

Diese Ausdrücke stimmen beinahe wörtlich mit jenen überein, die Auguste Comte zur Charakterisierung seiner Methode verwendet. »Da das soziale Phänomen«, sagte er, »in seiner Totalität erfaßt, *im Grunde nur eine bloße Entfaltung der menschlichen Natur ohne irgendwelche Schöpfung neuer Fähigkeiten ist,* so werden alle vorhandenen Anlagen, welche die soziologische Beobachtung nach und nach wird enthüllen können, sich wenigstens im Keime in dem Urtypus vorfinden, den die Biologie schon früher der Soziologie zum Nutzen aufgestellt hat *.« Das läßt sich darauf zurückführen, daß nach seiner Meinung die beherrschende Tatsache des sozialen Lebens der Fortschritt ist und daß andererseits der Fortschritt von einem ausschließlich psychischen Faktor abhängig ist, nämlich dem Triebe, der den Menschen zu einer immer vollkommeneren Entfaltung seiner Natur drängt. Die sozialen Erscheinungen sollen sogar so unmittelbar aus der menschlichen Natur entspringen, daß sie für die Dauer der ersten Phasen der Geschichte daraus direkt deduziert werden können, ohne daß man zur Beobachtung greifen müßte **. Es ist zwar nach Comte unmöglich, diese deduktive Methode auf vorgerücktere Perioden der Entwicklung anzuwenden. Allein diese Unmöglichkeit ist rein praktischer Natur. Sie rührt davon her, daß der Abstand zwischen dem Ausgangspunkt und dem Endpunkt zu beträchtlich wird, so daß der menschliche Geist, sofern er diese Distanz ohne Führung durchläuft, auf Irrwege geraten

* Cours de philos. pos., IV, S. 353.

** Ibid., S. 345.

müßte*. Die Beziehung zwischen den Grundgesetzen der menschlichen Natur und den letzten Ergebnissen des Fortschritts hört darum nicht auf, analytisch zu sein. Die kompliziertesten Formen der Zivilisation sind nur entwickeltes psychisches Leben. Wenn nun auch die Theorien der Psychologie als Prämissen soziologischer Erwägungen nicht ausreichen können, so sind sie doch der Prüfstein, der allein die Gültigkeit der induktiv aufgestellten Sätze nachzuweisen gestattet. In diesem Sinne sagt Comte: »So kann kein Gesetz des sozialen Wandels, selbst wenn es mit der größtmöglichen Gewißheit durch die historische Methode aufgewiesen worden ist, endgültig zugelassen werden, bevor es nicht rational, direkt oder indirekt aber schlüssig, aus der positiven Theorie der menschlichen Natur abgeleitet worden ist**.« Immer ist es also die Psychologie, die das letzte Wort führt.

Ebenso ist auch die Methode beschaffen, welche Spencer verfolgt. Nach seiner Auffassung sind in der Tat die zwei primären Faktoren der sozialen Phänomene das kosmische Milieu sowie die körperliche und moralische Konstitution des Individuums***. Nun kann der erste Faktor einzig durch den zweiten auf die Gesellschaft Einfluß nehmen, der damit zur wesentlichen Triebkraft der sozialen Entwicklung wird. Bildet sich die Gesellschaft, so geschieht es, um dem Individuum die Verwirklichung seiner Natur zu ermöglichen, und alle Umwandlungen, die jene durchmacht, haben kein anderes Ziel, als diese Verwirklichung leichter und vollständiger zu gestalten. Auf Grund dieses Prinzipes glaubte Spencer, vor Eintritt in eine Untersuchung über die soziale Organisation beinahe den ganzen ersten Band seiner »Prinzipien der Soziologie« der Erforschung des primitiven Menschen, seiner physischen, emotionalen und geistigen Natur widmen zu müssen. »Die Wissenschaft der Soziologie«, sagt er, »geht von sozialen Einheiten aus, die den erwähnten Bedingungen unterworfen, physisch, emotional und intellektuell begründet sind und im Besitz gewisser frühzeitig erworbener Ideen und entsprechender Gefühle sich befinden****.« Und er findet den Ursprung der politischen und der religiösen Herrschaft in zwei Gefühlen dieser Art, der Furcht vor den Lebenden und der Furcht vor den Toten. Er gibt freilich zu, daß die Gesellschaft, wenn sie erst einmal ausgebildet ist, auf die Individuen zurück-

* Ibid., S. 346.

** Ibid., S. 335.

*** Prinzipien der Soziologie, Bd. I.

**** Ibid. I, 582/3.

wirkt*. Doch folgert er daraus nicht, daß sie die Macht besitze, auch nur das geringste soziale Phänomen erzeugen zu können; sie hat von diesem Gesichtspunkt aus kausale Bedeutung nur durch Vermittlung der Änderungen, die sie beim Individuum hervorruft. Ursprünglich oder abgeleitet, hängt also alles von der menschlichen Natur ab. Übrigens kann die Einwirkung, welche der soziale Organismus auf seine Glieder ausübt, nichts Spezifisches haben, weil die politischen Zwecke nichts an sich selbst, sondern nur ein zusammenfassender Ausdruck der individuellen Zwecke sind**. Sie kann also nur eine Art Rückwirkung der privaten Aktivität auf sich selbst sein. Vor allem aber ist nicht einzusehen, worin sie bei den industriellen Gesellschaften bestehen kann, deren Aufgabe es gerade ist, das Individuum dadurch auf sich selbst und seine natürlichen Impulse zu stellen, daß sie es von jedem sozialen Zwange befreien.

Dieses Prinzip beherrscht nicht nur die Grundlagen dieser großen Doktrinen der allgemeinen Soziologie; es bestimmt in gleicher Weise den Geist einer sehr großen Zahl von speziellen Theorien. So erklärt man gemeinhin die Organisation der Familie durch die Gefühle der Eltern gegen die Kinder und der Kinder gegen die Eltern; die Institution der Ehe durch die Vorteile, die sie den Gatten und deren Nachkommenschaft bietet; die Strafe durch den Zorn, den jede schwere Verletzung seiner Interessen im Individuum hervorruft. Das ganze wirtschaftliche Leben beruht, so wie es die Nationalökonomen, insbesondere der klassischen Schule, auffassen und erklären, letztlich auf einem rein individuellen Faktor, dem Streben nach Reichtum. Handelt es sich um die Moral, so werden die Pflichten des Individuums gegen sich selbst zur Grundlage der Ethik gemacht. In der Religion wird ein Ergebnis der Empfindungen gesehen, welche die großen Kräfte der Natur oder gewisse hervorragende Persönlichkeiten im Menschen erwecken usw.

Eine solche Methode muß jedoch die sozialen Phänomene unbedingt entstellen. Um das zu beweisen, braucht bloß die Definition, die wir von ihnen gegeben haben, herbeigezogen zu werden. Da ihre wesentlichste Eigentümlichkeit in ihrer Fähigkeit besteht, von außen her einen Druck auf das individuelle Bewußtsein auszuüben, so bedeutet das, daß sie sich nicht von diesem herleiten und daher die Soziologie

* Ibid., 18.

** »Die Gesellschaft existiert im Interesse ihrer Mitglieder, die Mitglieder existieren nicht im Interesse der Gesellschaft ...; die Rechte des politischen Organismus sind an sich nichts, sie werden nur etwas, sofern sie die Rechte der Individuen, aus denen sich jener zusammensetzt, vertreten.« Ibid. II, 20.

keine Abzweigung der Psychologie ist. Denn diese zwingende Macht bezeugt, daß die sozialen Phänomene eine von der unseren verschiedene Natur aufweisen, da sie nicht anders als gewaltsam in uns eindringen oder mehr oder minder schwer auf uns lasten. Wäre das soziale Leben nur eine Erweiterung des individuellen Daseins, so würde es nicht gegen seinen Ursprung zurückströmen und ihn so stark beeinflussen können. Da die Autorität, vor der sich ein Individuum beugt, wenn es sozial fühlt oder denkt, es bis zu diesem Grade beherrscht, so ist sie ein Erzeugnis von Kräften, die über das Individuum hinausreichen und von denen es infolgedessen auch keine Rechenschaft geben kann. Dieser äußere Druck, den das Individuum erleidet, kann also nicht von ihm selbst abstammen; dementsprechend kann er auch nicht durch das erklärt werden, was im Individuum vor sich geht. Es ist wahr, daß wir nicht außerstande sind, auf uns selbst einen Druck auszuüben; wir können unsere Triebe, unsere Gewohnheiten, selbst unsere Instinkte beherrschen und ihre Entwicklung durch einen Akt der Hemmung zum Stillstande bringen. Doch sind die hemmenden Regungen nicht mit den Hemmungen zu verwechseln, die der soziale Zwang begründet. Der Prozeß der ersteren ist zentrifugal; der der letzteren zentripetal. Die einen entwickeln sich im individuellen Bewußtsein und streben erst in der Folge danach, äußerlich hervorzutreten; die anderen stehen von Anfang an außerhalb des Individuums, das sie hernach nach ihrem Bilde zu formen streben. Die Hemmung ist, wenn man will, wohl das Mittel, wodurch der soziale Zwang seine psychischen Effekte hervorbringt; sie ist jedoch nicht dieser Zwang selbst.

Kommt nun das Individuum nicht in Betracht, so bleibt nur die Gesellschaft übrig. Wir müssen also die Erklärung des sozialen Lebens in der Natur der Gesellschaft selbst suchen. Da sie nun das Individuum in der Zeit wie im Raum grenzenlos überschreitet, muß sie auch begreiflicherweise imstande sein, ihm die Arten des Handelns und Denkens aufzuerlegen, die sie mit ihrer Autorität sanktioniert hat. Dieser Druck, der das unterscheidende Kennzeichen der soziologischen Tatbestände ist, wird von allen auf den Einen ausgeübt.

Da jedoch die einzigen Elemente, aus denen die Gesellschaft gebildet ist, die Individuen sind, so wird man einwenden, daß der Ursprung der soziologischen Tatbestände nicht anders als psychologisch erklärt werden kann. Auf Grund einer derartigen Argumentation könnte genauso leicht die Behauptung aufgestellt werden, daß sich die biologischen Tatbestände analytisch aus den anorganischen erklären lassen. In der Tat ist es gewiß, daß es in der lebenden Zelle bloß Moleküle der rohen Materie gibt. Doch treten sie dort verbunden auf, und diese

Assoziation ist die Ursache der neuen Phänomene, die das Leben charakterisieren und deren Keim in keinem einzelnen der assoziierten Elemente aufzufinden ist. Ein Ganzes ist eben nicht mit der Summe seiner Teile identisch; es ist ein Ding anderer Art, dessen Eigenschaften von denen der Teile, aus denen es zusammengesetzt ist, verschieden sind. Die Assoziation ist nicht, wie man zuweilen angenommen hat, ein an sich unfruchtbares Phänomen, das sich einfach darin erschöpft, daß es fertige Tatsachen und konstituierte Eigenschaften in äußerliche Beziehungen setzt. Sie ist im Gegenteil die Quelle aller neuen Erscheinungen, die im Laufe der allgemeinen Entwicklung des Lebens entstanden sind. Welche Unterschiede bestehen zwischen den niederen Organismen und den andern, zwischen dem organisierten Lebewesen und dem einfachen Plasma, zwischen diesem und den anorganischen Molekülen, die es zusammensetzen, wenn nicht Verschiedenheiten der Assoziation? Alle diese Wesen lösen sich bei letzter Analyse in Elemente ein und derselben Natur auf; allein diese Elemente sind hier bloß gehäuft, dort assoziiert; hier in einer Art, dort in einer anderen assoziiert. Es ist sogar die Frage berechtigt, ob sich dieses Gesetz nicht bis in das Mineralreich hinein erstreckt und ob die Unterschiede, welche die unorganischen Körper voneinander trennen, nicht den gleichen Ursprung besitzen.

Kraft dieses Prinzipes ist die Gesellschaft nicht bloß eine Summe von Individuen, sondern das durch deren Verbindung gebildete System stellt eine spezifische Realität dar, die einen eigenen Charakter hat. Zweifellos kann keine kollektive Erscheinung entstehen, wenn kein Einzelbewußtsein vorhanden ist; doch ist diese notwendige Bedingung allein nicht ausreichend. Die einzelnen Psychen müssen noch assoziiert, kombiniert und in einer bestimmten Art kombiniert sein; das soziale Leben resultiert also aus dieser Kombination und kann nur aus ihr erklärt werden. Indem sie zusammentreten, sich durchdringen und verschmelzen, bringen die individuellen Psychen ein neues, wenn man will psychisches Wesen hervor, das jedoch eine psychische Individualität neuer Art darstellt*. In der Natur dieser Individualität, nicht in

* Daraus ist ersichtlich, in welchem Sinne und aus welchen Gründen von einem Kollektivbewußtsein, das von dem Einzelbewußtsein unterschieden ist, gesprochen werden muß und kann. Um diese Distinktion zu rechtfertigen, muß das Kollektivbewußtsein nicht hypostasiert werden; es ist einfach eine Gegebenheit für sich und muß mit einem besonderen Ausdruck bezeichnet werden, weil die Zustände, aus denen es besteht, sich von denen, die das Einzelbewußtsein bilden, spezifisch unterscheiden. Dieser spezifische Charakter rührt davon her, daß beide Formen des Bewußtseins nicht aus denselben Elementen aufgebaut sind. Die einen entspringen aus der Natur des organisch-psychischen Wesens

jener der sie zusammensetzenden Einheiten müssen also die nächsten und bestimmenden Ursachen der Phänomene, die sich dort abspielen, gesucht werden. Die Gruppe denkt, fühlt und handelt ganz anders, als es ihre Glieder tun würden, wären sie isoliert. Wenn man also von den letzteren ausgeht, so wird man die Vorgänge in der Gruppe niemals verstehen können. Kurz, die Soziologie ist von der Psychologie in derselben Weise getrennt wie die Biologie von den physikalisch-chemischen Wissenschaften. Jedesmal, wenn ein soziologischer Tatbestand unmittelbar durch einen psychologischen erklärt wird, kann man daher dessen gewiß sein, daß die Erklärung falsch ist.

Man wird vielleicht entgegnen, daß die Ursachen, welche die Entstehung der Gesellschaft herbeigeführt haben, psychologischer Natur sind, wenn auch die Gesellschaft einmal vorhanden, die nächste Ursache der sozialen Phänomene ist. Man gibt zu, daß die Assoziation der Individuen, sobald diese assoziiert sind, neue Lebenserscheinungen hervorbringen kann, doch wendet man ein, daß sie selbst einzig aus individuellen Gründen entstehen kann. In Wirklichkeit ist aber die Tatsache der Assoziation, so weit man auch in der Geschichte zurückgeht, die zwangsmäßigste von allen; denn sie ist die Quelle aller übrigen Verbindlichkeiten. Vermöge meiner Geburt bin ich zwangsmäßig an ein bestimmtes Volk geknüpft. Man sagt, daß ich in der Folge, nachdem ich einmal erwachsen bin, diesem Zwange zustimme, indem ich einfach weiter in meiner Heimat bleibe. Doch das tut nichts zur Sache. Mein Einverständnis nimmt jener Obligation nicht ihren imperativen Charakter. Ein Druck, den man hinnimmt und dem man sich freiwillig unterwirft, hört darum nicht auf, ein Druck zu sein. Welche Tragweite kann überdies eine derartige Zustimmung haben? Zunächst ist sie erzwungen; denn in der überwiegenden Mehrzahl der Fälle ist es uns materiell und moralisch unmöglich, unsere Nationalität abzustreifen. Eine derartige Veränderung gilt sogar im allgemeinen als Apostasie. Ferner kann sie sich nicht auf die Vergangenheit beziehen, der nicht zugestimmt werden konnte, und die dennoch die Gegenwart bestimmt: ich wünschte die Erziehung nicht, die ich erhielt; sie ist es nun, die mich mehr als alles andere im Lande meiner Geburt zurückhält. Schließlich kann die Zustimmung für die Zukunft insoweit keine Bedeutung haben, als mir diese unbekannt ist. Ich kenne nicht einmal alle Pflichten, die mir in meiner Eigenschaft als Staatsbürger

in seiner Vereinzelung betrachtet, die anderen aus einer Verbindung mehrerer Wesen dieser Art. Die Resultanten müssen also verschieden sein, da die Komponenten derart unterschieden sind. Unsere Definition der soziologischen Tatbestände hat im übrigen diese Grenzlinie nur in anderer Weise gezogen.

eines Tages auferlegt werden können; wie kann ich da im Voraus einwilligen? Nun hat alles Obligatorische, wie wir nachgewiesen haben, seine Quelle außerhalb des Individuums. Solange man also nicht über die Geschichte hinausgeht, zeigt jede Tatsache der Assoziation denselben Charakter wie die anderen und wird daher in derselben Art erklärt. Andererseits kann man, da jede Gesellschaft ohne Unterbrechung der Kontinuität aus anderen Gesellschaften hervorgeht, dessen gewiß sein, daß es im Laufe der sozialen Entwicklung keinen Zeitpunkt gegeben hat, in dem die Menschen die Wahl hatten, ob sie in das Gesellschaftsleben eintreten sollten oder nicht, oder ob sie eher in diese Gesellschaft als in jene eintreten sollten. Um also diese Frage stellen zu können, müßte man bis auf die ersten Anfänge einer jeden Gesellschaft zurückgehen. Die höchst zweifelhaften Ergebnisse, zu denen man bei der Lösung dieser Probleme gelangen könnte, dürften aber auf keinen Fall die Methode beeinträchtigen, mit welcher die in der Geschichte gegebenen Tatsachen behandelt werden müssen. Wir haben daher nicht weiter darauf einzugehen.

Doch würde man unseren Gedankengang absonderlich mißverstehen, wenn man aus den vorhergehenden Ausführungen den Schluß ziehen wollte, daß die Soziologie nach unserer Auffassung vom Menschen und seinen Fähigkeiten abstrahieren soll oder auch nur kann. Es ist im Gegenteil klar, daß die allgemeinen Eigenschaften der menschlichen Natur an der Wechselwirkung, aus der sich das soziale Leben ergibt, teilhaben. Allein sie rufen es weder hervor, noch geben sie ihm seine besondere Form; sie tun nichts, als es zu ermöglichen. Die kollektiven Vorstellungen, Emotionen und Triebe haben ihre erzeugenden Ursachen nicht etwa in gewissen Zuständen des individuellen Bewußtseins, sondern in den Verhältnissen, in denen sich der soziale Organismus als Ganzes befindet. Allerdings können sie nur dann wirksam werden, wenn die Natur der Individuen ihnen nicht unbedingten Widerstand leistet; doch ist die letztere nur der Rohstoff, den der soziale Faktor formt und umwandelt. Ihr Beitrag besteht ausschließlich in sehr allgemeinen Zuständen, in vagen und infolgedessen plastischen Prädispositionen, welche an und für sich die bestimmten und komplexen Formen, wie sie für die sozialen Phänomene charakteristisch sind, nicht annehmen würden, wenn nicht andere Faktoren mitwirkten.

Welcher Abstand besteht z. B. nicht zwischen den Gefühlen, die der Mensch angesichts überlegener Kräfte empfindet, und der Institution der Religion mit ihren so zahlreichen und komplizierten Glaubensvorstellungen und Gebräuchen, ihrer materiellen und moralischen Organisation; zwischen den psychischen Bedingungen der Sympathie, die zwei Wesen von gleichem Blute für einander empfinden *, und dem verwickelten Systeme rechtlicher und moralischer Regeln, welche die Struktur der Familie, die Beziehungen der Personen untereinander, der Personen zu den Sachen usw. bestimmen. Wir haben gesehen, daß die Kollektivgefühle, selbst wenn die Gesellschaft nur eine unorganisierte Menge ist, dem Durchschnitt der individuellen Gefühle nicht nur nicht gleichen, sondern diesem sogar entgegengesetzt sein können. Und wie viel beträchtlicher noch muß der Unterschied sein, wenn der Druck, den das Individuum erleidet, von einer regelrechten Gesellschaft ausgeht, wo zu der Einwirkung der Zeitgenossen noch die vergangener Generationen und die der Tradition hinzutritt. Eine rein psychologische Erklärung der soziologischen Tatbestände muß sich also alles das entgehen lassen, was jene Spezifisches, d. h. Soziales an sich haben.

Was in den Augen so vieler Soziologen die Unzulänglichkeit dieser Methode verborgen hat, ist ein bei ihnen ziemlich häufiger Irrtum, daß sie nämlich die Wirkung für die Ursache nahmen und als ausschlaggebende Bedingungen der sozialen Phänomene gewisse relativ bestimmte und spezielle Bewußtseinszustände ansahen, die tatsächlich nur deren Folge sind. So geschah es, daß man ein gewisses Gefühl der Religiosität, ein gewisses *Minimum* sexueller Eifersucht, der väterlichen Liebe, kindlicher Ehrfurcht usw. als dem Menschen angeboren betrachtete, und damit wollte man die Religion, die Ehe, die Familie erklären. Doch zeigt die Geschichte, daß diese Neigungen der menschlichen Natur durchaus nicht inhärent sind; sie fehlen entweder unter gewissen sozialen Verhältnissen gänzlich oder zeigen in der einen oder anderen Gesellschaft derartige Variationen, daß der Überrest, den man nach Ausscheidung aller dieser Differenzen erhält und der allein als psychologischen Ursprunges erachtet werden kann, etwas Vages und Schematisches ist, das die Tatsachen, um deren Erklärung es sich handelt, in unendlichem Abstande hinter sich läßt. Das rührt davon her, daß sich diese Gefühle aus der sozialen Organisation ergeben und ganz und gar nicht deren Grundlage bilden. Es ist sogar keineswegs erwiesen, daß der Geselligkeitstrieb von allem Anfang an ein angeborener Instinkt des menschlichen Geschlechtes gewesen ist. Es ist viel natürlicher, in ihm ein Erzeugnis des sozialen Lebens zu sehen, das sich allmählich in uns herangebildet hat; denn es ist eine Tatsache der Erfahrung, daß die Tiere gesellig sind oder nicht, je nachdem die Beschaffenheit ihrer Umwelt sie zum Gemeinschaftsleben zwingt oder sie davon abhält. — Und es muß noch hinzugefügt werden, daß selbst

* Sofern die Existenz dieser Sympathie überhaupt dem sozialen Leben vorangeht. S. über diesen Punkt Espinas, *Sociétés animales*, S. 474.

zwischen diesen bestimmteren Neigungen und der sozialen Wirklichkeit ein beträchtlicher Abstand bleibt.
Es gibt übrigens ein Mittel, um den psychologischen Faktor nahezu vollständig zu isolieren, so daß sich der Umkreis seiner Wirkung genau feststellen läßt, nämlich die Aufrollung der Frage, welchen Einfluß die Rasse auf die soziale Entwicklung nimmt. Die ethnischen Eigenschaften gehören in der Tat der organisch-psychischen Ordnung an. Das soziale Leben muß also variieren, falls jene variieren, sofern die psychischen Phänomene die kausale Wirksamkeit auf die Gesellschaft haben, die man ihnen zuschreibt. Nun kennen wir kein einziges soziales Phänomen, das in unbestreitbarer Abhängigkeit von der Rasse stehen würde. Allerdings können wir diesem Satze nicht den Wert eines Gesetzes zuerkennen. Als konstanten Tatbestand unserer Erfahrung können wir ihn aber zumindest gelten lassen. Bei Gesellschaften derselben Rasse begegnet man den verschiedensten Organisationsformen, während bei verschiedenen Rassen überraschende Ähnlichkeiten beobachtet werden. Die Polis hat bei den Phöniziern ebenso wie bei den Römern und Griechen existiert. Bei den Kabylen findet man sie in Bildung begriffen. Die patriarchalische Familie war bei den Juden fast ebenso entwickelt wie bei den Hindus, aber bei den Slaven, die doch ebenfalls der arischen Rasse angehören, kommt sie nicht vor. Dagegen existiert der Familientypus, den man bei ihnen antrifft, auch bei den Arabern. Die mutterrechtliche Familie und der Klan lassen sich überall beobachten. Das Detail des gerichtlichen Beweisverfahrens, die bei Hochzeiten üblichen Zeremonien sind bei Völkerschaften, die vom ethnischen Gesichtspunkt aus völlig verschieden sind, identisch. Ist das nun richtig, so muß man annehmen, daß der psychische Einfluß viel zu allgemein ist, um den Ablauf der sozialen Phänomene zu bestimmen. Da er keine soziale Form vor der anderen begünstigt, vermag er keine zu erklären. Es gibt zwar eine gewisse Anzahl von Tatsachen, die man dem Einflusse der Rasse zuzuschreiben gewohnt ist. Bekanntlich erklärt man in dieser Weise, wieso sich die Entwicklung der Literatur und Kunst in Athen so rasch und intensiv, in Rom so langsam und mittelmäßig gestaltete. Aber obwohl diese Interpretation klassisch ist, ist doch niemals ein methodisch einwandfreier Beweis für sie erbracht worden; vielmehr scheint sie ihre Autorität ausschließlich der Tradition zu verdanken. Eine soziologische Erklärung dieser Phänomene hat man nicht einmal versucht, und doch könnte sie nach unserer Überzeugung erfolgreich angestrebt werden. Kurz, wenn man den künstlerischen Charakter der athenischen Zivilisation auf angeborene ästhetische Anlagen zurückführt, so verfährt man beinahe in derselben Weise wie das mittelalterliche Denken, als man

das Feuer durch das Phlogiston und die Wirkungen des Opiums durch seine einschläfernde Kraft erklärte.
Wenn schließlich die soziale Entwicklung wirklich ihre Wurzel in der psychischen Veranlagung des Menschen hätte, so wäre nicht einzusehen, wie sie überhaupt entstehen konnte. Denn dann müßte man annehmen, daß eine der menschlichen Natur innewohnende Triebkraft sie bewege. Welche Triebkraft könnte das aber sein? Wäre das jene Art von Instinkt, von dem Comte spricht und der den Menschen dazu drängt, seine Natur immer vollkommener zu verwirklichen? Doch das hieße auf eine Frage mit einer Frage antworten und den Fortschritt durch einen angeborenen Trieb zum Fortschritt erklären, eine wahrhaft metaphysische Entität, deren Existenz dazu durch nichts bewiesen ist. Denn selbst die entwickelteren Tierarten sind in keiner Weise von dem Bedürfnis nach Fortschritt erfüllt, und auch unter den menschlichen Gesellschaften gibt es viele, die sich darin gefallen, für unbestimmte Zeiten stationär zu bleiben. Oder ist es, wie Spencer zu glauben scheint, das Bedürfnis nach größerem Glück, das die immer komplexeren Formen der Zivilisation vollständiger zu realisieren berufen sind? Dann müßte man zunächst feststellen, daß das Glück mit der Zivilisation wächst; wir haben an anderer Stelle die Schwierigkeiten auseinandergesetzt, zu denen diese Hypothese führt *. Doch selbst wenn das eine oder das andere dieser beiden Postulate akzeptiert werden müßte, so wäre dadurch die geschichtliche Entwicklung nicht verständlich gemacht; denn die Erklärung, die daraus folgen würde, wäre rein teleologisch, und wir haben weiter oben gezeigt, daß die sozialen Phänomene wie alle Naturerscheinungen dadurch allein nicht erklärt werden, daß man die Zwecke, denen sie dienen, aufdeckt. Hat man klargestellt, daß die immer anspruchsvolleren sozialen Organisationen, die im Laufe der Geschichte aufeinander gefolgt sind, diesen oder jenen Grundtrieb immer vollständiger befriedigt haben, so ist dadurch noch nicht klargestellt, wie sie entstanden sind. Die Tatsache, daß sie nützlich waren, läßt uns nicht erkennen, was sie hervorgebracht hat. Selbst wenn erklärt würde, wie wir dazu kamen, sie uns auszudenken und gewissermaßen die Dienste, die wir von ihnen erwarten können, in Gedanken zu entwerfen — und schon dieses Problem ist schwierig —, so hätten doch die Wünsche, deren Gegenstand sie sein könnten, nicht die Kraft, sie aus dem Nichts hervorzuziehen. Wird mit einem Wort zugegeben, daß sie notwendige Mittel zu angestrebten Zwecken waren, so bleibt noch die Frage ganz offen: Wie, d. h. woher und wodurch sind diese Mittel entstanden?

* Divis. du trav. soc., l. II, ch. I.

Wir gelangen also zu folgender Regel: *Die bestimmende Ursache eines soziologischen Tatbestands muß in den sozialen Phänomenen, die ihm zeitlich vorangehen, und nicht in den Zuständen des individuellen Bewußtseins gesucht werden.* Andererseits ist es leicht begreiflich, daß alles Vorhergehende ebenso auf die Feststellung der Funktion wie auf die der Ursache anzuwenden ist. Die Funktion eines sozialen Phänomens kann nicht anders als sozial sein, d. h. sie besteht in der Erzeugung von Wirkungen, die sozial nützlich sind. Allerdings kann es vorkommen und kommt tatsächlich vor, daß sie zugleich den Individuen dient. Doch macht dieses glückliche Ergebnis nicht den unmittelbaren Grund ihres Daseins aus. Wir können also den obigen Satz folgendermaßen vervollständigen: *Die Funktion eines sozialen Phänomens muß immer in Beziehung auf einen sozialen Zweck untersucht werden.*

Weil sich die Soziologen über diese Regel häufig im Unklaren befanden und die sozialen Phänomene von einem allzu psychologischen Gesichtspunkte betrachteten, schienen ihre Theorien vielen zu vag, zu schwankend, zu entfernt von der besonderen Natur der Dinge, die sie zu erklären glaubten. Insbesondere kann der Historiker, der mit der Wirklichkeit des sozialen Lebens am intimsten vertraut ist, nicht umhin, es lebhaft zu empfinden, wie wenig diese allzu allgemeinen Auslegungen imstande sind, die Tatsachen zu erreichen, und daher rührt zweifelsohne wenigstens teilweise das Mißtrauen her, das die Geschichtswissenschaft oft gegenüber der Soziologie bekundet hat. Das soll gewiß nicht bedeuten, daß das Studium der psychischen Tatsachen für den Soziologen nicht unumgänglich erforderlich sei. Wenn sich auch das Kollektivleben nicht von dem individuellen herleitet, so steht doch das eine in engen Beziehungen zum anderen; wenn das letztere ersteres nicht erklären kann, so kann es wenigstens seine Erklärung erleichtern. Zunächst ist es, wie wir gezeigt haben, unbestreitbar, daß die sozialen Tatsachen aus einer Verarbeitung sui generis von psychischen Tatsachen entstanden sind. Außerdem ist diese Verarbeitung selbst nicht ohne Analogien mit jener, die in jedem individuellen Bewußtsein vor sich geht und die allmählich die primären Elemente (Empfindungen, Reflexe, Instinkte), aus denen es sich ursprünglich zusammensetzt, umformt. Nicht ohne Grund konnte man vom Bewußtsein sagen, daß es selbst eine Gesellschaft sei, und zwar in demselben Grade, wenn auch in anderer Weise als ein Organismus, und vor langer Zeit schon haben die Psychologen die Bedeutung des Faktors *Assoziation* für die Erklärung des Geisteslebens erwiesen. Psychologische Bildung stellt also für den Soziologen mehr noch als biologische Bildung eine notwendige Propädeutik dar; doch wird sie ihm nur dann nützlich sein, wenn er sich von ihr frei macht, nachdem er sie empfangen, und wenn er über sie hinausgeht, um sie durch speziell soziologische Bildung zu ergänzen. Er muß darauf verzichten, die Psychologie in irgendeiner Art zum Zentrum seiner Operationen zu machen, zum Punkte, von dem die Eroberungszüge, die er in das soziale Gebiet wagt, ausgehen und wohin sie zurückführen, und sich vielmehr in die Mitte der sozialen Phänomene stellen, um sie frontal und ohne Zwischenglied zu beobachten, ohne von der Wissenschaft des Individuums etwas anderes zu verlangen als eine allgemeine Vorbereitung und nach Bedürfnis auch zweckmäßige Hinweise *.

III

Da die Tatbestände der sozialen Morphologie dieselbe Natur besitzen wie die physiologischen Phänomene, müssen sie nach der gleichen, eben aufgestellten Regel erklärt werden. Jedenfalls folgt aus allem, was vorhergeht, daß sie im sozialen Leben und infolgedessen in den soziologischen Erklärungen eine überwiegende Rolle spielen müssen. Wenn wirklich die entscheidende Bedingung der sozialen Phänomene, wie gezeigt wurde, in der Tatsache der Assoziation selbst besteht, müssen die Phänomene mit den Formen dieser Assoziation, d. h. mit der Art und Weise, wie die grundlegenden Bestandteile der Gesellschaft gruppiert sind, variieren. Da andererseits die bestimmte Einheit, welche die in den Bau einer Gesellschaft eintretenden Elemente aller Art durch ihre Vereinigung bilden, ebenso das innere Milieu der Gesellschaft darstellt wie die Gesamtheit der anatomischen Elemente in der Art ihrer Verteilung im Raume das innere Milieu der Organismen, wird man sagen können: *Der erste Ursprung eines jeden sozialen*

* Die psychischen Phänomene können nur dann soziale Konsequenzen haben, wenn sie mit sozialen Phänomenen so innig verbunden sind, daß die Wirkungsweise der einen mit jener der anderen notwendig verschwimmt. Das ist bei gewissen sozialpsychischen Tatsachen der Fall. So ist ein Beamter ein soziales Organ, zugleich aber Individuum. Daraus folgt, daß er die soziale Macht, über die er verfügt, in einem Sinne gebrauchen kann, der durch seine individuelle Natur bestimmt ist, und daß er derart auf die Beschaffenheit der Gesellschaft einen Einfluß üben kann. Das kommt beim Staatsmanne vor und allgemeiner noch bei genialen Menschen. Diese ziehen, selbst wenn sie keine soziale Funktion erfüllen, aus den Gemeinschaftsgefühlen, deren Objekt sie sind, eine Autorität, die ebenfalls eine soziale Kraft ist und die sie in gewissem Maße in den Dienst ihrer Person stellen können. Doch sind diese Fälle offenbar nur individuelle Zufälligkeiten und können daher die konstitutiven Züge der sozialen Wirklichkeit, die allein Gegenstand der Wissenschaft ist, nicht berühren. Die Einschränkung des oben aufgestellten Prinzips ist daher für den Soziologen von keiner großen Bedeutung.

Vorgangs von einiger Bedeutung muß in der Konstitution des inneren sozialen Milieus gesucht werden.

Es ist sogar möglich, dies noch weiter zu präzisieren. Die Elemente, aus denen sich dieses Milieu zusammensetzt, gehören zwei Gattungen an: es sind Personen und Dinge. Unter den Dingen sind außer den der Gesellschaft einverleibten materiellen Objekten die Produkte früherer sozialer Tätigkeit zu verstehen, das gesatzte Recht, die geltende Moral, literarische und künstlerische Monumente usw. Doch ist es klar, daß der Anstoß, der die sozialen Umbildungen auslöst, weder von der einen noch von der anderen Seite ausgehen kann; denn sie bergen beide keine bewegende Kraft in sich. Natürlich muß man bei den Erklärungen, die man unternimmt, mit ihnen rechnen. Sie lasten mit einem gewissen Gewicht auf der sozialen Entwicklung, deren Geschwindigkeit und selbst deren Richtung mit ihnen variiert. Doch besitzen sie nichts, was erforderlich ist, um die Entwicklung in Gang zu setzen. Sie sind die Materie, an welcher die lebendigen Kräfte der Gesellschaft angreifen, doch entwickeln sie selbst keine lebendige Kraft. Als aktiver Faktor bleibt also nur das eigentlich menschliche Milieu übrig.

Das Hauptbestreben des Soziologen muß also dahin gerichtet sein, die verschiedenen Eigentümlichkeiten dieses Milieus, die auf den Ablauf der sozialen Phänome einzuwirken vermögen, zu entdecken. Bisher haben wir zwei Reihen von Eigenschaften aufgefunden, die dieser Bedingung in hervorragender Weise entsprechen; es ist die Zahl der sozialen Einheiten, oder, wie wir auch sagten, das Volumen der Gesellschaft und der Konzentrationsgrad der Masse, oder, wie wir es nannten, die dynamische Dichte. Unter dem letzteren Ausdruck muß nicht nur das rein materielle Zusammenrücken des Aggregats verstanden werden, das keine Wirkung haben kann, wenn die Individuen oder vielmehr die Gruppen von Individuen durch moralische Leerräume voneinander getrennt bleiben, sondern vielmehr das moralische Zusammenrücken, das durch das erstere nur unterstützt wird und dessen Begleiterscheinung es im Allgemeinen ist. Die dynamische Dichte kann ebenso wie das Volumen durch die Zahl der Individuen definiert werden, die nicht nur in kommerziellen, sondern auch in moralischen Beziehungen zueinander stehen; das heißt, die nicht nur Leistungen austauschen oder miteinander konkurrieren, sondern ein gemeinschaftliches Leben führen. Denn da die rein wirtschaftlichen Beziehungen den Menschen äußerlich bleiben, kann man wirtschaftliche Beziehungen unterhalten, ohne darum an derselben sozialen Existenz teil zu haben. Die wirtschaftlichen Beziehungen, die sich über die die Völker trennenden Grenzen knüpfen, bewirken nicht, daß diese Grenzen zu existieren aufhören. Das soziale Leben kann also nur durch die Zahl derjenigen beeinflußt werden, die wirklich daran teilnehmen. Aus diesem Grunde wird die dynamische Dichte eines Volkes am besten durch den Grad der Verschmelzung der sozialen Segmente ausgedrückt. Denn wenn jedes Teilaggregat ein Ganzes bildet, eine von den anderen durch eine Schranke getrennte Individualität, so geschieht dies darum, weil die Tätigkeit der Mitglieder dieses Aggregats im allgemeinen darauf beschränkt bleibt; wenn hingegen diese Teilgesellschaften im Bereiche der Gesamtgesellschaft verschmelzen oder zur Verschmelzung tendieren, so erweitert sich auch in demselben Maße der Kreis des sozialen Lebens.

Was nun die materielle Dichte betrifft – sofern man wenigstens darunter nicht nur die Zahl der auf eine Oberflächeneinheit entfallenden Bewohner, sondern auch die Entwicklung der Verkehrs- und Kommunikationswege versteht –, so hält sie *gewöhnlich* mit der dynamischen Dichte gleichen Schritt und kann *im allgemeinen* als Maß für sie dienen. Denn wenn die verschiedenen Teile der Bevölkerung sich einander zu nähern tendieren, wird es unausbleiblich, daß sie die Wege, welche diese Annäherung ermöglichen, aufschließen; und andererseits können Beziehungen zwischen entfernten Punkten der sozialen Masse nur entstehen, wenn diese Entfernung kein Hindernis bildet, d. h. tatsächlich überwunden ist. Dennoch gibt es Ausnahmen *, und man würde sich ernstlichen Irrtümern aussetzen, wenn man die moralische Konzentration einer Gesellschaft nach dem Grade ihrer materiellen Konzentration beurteilen würde. Die Straßen, die Eisenbahnlinien usw. können mehr der Bewegung des Handels als der Verschmelzung der Bevölkerung dienen, die sie in einem solchen Falle nur höchst unvollkommen fördern. Das ist der Fall bei England, dessen materielle Dichte jener Frankreichs überlegen und wo trotzdem die Verschmelzung der Segmente weit weniger fortgeschritten ist, wie die Fortdauer des Lokalgeistes und des regionalen Lebens beweist.

An anderer Stelle haben wir gezeigt, wie jedes Wachstum des Volumens und der dynamischen Dichte der Gesellschaft durch die intensivere Gestaltung des sozialen Lebens, durch die Erweiterung des Horizontes, den jedes Individuum mit seinem Denken umschließt und mit seinem Handeln erfüllt, die Grundbedingungen der kollektiven Existenz vom Grund aus verändert. Auf die Anwendung, die wir

* Wir hatten unrecht, in unserer »Division du travail« die materielle Dichte als den genauen Ausdruck der dynamischen Dichte hinzustellen. Doch ist es bezüglich aller wirtschaftlichen Wirkungen der dynamischen Dichte, z. B. der Arbeitsteilung als rein wirtschaftlicher Tatsache, gerechtfertigt, die materielle Dichte an die Stelle der dynamischen zu setzen.

damals von diesem Prinzip machten, haben wir hier nicht zurückzukommen. Wir wollen nur hinzufügen, daß wir mit seiner Hilfe nicht nur die noch sehr allgemeine Frage, die Gegenstand jener Untersuchung war, behandelten, sondern auch viele andere speziellere Probleme, und daß wir auf diese Weise seine Zuverlässigkeit schon durch eine beachtliche Zahl von Erfahrungen verifizieren konnten. Wir glaubten aber keinesfalls, alle Besonderheiten der sozialen Milieus, die bei der Erklärung der soziologischen Tatbestände eine Rolle spielen mögen, gefunden zu haben. Wir können nur sagen, daß jene die einzigen sind, die wir bemerkt haben, und daß wir keine Veranlassung hatten, andere zu suchen.

Doch schließt diese überragende Bedeutung, die wir dem sozialen Milieu und insbesondere dem menschlichen Milieu zugestehen, nicht die Annahme in sich, daß man darin eine Art letzter und absoluter Tatsache sehen müsse, über die nicht hinausgegangen werden kann. Es ist im Gegenteil evident, daß der Zustand, in dem es sich in jedem Zeitpunkte der Geschichte befindet, selbst von sozialen Ursachen abhängt, die teils der Gesellschaft als solcher inhärent, teils auf Wirkungen und Gegenwirkungen zurückzuführen sind, die sich zwischen dieser Gesellschaft und ihren Nachbargesellschaften vollziehen. Übrigens kennt die Wissenschaft keine ersten Ursachen im absoluten Sinne des Wortes. Für sie ist ein Tatbestand nur dann primär, wenn er einfach allgemein genug ist, um eine große Zahl anderer Tatbestände zu erklären. Nun ist das soziale Milieu gewiß ein Faktor dieser Art. Denn die Veränderungen, die sich in ihm vollziehen, breiten sich, was immer ihre Ursachen sein mögen, im sozialen Organismus nach allen Richtungen aus und können nicht umhin, alle seine Funktionen mehr oder weniger in Mitleidenschaft zu ziehen.

Was wir soeben über das allgemeine Milieu der Gesellschaft gesagt haben, kann bezüglich des Sondermilieus einer jeden der besonderen Gruppen, die jene umschließt, wiederholt werden. Je nachdem beispielsweise die Familie mehr oder weniger umfangreich, mehr oder weniger auf sich selbst gestellt ist, wird das häusliche Leben anders beschaffen sein. Ebenso wird die von beruflichen Korporationen ausgehende Wirkung anders sein als in früherer Zeit, wenn sie sich über ein ganzes Land verzweigen, anstatt sich wie früher auf die Grenzen einer Stadt zu beschränken. In noch allgemeinerer Weise wird das Berufsleben ganz anders gestaltet sein, je nachdem das jedem Berufe eigene Milieu scharf ausgeprägt ist oder so fließende Grenzen hat wie in der Gegenwart. Allerdings dürfte die Einwirkung dieser besonderen Milieus nicht die große Bedeutung des allgemeinen Milieus erreichen; denn sie sind selbst dem Einflusse des letzteren unterworfen.

Immer ist es das allgemeine Milieu, auf welches man zurückgehen muß. Der Druck, den es auf die Teilgruppen ausübt, veranlaßt die Veränderung ihrer Konstitution.
Dieser Begriff des sozialen Milieus als bestimmender Faktor der kollektiven Entwicklung ist von höchster Wichtigkeit. Denn wenn man ihn verwirft, ist die Soziologie in die Unmöglichkeit versetzt, irgendwelche Kausalbeziehungen festzustellen.
Nach Ausschaltung dieser Gattung von Ursachen gibt es in der Tat keine konkomitanten Bedingungen, von denen die sozialen Phänomene abhängen könnten; denn wofern das äußere soziale Milieu, d. h. jenes Milieu, das aus den umgebenden Gesellschaft besteht, irgendwelche Wirkung haben kann, kann sich diese nur auf die Funktionen erstrecken, die den Angriff und die Verteidigung betreffen; überdies kann sich sein Einfluß nur durch Vermittlung des inneren sozialen Milieus geltend machen. Die Hauptursachen der geschichtlichen Entwicklung würden sich also nicht im Bereiche der *circumfusa* vorfinden, sondern gänzlich in der Vergangenheit liegen. Sie würden selbst einen Teil dieser Entwicklung, nämlich deren vergangene Phasen darstellen. Die gegenwärtigen Ereignisse des sozialen Lebens würden nicht aus dem gegenwärtigen Zustand der Gesellschaft abzuleiten sein, sondern aus früheren Ereignissen, aus der Geschichte, und die soziologischen Erklärungen würden darin aufgehen, die Gegenwart mit der Vergangenheit zu verknüpfen.
Allerdings kann es scheinen, daß dies genügend sei. Sagt man doch gewöhnlich, daß die Aufgabe der Geschichte gerade darin liege, die Ereignisse nach der Ordnung ihrer Aufeinanderfolge zu verketten. Es ist aber unmöglich einzusehen, wieso der Zustand, in dem sich die Zivilisation in einem gegebenen Zeitpunkte befindet, die bestimmende Ursache des darauffolgenden Zustandes sein könnte. Die Etappen, welche die Menschheit sukzessiv durchläuft, entwickeln sich nicht auseinander. Daß die in einer bestimmten Epoche auf dem Gebiete des Rechts, der Wirtschaft, der Politik usw. erzielten Fortschritte neue Fortschritte ermöglichen, ist sehr gut zu verstehen; worin sollen sie diese jedoch vorausbestimmen? Sie sind ein Ausgangspunkt, der weiter zu gehen gestattet; was ist es aber, das uns zum Weitergehen veranlaßt? Man müßte denn eine innere Tendenz annehmen, welche die Menschheit dazu drängt, ohne Unterlaß über die gewonnenen Ergebnisse hinauszuschreiten, sei es, um sich selbst vollständig zu realisieren, sei es, um ihr Glück zu vermehren, und Gegenstand der Soziologie wäre es, die Ordnung, nach der sich diese Tendenz entfaltet hat, aufzufinden. Ohne jedoch auf die Schwierigkeiten, die eine solche Hypothese in sich schließt, zurückzukommen, kann jedenfalls behauptet

werden, daß das Gesetz, wodurch diese Entwicklung ausgedrückt wird, keinen kausalen Charakter haben dürfte. Eine Kausalbeziehung kann in der Tat nur zwischen zwei gegebenen Tatbeständen festgestellt werden; nun ist diese Tendenz, die als Ursache jener Entwicklung angesehen wird, nicht gegeben; sie wird nur durch den Verstand postuliert und nach den ihr zugeschriebenen Wirkungen konstruiert. Es ist eine Art von bewegender Kraft, welche wir uns hinter der Bewegung denken, um uns über diese Rechenschaft zu geben; die eine Bewegung bewirkende Ursache kann aber nur eine andere Bewegung, nicht eine virtuelle Ursache dieser Art sein. Alles, was wir auf diese Weise erfahrungsmäßig erreichen, ist eine Aufeinanderfolge von Veränderungen, zwischen denen kein kausales Band existiert. Der vorhergehende Zustand erzeugt nicht den nachfolgenden, sondern die Beziehung zwischen ihnen ist eine rein zeitliche. Auch unter diesen Bedingungen wird eine wissenschaftliche Voraussage unmöglich. Wir können wohl sagen, wie die Dinge bisher aufeinandergefolgt sind, nicht aber, in welcher Ordnung sie in Zukunft aufeinanderfolgen werden, weil die Ursache, von der man sie abhängig glaubt, wissenschaftlich nicht bestimmt und auch nicht bestimmbar ist. Gewöhnlich nimmt man zwar an, daß die Entwicklung in demselben Sinne wie in der Vergangenheit erfolgen werde, aber nur auf Grund eines bloßen Postulats. Nichts gibt uns die Sicherheit, daß die verwirklichten Tatsachen die Natur dieser Tendenz so vollständig ausdrücken, daß man das Ziel, dem sie zustrebt, nach den bisher zurückgelegten Etappen beurteilen könnte. Warum sollte denn auch die Richtung, der sie folgt und deren Ausdruck sie ist, eine geradlinige sein?

Das ist auch in Wirklichkeit der Grund, warum die Zahl der von den Soziologen festgestellten Kausalbeziehungen so beschränkt ist. Mit einigen Ausnahmen, deren berühmtestes Beispiel Montesquieu ist, hat sich die alte Geschichtsphilosophie einzig und allein damit beschäftigt, die allgemeine Richtung, in welcher sich die Menschheit fortbewegt, aufzufinden, ohne daß sie gesucht hätte, die Phasen dieser Entwicklung mit irgendwelchen konkomitanten Bedingungen in Verbindung zu bringen. Wie große Dienste auch Comte der Sozialphilosophie erwiesen hat, so sind doch die Begriffe, mit denen er das Problem der Soziologie zum Ausdruck bringt, von den vorgehenden nicht unterschieden. Auch sein berühmtes Gesetz von den drei Stadien hat nicht das Geringste von einer Kausalbeziehung an sich. Selbst wenn es exakt wäre, ist es nur empirisch und kann auch nicht mehr sein. Es ist ein summarischer Überblick über die verflossene Geschichte. Es ist durchaus willkürlich, wenn Comte das dritte Stadium als das endgültige Stadium der Menschheit betrachtet. Wer sagt uns denn, daß nicht ein neues Stadium daraus in Zukunft erstehen wird? Auch das die Soziologie Spencers beherrschende Gesetz scheint von keiner anderen Natur zu sein. Wäre es auch richtig, daß wir gegenwärtig unser Glück in einer industriellen Zivilisation suchen, so ist es keineswegs gewiß, daß wir es später nicht anderwärts suchen werden. Daß man im sozialen Milieu überaus häufig ein Mittel der Realisierung des Fortschrittes und nicht die ihn bestimmende Ursache sah, war der Grund, der die allgemeine Verbreitung und die Zähigkeit dieser Methode zur Folge hatte.

Anderseits muß man den Nutzwert oder, wie wir gesagt haben, die Funktion der sozialen Phänomene ebenfalls im Zusammenhang mit diesem Milieu einschätzen. Unter den Veränderungen, deren Ursache das Milieu ist, sind diejenigen nützlich, die mit seinem augenblicklichen Zustande im Zusammenhang stehen, da dieser die wesentliche Bedingung der kollektiven Existenz ist. In dieser Hinsicht ist der eben entwickelte Begriff, wie wir glauben, fundamental; denn er allein ermöglicht es, zu erklären, wieso die Nützlichkeit der sozialen Phänomene variieren kann, ohne daß sie trotzdem von willkürlichen Anordnungen abhängig wären. Wenn man sich die geschichtliche Entwicklung tatsächlich durch eine Art von vis a tergo, welche die Menschen vorwärts treibt, bewegt vorstellt, so kann es, da ja eine bewegende Tendenz nur ein Ziel und eines allein zu haben vermag, nur ein einziges Merkmal geben, auf Grund dessen die Nützlichkeit oder Schädlichkeit der sozialen Phänomene bewertet werden kann. Daraus folgt, daß nur ein einziger Typus der sozialen Organisation existiert und existieren kann, der der Menschheit vollkommen zusteht, und daß die verschiedenen historischen Gesellschaften nur approximative Annäherungen an dieses einzige Modell darstellen. Es ist nicht nötig nachzuweisen, wie unvereinbar eine so simplistische Anschauung mit der anerkannten Vielfältigkeit und Kompliziertheit der sozialen Formen ist. Läßt sich dagegen die Zukömmlichkeit oder Unzukömmlichkeit der Institutionen nur in Beziehung auf ein bestimmtes soziales Milieu feststellen, so gibt es, da ja diese Milieus verschieden sind, eine Vielheit von Merkmalen und folglich von sozialen Typen, die, obgleich qualitativ voneinander verschieden, insgesamt in gleicher Weise in der Natur des sozialen Milieus begründet sind.

Die eben behandelte Frage steht also mit der Frage der Aufstellung der sozialen Typen in engerer Verbindung. Daß es soziale Arten gibt, ist darauf zurückzuführen, daß das kollektive Leben in erster Linie von konkomitanten Bedingungen abhängig ist, die eine gewisse Mannigfaltigkeit zeigen. Wenn dagegen die Hauptursachen der sozialen Geschehnisse gänzlich der Vergangenheit angehörten, so wäre jedes Volk nur die Verlängerung eines anderen, das ihm vorausgegangen ist, und die verschiedenen Gesellschaften würden ihre Individualität einbüßen, um nichts mehr als verschiedene Momente ein und derselben Entwicklung zu sein. Da andererseits die Beschaffenheit des sozialen Milieus aus der Art und Weise der Zusammensetzung der sozialen Aggregate folgt, so daß diese zwei Ausdrücke im Grunde synonym sind, verfügen wir jetzt über den Beweis, daß es keine wesentlicheren Merkmale als die von uns der soziologischen Klassifikation zugrunde gelegten gibt.

Schließlich wird man jetzt besser als vorher begreifen, wie ungerecht es war, sich auf die Worte von den äußeren Bedingungen und dem Milieu zu stützen, um gegen unsere Methode die Beschuldigung zu erheben, daß sie die Quellen des Lebens außerhalb des Lebendigen suche. Ganz im Gegenteil gehen die vorgehenden Überlegungen auf die Idee zurück, daß die Ursachen der sozialen Phänomene innerhalb der Gesellschaft liegen. Eher könnte man der Theorie, welche die Gesellschaft vom Individuum ableitet, vorwerfen, daß sie das Innere aus dem Äußeren erschließt, weil sie das soziale Dasein durch etwas anderes als es selbst erklärt, und das Mehr aus dem Weniger, da sie das Ganze aus dem Teile zu deduzieren unternimmt. Die im Vorhergehenden ausgeführten Prinzipien mißverkennen den spontanen Charakter alles Lebenden so wenig, daß man für den Fall ihrer Anwendung auf die Psychologie und die Biologie annehmen muß, daß sich auch das individuelle Leben ganz und gar aus dem Inneren des Individuums ableiten läßt.

IV

Aus der Reihe der hier aufgestellten Regeln ergibt sich eine bestimmte Auffassung der Gesellschaft und des kollektiven Lebens.

Zwei gegensätzliche Theorien sind in dieser Hinsicht bisher vertreten worden.

Für die einen wie Hobbes und Rousseau gibt es keine Kontinuität zwischen Individuum und Gesellschaft. Der Mensch widerstrebt von Natur aus dem Gemeinschaftsleben und fügt sich ihm nur gezwungen. Die sozialen Zwecke sind nicht nur die Kreuzungspunkte der individuellen Zwecke; vielmehr sind sie ihnen entgegengesetzt. Um das Individuum zu ihrer Befolgung zu bewegen, muß ein Zwang ausgeübt werden, und in der Institution und Organisation dieses Zwanges besteht vorzugsweise das soziale Geschehen. Weil aber das Individuum als die alleinige Realität des menschlichen Daseins angesehen wird, kann diese Organisation, die darauf gerichtet ist, es zu hemmen und in Schranken zu halten, nur als eine künstliche aufgefaßt werden. Sie ist nicht in der Natur begründet, da sie dem Einzelnen Gewalt anzutun bestimmt ist, indem sie ihn daran hindert, seine antisozialen Tendenzen zur Geltung zu bringen. Sie ist ein künstliches Produkt, eine gänzlich von Menschenhand aufgebaute Maschine, die, wie alle Erzeugnisse dieser Art, nur darum ist, was sie ist, weil sie die Menschen so gewollt haben. Ein Willensentschluß hat sie geschaffen, ein anderer Entschluß kann sie umformen. Darüber hat weder Hobbes noch Rousseau das Widerspruchsvolle an der Annahme bemerkt, daß das Individuum selbst der Urheber einer Maschine sein soll, deren wesentliche Rolle darin besteht, ihren Urheber durch Zwang zu beherrschen und einem Zwang zu unterwerfen. Oder es schien ihnen wenigstens, daß es hinreiche, um diesen Widerspruch zum Verschwinden zu bringen, ihn in den Augen seiner Opfer durch den geschickten Kunstgriff des sozialen Vertrages zu verkleiden.

Von der entgegengesetzten Idee ließen sich die Theoretiker des Naturrechtes, die Nationalökonomen und in neuerer Zeit Spencer leiten*. Für sie ist das soziale Leben wesentlich spontan und die Gesellschaft eine Naturtatsache. Wenn sie ihr aber diesen Charakter beilegen, so geschieht es nicht deshalb, weil sie ihr eine spezifische Natur zuerkennen, sondern weil sie ihre Grundlage in der Natur des Individuums finden. Ebensowenig wie die vorerwähnten Denker sehen sie in der Gesellschaft ein System von Erscheinungen, das auf Grund besonderer Ursachen durch sich selbst existiert. Während aber jene das soziale Leben nur als konventionelle Ordnung auffaßten, die keinerlei Band mit der Wirklichkeit verknüpft und die sozusagen in der Luft schwebt, weisen ihm diese die fundamentalsten Instinkte des Menschen als Sitz an. Der Mensch neigt von Natur aus zum politischen, häuslichen, religiösen Leben, zum Tauschverkehr usw., und es sind diese natürlichen Neigungen, denen die soziale Organisation entspringt. Infolgedessen muß sich diese nirgends, wo sie normal auftritt, mit Gewalt aufdrängen. Sobald sie zum Zwange greift, geschieht dies darum, weil sie nicht ist, was sie sein soll, oder weil die Umstände anormal sind. Im Prinzip braucht man nur die individuellen Kräfte sich frei entfalten zu lassen, damit sie sich sozial organisieren.

Weder die eine noch die andere Doktrin ist die unsere.

Allerdings erheben wir den Zwang zum Kriterium jedes soziologischen Tatbestands. Nur geht dieser Zwang nicht von einer mehr oder weniger

* Die Stellung Comtes zu diesem Gegenstand ist ein ziemlich zweideutiger Eklektizismus.

erklügelten Maschine aus, die den Menschen die Fallen, in die sie sich selbst gefangen haben, verhüllen soll. Er ist einfach darauf zurückzuführen, daß sich die Individuen einer Kraft gegenüber finden, welche sie beherrscht und vor der sie sich beugen; doch ist diese Kraft eine natürliche. Sie entsteht aus keiner konventionellen Einrichtung, die der menschliche Wille im Ganzen der Wirklichkeit hinzugefügt hat. Sie geht vielmehr aus dem innersten Wesen der Wirklichkeit selbst hervor; sie ist das notwendige Produkt gegebener Ursachen. Auch ist es nicht erforderlich, zu einem Kunstgriff zu greifen, um das Individuum zu freiwilliger Unterordnung zu bewegen; es genügt, ihm den Zustand seiner Abhängigkeit und natürlichen Inferiorität zum Bewußtsein zu bringen — damit es sich in der Religion eine anschauliche und symbolische Vorstellung hiervon mache oder durch das Mittel der Wissenschaft sich adäquate und bestimmte Begriffe darüber bilde. Da die Überlegenheit der Gesellschaft nicht bloß physisch, sondern auch moralisch und geistig ist, hat sie von der freien Forschung, richtigen Gebrauch der letzteren vorausgesetzt, nichts zu fürchten. Die Reflexion, die den Menschen einsehen läßt, um wieviel reicher, differenzierter und lebenskräftiger das soziale Wesen ist als das individuelle, kann ihm nur einleuchtende Gründe für die Unterordnung, die von ihm gefordert wird, und für die Gefühle der Ergebenheit und des Respektes, welche die Gewohnheit in seinem Inneren fixiert hat, vermitteln *.

Nur eine ungewöhnlich oberflächliche Kritik könnte also unserem Begriffe des sozialen Zwanges vorwerfen, daß er die Theorien von Hobbes und Machiavelli erneuere. Wenn wir aber im Gegensatz zu diesen Philosophen die Natürlichkeit des sozialen Lebens behaupten, so geschieht das nicht deshalb, weil wir dessen Quelle in der Natur des Individuums finden, sondern weil es unmittelbar aus dem kollektiven Sein abzuleiten ist, das an sich ein Wesen sui generis darstellt; es geschieht deshalb, weil das soziale Leben der besonderen Formung entspringt, der die einzelnen Psychen vermöge der Tatsache ihrer Assoziation unterliegen und aus der eine neue Existenzform entsteht **.

* Das ist auch der Grund, warum nicht jeder Zwang normal ist. Nur demjenigen gebührt diese Bezeichnung, welcher irgendeiner sozialen Überlegenheit, nämlich einer geistigen oder moralischen entspricht. Jener aber, den ein Individuum gegen ein anderes ausübt, weil es stärker oder reicher ist, ist abnormal und kann sich nur durch Gewalt behaupten, insbesondere, wenn dieser Reichtum nicht den sozialen Wert des Individuums ausdrückt.

** Unsere Theorie steht zu der von Hobbes sogar in größerem Gegensatz als zu der des Naturrechts. Für die Anhänger der letzteren Theorie ist das soziale Leben nur in dem Maße natürlich, als es aus der individuellen Natur deduziert werden kann. Nun können, streng genommen, bloß die allgemeinsten Formen

Wenn wir also mit den einen die Erkenntnis teilen, daß sich diese dem Individuum unter der Erscheinungsform des Zwanges zeigt, nehmen wir mit den anderen an, daß sie ein spontanes Produkt der Wirklichkeit ist. Und was diese scheinbar widersprechenden Elemente logisch miteinander verbindet, ist die Tatsache, daß diese Wirklichkeit, aus der sie fließt, über das Individuum hinausreicht. Das heißt, daß die Ausdrücke Zwang und Spontaneität in unserer Terminologie einen anderen Sinn haben, als Hobbes dem ersten und Spencer dem zweiten gibt.

Zusammenfassend sei gesagt: der Mehrzahl der Versuche, die zur rationalen Erklärung der soziologischen Tatbestände unternommen worden sind, konnte man vorwerfen, daß sie entweder die Idee der sozialen Unterordnung gänzlich beseitigten oder sie nur mit Hilfe trügerischer Erschleichungen wahren konnten. Die von uns soeben aufgestellten Regeln gestatten hingegen die Ausgestaltung einer Soziologie, die die wesentliche Bedingung eines jeden Lebens in der Gemeinschaft im Geiste der Unterordnung erblickt, und gründen diesen Geist auf Vernunft und Wahrheit.

der sozialen Organisation auf diesen Ursprung zurückgeführt werden. Das Detail ist von der extremen Allgemeinheit der psychischen Eigenschaften allzu entfernt, als daß eine Anknüpfung an sie möglich wäre. Dasselbe erscheint also dieser Schule ebenso als ein künstliches Erzeugnis wie ihren Gegnern. Für uns ist dagegen alles natürlich, selbst die speziellsten Einrichtungen, denn alles ist in der Natur der Gesellschaft begründet.

SECHSTES KAPITEL

Regeln der Beweisführung

I

Wir verfügen nur über ein einziges Mittel, um festzustellen, daß ein Phänomen Ursache eines anderen ist: das Vergleichen der Fälle, in denen beide Phänomene gleichzeitig auftreten oder fehlen, und das Nachforschen, ob die Variationen, die sie unter diesen verschiedenen Umständen zeigen, beweisen, daß das eine Phänomen vom anderen abhängt. Wenn die Phänomene nach Belieben des Beobachters künstlich erzeugt werden können, handelt es sich um die Methode des Experiments im eigentlichen Sinne. Wenn hingegen die Erzeugung der Tatsachen nicht in unsere Willkür gestellt ist und wir nur die spontan entstandenen Umstände einander nahebringen können, so ist die hierbei verwendete Methode die des indirekten Experimentes oder die vergleichende Methode.

Wir haben gesehen, daß die soziologische Erklärung ausschließlich darin besteht, Kausalitätsbeziehungen aufzustellen, handele es sich nun darum, ein Phänomen mit seiner Ursache zu verknüpfen oder im Gegenteil eine Ursache mit ihren entsprechenden Wirkungen. Da sich andererseits die sozialen Phänomene offenbar der Anwendung des Experimentes entziehen, so erscheint die vergleichende Methode als die einzige, welche der Soziologie entspricht. Comte hat allerdings diese Methode für unzulänglich erachtet; er hielt es für nötig, sie durch das, was er historische Methode nennt, zu ergänzen. Doch liegt dies in seiner eigentümlichen Auffassung der sozialen Gesetze begründet. Diese drücken nach ihm nicht bestimmte Kausalitätsbeziehungen, sondern hauptsächlich den Sinn der allgemeinen Entwicklungsrichtung aus; sie können also nicht mittels Vergleichen aufgefunden werden; denn um die verschiedenen Formen, welche ein soziales Phänomen bei verschiedenen Völkern annimmt, zu vergleichen, muß man es erst von den zeitlichen Bedingungen, in die es gestellt ist, loslösen. Wenn man nun anfängt, auf solche Weise die menschliche Entwicklung in Bruchstücke aufzulösen, macht man es sich unmöglich, ihren weiteren Verlauf zu verfolgen. Zu diesem Ende darf man nicht mittels Analysen, sondern muß mit weiten Synthesen vorgehen. Man muß die aufeinanderfolgenden Phasen der Menschheit einander annähern und gewissermaßen in derselben Intuition umfassen, so daß man »der fortgesetzten Entfaltung jeder physischen, intellektuellen, moralischen und politischen Disposition«* gewahr wird. Das ist die Begründung jener Methode, welche Comte als die historische bezeichnet und der somit der Boden entzogen wird, sobald man die Grundauffassung der Comteschen Soziologie verwirft.

Mill ist der Ansicht, das Experiment, sogar das indirekte, sei in der Soziologie nicht anwendbar. Doch verliert seine Argumentation einen großen Teil ihres Gewichtes schon durch die Erwägung, daß er dasselbe von den biologischen Phänomenen, ja sogar von den komplexesten physikalisch-chemischen Tatsachen behauptet**; nun braucht man heute nicht mehr nachzuweisen, daß die Chemie und Biologie nur als experimentelle Wissenschaften bestehen können. Es gibt also keinen Grund zur Annahme, daß seine Kritik in bezug auf die Soziologie besser begründet sei, denn die sozialen Phänomene unterscheiden sich von den oben erwähnten nur durch eine größere Kompliziertheit. Dieser Unterschied mag es mit sich bringen, daß die Anwendung des experimentellen Verfahrens in der Soziologie größere Schwierigkeiten bietet als in den andern Wissenschaften; doch ist nicht einzusehen, warum es hier durchaus unmöglich sein sollte.

Überdies beruht diese ganze Theorie Mills auf einem Postulat, das ohne Zweifel mit den Fundamentalprinzipien seiner Logik verknüpft ist, jedoch mit allen Ergebnissen der Wissenschaft im Gegensatz steht. Er behauptet nämlich, daß dieselbe Folge nicht stets aus demselben Vorgang entsteht, sondern bald der einen, bald der anderen Ursache entspringen kann. Diese Auffassung der Kausalität beraubt diese aller Bestimmtheit und macht sie für die wissenschaftliche Analyse nahezu unzugänglich; denn hierdurch wird in die Verkettung von Ursache und Wirkung eine solche Komplikation hineingebracht, daß sich der Verstand nicht mehr zurechtfinden kann. Wenn eine Wirkung aus verschiedenen Ursachen entstehen kann, so müßte, um in einer Vielheit von gegebenen Umständen die bestimmende Ursache zu erkennen, die Erfahrung unter Isolierungsbedingungen stehen, die insbesondere in der Soziologie praktisch nicht zu realisieren sind.

Dieses vermeintliche Axiom von der Vielheit der Ursachen ist eine Negation des Kausalitätsprinzips. Wenn man nun mit Mill meint, daß Ursache und Wirkung absolut heterogen sind und daß zwischen ihnen

* Comte, Cours de philos. pos. IV, S. 328.

** System der deduktiven und induktiven Logik, Buch III.

keine logische Relation besteht, so ist zweifellos die Annahme nicht widerspruchsvoll, daß eine Wirkung bald auf die eine, bald auf die andere Ursache folgen könne. Wenn die Beziehung, welche C mit A verbindet, eine rein zeitliche ist, so kann dasselbe von einer anderen Beziehung derselben Art gelten, welche beispielsweise C mit B verknüpfte. Wenn dagegen der Kausalzusammenhang irgendwie begreiflich sein soll, könnte er nicht in einem solchen Ausmaß undeterminiert sein. Wenn die Kausalität in einer Beziehung besteht, die sich aus der Natur der Dinge ergibt, so kann diese Beziehung nur zwischen einer Wirkung und einer einzigen Ursache bestehen, da sie nur eine einzige Natur zum Ausdruck bringen kann. Einzig die Philosophen haben jemals Zweifel in die Erkennbarkeit des Kausalzusammenhanges gesetzt. Für den Wissenschaftler steht sie gar nicht in Frage; sie wird durch die wissenschaftliche Methode selbst vorausgesetzt. Wie anders wäre die so bedeutende Rolle der Deduktion im experimentellen Verfahren und das Fundamentalprinzip der Proportionalität zwischen Ursache und Wirkung zu erklären? Was nun die zitierten Fälle betrifft, bei denen man eine Mehrheit von Ursachen zu beobachten behauptet, so müßte zuvor entweder festgestellt werden, daß diese Vielheit nicht eine bloß scheinbare ist oder daß die äußere Einheit der Wirkung nicht eine faktische Vielheit verhüllt. Wie oft geschah es nicht in der Wissenschaft, daß Ursachen, deren Vielfältigkeit auf den ersten Blick unvereinbar schien, auf eine Einheit gebracht wurden! Stuart Mill selbst gibt ein Beispiel, indem er daran erinnert, daß die Entstehung von Wärme durch Reibung, Stoß, Chemismus u. a. m. nach der modernen Theorie auf ein und dieselbe Ursache zurückgeführt wird. Sobald es sich umgekehrt um die Wirkung handelt, so macht der Forscher häufig Unterscheidungen, wo der naive Mensch vermengt. Für den Alltagsverstand bezeichnet das Wort Fieber eine einzige Krankheitserscheinung; für die Wissenschaft gibt es dagegen eine Mannigfaltigkeit von spezifisch verschiedenen Arten von Fiebern, und die Vielheit der Ursachen hängt mit jener der Wirkungen zusammen; und wenn sich trotzdem zwischen allen diesen Krankheitstypen etwas Gemeinsames vorfindet, so rührt dies daher, daß auch die Ursachen durch gewisse Eigenschaften zusammengehören.

Es ist um so wichtiger, dieses Prinzip aus der Soziologie zu bannen, als noch viele Soziologen seinem Einflusse unterliegen, wiewohl sie gegen die Anwendung der vergleichenden Methode keine Einwendung erheben. So behauptet man allgemein, daß das Verbrechen gleicherweise aus den verschiedensten Ursachen entstehen kann; ebenso der Selbstmord, die Strafe usw. Wenn man das experimentelle Verfahren in diesem Sinne anwendet, so wird man vergebens eine große Menge von Fakten anhäufen; niemals wird man so zu präzisen Gesetzen, zu bestimmten Kausalitätszusammenhängen gelangen. Man wird damit lediglich eine schlecht definierte Folgeerscheinung von einer wirren und unbestimmten Gruppe von Vorgängen vage ableiten können. Wenn man jedoch die vergleichende Methode auf wissenschaftliche Weise anwenden, das heißt dem Kausalitätsprinzip folgen will, wie es aus der Wissenschaft selbst hervorgeht, wird man als Grundlage der anzustellenden Vergleichungen auf folgenden Satz zurückgreifen müssen: *Zu derselben Wirkung gehört stets dieselbe Ursache*. Wenn also der Selbstmord, um die oben zitierten Beispiele wieder aufzunehmen, von mehr als einer Ursache abhängt, so liegt das daran, daß es in Wirklichkeit mehrere Gattungen des Selbstmordes gibt. Dasselbe ist beim Verbrechen der Fall. Daß man dagegen die Strafe nur aus verschiedenen Ursachen ableiten zu können meinte, geschah nur deshalb, weil man das gemeinsame Element, das allen diesen Ursachen innewohnt und kraft dessen diese ihre gemeinsame Wirkung hervorbringen, nicht wahrgenommen hatte *.

II

Wenn die verschiedenen Verfahren der vergleichenden Methode auf die Soziologie anzuwenden sind, so kommt doch nicht allen die gleiche Beweiskraft zu.

Die sogenannte Methode der Residuen kann, sofern sie überhaupt eine Form des experimentellen Verfahrens darstellt, bei der Untersuchung der sozialen Phänomene nicht zur Anwendung gelangen. Abgesehen davon, daß sie nur sehr fortgeschrittenen Wissenschaften Dienste leisten kann, da sie eine beträchtliche Zahl bereits bekannter Gesetze voraussetzt, sind die sozialen Phänomene viel zu komplex, um im gegebenen Falle die Wirkung aller Ursachen abzüglich einer mit Genauigkeit abschätzen zu können.

Der gleiche Grund läßt auch die Methoden der Konkordanz und die der Differenz schwer anwendbar erscheinen. Sie setzen voraus, daß die verglichenen Fälle in einem einzigen Punkte entweder übereinstimmen oder sich unterscheiden. Allerdings gibt es keine Wissenschaft, die jemals Erfahrungen zu erstellen vermocht hätte, bei denen im strengen Sinne eine einzige Konkordanz oder Differenz unwiderleglich festgestellt worden wäre. Nie ist man sicher, daß man sich nicht irgend

* Division du travail social, S. 87.

einen Vorgang entgehen läßt, der gleichzeitig und in derselben Weise wie der einzige bekannte Vorgang mit der Folgeerscheinung die gleiche Konkordanz oder Unterscheidung aufweist. Mag indes auch die absolute Elimination jedes später dazukommenden Elements ein ideales Ziel sein, das wirklich nicht erreicht werden kann, so nähern sich ihm doch die physikalisch-chemischen Wissenschaften und sogar die Biologie so sehr, daß in einer großen Zahl von Fällen die Beweisführung für praktisch hinlänglich erachtet werden kann. Dies ist aber bei der Soziologie nicht der Fall infolge der allzugroßen Kompliziertheit der Phänomene, zu der die Unmöglichkeit jedes künstlichen Experiments kommt. Da man kein auch nur annähernd vollständiges Inventar aller Fakten anlegen könnte, die im Bereiche einer Gesellschaft koexistieren oder im Laufe ihrer Geschichte einander gefolgt sind, kann man niemals, auch nur approximativ, die Gewißheit haben, daß zwei Völker in allen Beziehungen mit einer einzigen Ausnahme übereinstimmen oder divergieren. Die Chancen, ein Phänomen zu übersehen, sind größer als die, keines zu vernachlässigen. Daher kann ein solches Demonstrationsverfahren lediglich Konjekturen Nahrung geben, die für sich allein genommen fast jeden wissenschaftlichen Charakters entbehren.

Ganz anders steht es mit der Methode der parallelen (konkomitanten) Variationen. Zur Durchführung eines solchen Beweises erscheint es nicht erforderlich, daß alle diejenigen Variationen, die von den verglichenen unterschieden sind, strengstens ausgeschaltet werden. Der einfache Parallelismus der Werte, den die zwei Phänomene durchlaufen, ist an sich schon der Beweis, daß zwischen ihnen eine Relation besteht, sofern nur dieser Parallelismus in einer hinlänglichen Zahl von zureichend variierten Fällen festgestellt worden ist. Diese Methode verdankt ihr Privileg dem Umstande, daß sie die Kausalität nicht wie die erwähnten von Außen, sondern von Innen ergreift. Sie zeigt uns nicht einfach zwei Tatsachen, die sich äußerlich begleiten oder ausschließen *, so daß nichts direkt beweist, daß sie durch ein inneres Band verbunden sind; sie zeigt vielmehr, wie die Tatsachen, wenigstens was das Quantitative anlangt, unausgesetzt ineinander greifen. Diese gegenseitige Partizipation genügt allein zum Nachweise, daß sie einander nicht fremd sind. Die Art, in der sich ein Phänomen entwickelt, drückt seine Natur aus; wenn zwei Entwicklungsbahnen parallel laufen, muß es auch einen Parallelismus zwischen den darin ausgedrückten Wesenheiten geben. Die konstante Konkomitanz ist

* Im Falle der Differenzmethode schließt die Abwesenheit der Ursache die Anwesenheit der Wirkung aus.

also schon an sich ein Gesetz, was immer der Zustand der außerhalb der Vergleichung verbliebenen Phänomene sein möge. Um dieses Gesetz zu entkräften, reicht auch der Nachweis nicht aus, daß es einigen besonderen Anwendungen der Übereinstimmungs- oder Differenzmethode nicht Stand halte. Dies hieße, dieser Art von Beweisführung eine Autorität zuerkennen, die ihr in der Soziologie nicht gebühren kann. Sobald zwei Phänomene regelmäßig eines wie das andere variieren, muß man einen Zusammenhang selbst dann als gegeben hinnehmen, wenn in gewissen Fällen das eine dieser Phänomene ohne das andere auftreten sollte. Denn entweder kann die Ursache kraft irgend einer entgegenstehenden Ursache verhindert sein, ihre Wirkung zu produzieren, oder sie ist zwar vorhanden, aber in einer Form, die von der früher beobachteten verschieden ist. Wohl liegt dann ein Grund vor, die Tatsachen neuerdings zu prüfen, nicht aber, die Resultate einer regelrecht durchgeführten Demonstration sofort aufzugeben.

Allerdings haben die in diesem Verfahren festgestellten Gesetze nicht immer von vornherein die Form von Kausalitätsbeziehungen. Der Parallelismus muß nämlich nicht immer daraus entstehen, daß das eine der Phänomene die Ursache des anderen ist, sondern auch daraus, daß sie beide Wirkungen einer und derselben Ursache sind, oder noch daraus, daß zwischen ihnen ein drittes Phänomen unbemerkt eingeschaltet ist, das die Wirkung des ersten und die Ursache des zweiten Phänomens ist. Die Ergebnisse dieser Methode bedürfen also der Interpretation. Aber gibt es denn eine experimentelle Methode, die es ermöglichte, mechanisch eine Kausalitätsbeziehung zu erhalten, ohne daß die festgestellten Tatsachen erst durch den Verstand verarbeitet werden müßten? Es kommt nur darauf an, daß diese Verarbeitung methodisch durchgeführt wird. Man wird auf folgende Weise vorgehen: Zunächst sucht man rein deduktiv, wie das eine von zwei Gliedern das andere erzeugen konnte; dann bemüht man sich, das Ergebnis dieser Deduktion an der Erfahrung zu verifizieren, d. h. an neuen Vergleichungen. Wenn die Deduktion möglich ist und die Verifizierung gelingt, kann man den Beweis als erbracht ansehen. Wenn man hingegen zwischen diesen Tatsachen keine direkte Beziehung bemerkt, insbesondere wenn die Hypothese einer solchen Verbindung bereits erwiesenen Gesetzen widerspricht, wird man nach einem dritten Phänomen suchen, von dem die beiden anderen gleicherweise abhängen oder das als Vermittler zwischen ihnen dienen könnte. Man kann zum Beispiel auf das Bestimmteste feststellen, daß die Tendenz zum Selbstmord mit der höheren Schulbildung variiert. Doch ist es unmöglich zu begreifen, wie die Schulbildung als solche zum Selbstmord führen kann; eine solche Auslegung steht mit den Gesetzen der Psychologie im Widerspruch. Die Schulbildung ergreift nur die oberflächlichsten Regionen des Bewußtseins, insbesondere wenn sie sich auf eigentliche Elementarkenntnisse beschränkt. Hingegen ist der Selbsterhaltungstrieb eine unserer Fundamentalstrebungen. Er kann also nicht durch ein so fern gelegenes und schwach wirkendes Phänomen erschüttert werden. So gelangt man zur Frage, ob nicht das eine wie das andere Phänomen die Folge ein und der gleichen Verfassung ist. Diese gemeinsame Ursache ist die Abschwächung des religiösen Traditionalismus, welche zugleich das Bedürfnis nach Wissen sowie den Hang zum Selbstmord bestärkt.

Aber noch ein anderer Grund macht die Methode der parallelen (konkomitanten) Variationen zu einem ausgezeichneten Instrument der soziologischen Forschung. Die anderen Methoden können, selbst wenn die Umstände noch so günstig für sie liegen, nur dann mit Nutzen angewendet werden, wenn die Zahl der verglichenen Fälle sehr beträchtlich ist. Wenn es auch unmöglich ist, zwei Gesellschaften zu finden, die einander nur in einem Punkte ähnlich sind oder nur in einem Punkte differieren, so kann man wenigstens feststellen, daß zwei Tatsachen in sehr allgemeiner Weise einander begleiten oder ausschließen. Damit aber diese Konstatierung einen wissenschaftlichen Wert gewinnt, muß sie bei einer sehr großen Zahl von Fällen gemacht werden; man muß sich beinahe versichern, daß alle Tatsachen herangezogen worden sind. Nun ist ein so vollständiges Inventar nicht nur unmöglich; die angehäuften Tatsachen können auch, gerade weil sie allzu zahlreich sind, nicht mit hinreichender Präzision festgestellt werden. Man läuft also nicht nur Gefahr, wesentliche und solche Tatsachen zu übersehen, welche den bereits bekannten widersprechen, man ist auch nicht einmal sicher, daß man diese letzteren genau kennen lernt. Was eigentlich die Argumentationen der Soziologen häufig diskreditiert hat, ist der Umstand, daß sie mit Vorliebe die Methode der Übereinstimmung und der Differenz, insbesondere die erstere, verwendet und so sich mehr damit befaßt haben, die Belege einfach anzuhäufen, statt sie kritisch auszuwählen. So stellen sie andauernd die wirren und flüchtigen Beobachtungen von Reisenden in die gleiche Linie mit den präzisen Texten der Geschichte. Angesichts dieser Beweisführungen sagt man sich nicht nur unwillkürlich, daß eine einzige Tatsache genügen würde, um sie über den Haufen zu werfen, auch die ihnen zugrunde liegenden Tatsachen selbst flößen nicht immer Vertrauen ein.

Die Methoden der parallelen (konkomitanten) Variationen zwingt uns weder zu diesen unvollständigen Aufzählungen noch zu diesen oberflächlichen Beobachtungen. Um mit ihr zu Ergebnissen zu gelangen, reichen einige Tatsachen aus. Sobald man erwiesen hat, daß bei einer gewissen Zahl von Fällen zwei Phänomene eines mit dem anderen variieren, kann man gewiß sein, daß man einem Gesetz gegenübersteht. Da die Belege nicht zahlreich sein müssen, können sie von dem Soziologen, der sie verwendet, sorgsam ausgelesen und eingehend geprüft werden. Er wird also als geeignetsten Stoff für seine Induktionen Gesellschaften nehmen können, deren Überzeugungen, Traditionen, Sitten und Recht in geschriebenen und authentischen Denkmälern körperhaft geworden sind. Allerdings wird er auch die Auskunft der Ethnographie nicht verachten (es gibt überhaupt keine Tatsachen, die vom Forscher verachtet werden könnten), doch wird er ihnen den richtigen Platz zuweisen. Statt sie in den Mittelpunkt seiner Untersuchung zu stellen, wird er sie im allgemeinen nur als Ergänzungen der geschichtlichen Tatsachen benutzen oder diese letzteren zumindest zur Unterstützung heranziehen. So wird er nicht nur den Bereich seiner Vergleichungen mit größerer Unterscheidungsfähigkeit umgrenzen, sondern auch diese mit größerer Kritik durchführen; denn eben dadurch, daß er sich an eine beschränkte Reihe von Tatsachen hält, wird er diese mit größerer Sorgfalt kontrollieren können. Wohl braucht er die Arbeit des Historikers nicht zu wiederholen; doch kann er auch nicht die Informationen, deren er sich bedient, ganz passiv und aus allen Händen entgegenehmen.

Man darf aber nicht meinen, daß die Soziologie den anderen Wissenschaften gegenüber wesentlich unterlegen sei, weil sie sich lediglich eines einzigen experimentellen Verfahrens bedienen kann. Dieser Nachteil wird durch den Reichtum von Variationen kompensiert, welche sich spontan den Vergleichungen des Soziologen darbieten und für die man in den anderen Naturgebieten kein Beispiel findet. Die Veränderungen, welche in einem Organismus während einer individuellen Existenz statthaben, sind wenig zahlreich und sehr beschränkt. Auch jene, welche man experimentell hervorrufen kann, ohne das Leben zu zerstören, sind in engen Grenzen gehalten. Allerdings treten bedeutendere Veränderungen im Verlaufe der zoologischen Entwicklung auf, doch haben auch diese nur seltene und dunkle Spuren hinterlassen, und noch schwieriger ist es, die sie bestimmenden Bedingungen aufzufinden. Hingegen ist das soziale Leben eine ununterbrochene Folge von Umbildungen, welche mit anderen Umbildungen in den Bedingungen des kollektiven Daseins parallel gehen; wir haben auch nicht nur die Umbildungen, die sich auf eine jüngere Zeit beziehen, zu unserer Verfügung, sondern auch eine große Zahl von jenen, welche die entschwundenen Völker durchgemacht haben, sind bis auf uns gelangt. Trotz ihrer Lücken ist die Geschichte der Menschheit viel klarer und vollständiger als die der Tierarten. Weiter existiert eine Menge sozialer Phänomene, die im ganzen Bereiche des sozialen Lebens auftreten, aber nach Land, Beruf, Konfession usw. verschiedene Formen annehmen. Dazu gehören beispielsweise das Verbrechen, der Selbstmord, die Geburten- und Heiratshäufigkeit, das Sparen usw. Aus der Verschiedenheit dieser Sondermilieus resultieren für jede dieser Tatsachengattungen neue Variationsreihen neben jenen, welche die historische Entwicklung aufzeigt. Wenn also der Soziologe auch nicht alle Arten des experimentellen Verfahrens mit gleicher Wirksamkeit anwenden kann, so vermag doch die einzige Methode, deren er sich fast mit Ausschluß aller anderen bedienen muß, in seinen Händen sehr fruchtbar zu sein, da er bei ihrer Anwendung über unvergleichliche Hilfsquellen verfügt.

Doch bringt diese Methode die Resultate, die sich ihr abgewinnen lassen, nur dann hervor, wenn sie mit Strenge durchgeführt wird. Man beweist nichts, wenn man sich, wie es so häufig geschieht, damit bescheidet, an mehr oder minder zahlreichen Beispielen zu zeigen, daß in einzelnen Fällen die Tatsachen variieren, wie es die Hypothese verlangt. Aus solchen sporadischen und fragmentarischen Übereinstimmungen lassen sich keine allgemeinen Schlußfolgerungen ziehen. Eine Idee illustrieren, heißt noch nicht, sie demonstrieren. Man muß nicht isolierte Variationen vergleichen, sondern regelrecht aufgestellte Variationsreihen, deren Glieder durch eine möglichst kontinuierliche Abstufung verbunden und die überdies von einer hinlänglichen Ausdehnung sind. Denn die Variationen eines Phänomens gestatten nur dann die Induktion eines Gesetzes, wenn sie die Form, in der sich das Phänomen unter den gegebenen Umständen entwickelt, zum klaren Ausdruck bringen. Hierzu ist nur erforderlich, daß zwischen den Variationen dieselbe Folge bestehe wie zwischen den verschiedenen Momenten einer natürlichen Entwicklung, und daß überdies die durch sie dargestellte Entwicklung lang genug sei, um ihre Richtung unzweideutig erkennen zu lassen.

III

Die Art, in der diese Reihen gebildet werden müssen, ist je nach den Umständen verschieden. Sie können Tatsachen umgreifen, die einer einzigen Gesellschaft – oder mehreren Gesellschaften derselben Art – oder auch mehreren unterschiedenen sozialen Typen entnommen sind. Wenn man beispielsweise die Kurve, die die Häufigkeit des Selbstmords während einer genügend langen Zeitdauer ausdrückt, mit den Variationen zusammenhält, die das gleiche Phänomen je nach Provinz, sozialer Klasse, in Land und Stadt, je nach Geschlecht, Lebensalter, Zivilstand usw. aufweist, so kann man, selbst ohne seine Untersuchungen über die Grenzen eines einzigen Landes auszudehnen, dazu gelangen, eigentliche Gesetze aufzustellen, wiewohl es stets vorzuziehen ist, diese Ergebnisse durch Beobachtungen, die über andere Völker des gleichen Typus gemacht werden, zu bestätigen. Mit so beschränkten Vergleichungen kann man sich jedoch nur dann bescheiden, wenn man eine jener sozialen Strömungen untersucht, die sich über die ganze Gesellschaft ausbreiten, wobei sie von einem Punkt zum anderen variieren. Sobald es sich hingegen um eine Institution, eine Rechts- oder Sittenregel, einen organisierten Brauch handelt, der im ganzen Bereiche des Landes derselbe ist und in derselben Art funktioniert und sich nur in der Zeit verändert, so kann man die Forschung nicht auf ein einziges Volk beschränken; denn in diesem Falle hätte man als Material für die Beweisführung nur ein einziges Paar von parallelen Kurven, nämlich jene beiden, die den historischen Ablauf des beobachteten Phänomens sowie die vermutete Ursache in dieser einzigen Gesellschaft allein ausdrücken. Zweifellos ist selbst dieser Parallelismus, sobald er konstant ist, schon ein beachtenswertes Faktum; jedoch ist er für sich allein genommen für eine Beweisführung nicht ausreichend.

Sobald man mehrere Völker desselben Typus ins Kalkül zieht, verfügt man schon über ein ausgedehntes Feld der Vergleichung. Zunächst kann man eines von ihnen den andern gegenüberstellen und daraus ersehen, ob ein jedes, für sich genommen, auf Grund derselben Bedingungen dasselbe Phänomen im Laufe der Zeit zur Entfaltung bringt. Ferner kann man zwischen diesen verschiedenen Entwicklungen Vergleiche anstellen. So wird man beispielsweise die Form bestimmen, die die untersuchte Tatsache im Zeitpunkte ihrer höchsten Ausprägung bei den verschiedenen Gesellschaften annimmt. Da diese, wenn auch demselben Typus angehörend, dennoch verschiedene Individualitäten darstellen, ist diese Form nicht überall die gleiche; je nach dem Fall ist sie mehr oder weniger betont. Auf diese Weise wird man eine neue Reihe von Variationen erhalten, die man mit jener, welche die vermutete Bedingung zu gleicher Zeit und in jedem dieser Länder zeigt, vergleichen kann. Hat man z. B. die Entwicklung der patriarchalischen Familie durch die Geschichte von Rom, Athen, Sparta verfolgt, so wird man diese Staaten nach dem Grade der maximalen Entwicklung gruppieren, den jener Familientypus bei ihnen erreicht, und dann zusehen, ob sie auch in bezug auf das soziale Milieu, von welchem die

Entwicklung des Familientypus nach der ersten Erfahrung abhängig scheint, in derselben Weise gruppiert sind.

Doch kann diese Methode allein durchaus nicht ausreichen. Sie kann in der Tat nur auf jene Phänomene Anwendung finden, die während der Existenz der in die Vergleichung einbezogenen Völker entstanden sind. Nun erschafft eine Gesellschaft ihre Organisation nicht in allen Stücken aus sich selbst heraus; sie übernimmt sie zum Teile von ihren Vorgängern. Was in dieser Weise auf sie übertragen wird, ist keineswegs das Ergebnis einer im Laufe ihrer Geschichte sich vollziehenden Entwicklung und kann infolgedessen nur erklärt werden, wenn man über die Grenzen des Typus hinausgeht. Einzig die Zusätze, die zu dem ursprünglichen Fond hinzukommen und ihn umbilden, können in dieser Weise behandelt werden. Je weiter man aber die soziale Stufenleiter hinaufsteigt, desto geringfügiger werden die erworbenen Eigenschaften eines jeden Volkes im Verhältnis zu den überkommenen. Das ist im übrigen die Bedingung eines jeden Fortschritts. So sind die neuen Elemente, die wir in das Familienrecht, in das Recht des Eigentums, in die Moral seit dem Beginne unserer Geschichte eingeführt haben, verhältnismäßig wenig zahlreich und wenig wichtig, verglichen mit jenen, die uns die Vergangenheit übermacht hat. Die so entstandenen neuen Erscheinungen könnten also nicht verstanden werden, wenn man nicht vorerst diese fundamentaleren Phänomene, die deren Wurzeln sind, erforscht hat, und erforschen kann man sie nur mit Hilfe umfassenderer Vergleichungen. Um den gegenwärtigen Zustand der Familie, der Ehe, des Eigentums usw. erklären zu können, müßte man wissen, welches ihr Ursprung ist, welches die einfachen Elemente sind, aus denen sich diese Institutionen zusammensetzen, und in dieser Hinsicht könnte uns die vergleichende Geschichte der großen europäischen Gesellschaften keinen beträchtlichen Aufschluß geben. Man muß hier schon weiter zurückgreifen.

Darum wird man, um sich über eine soziale Institution Rechenschaft zu geben, die einem bestimmten Typus angehört, die verschiedenen Formen vergleichen müssen, die sie nicht nur bei Völkern des gleichen Typus, sondern auch bei allen früheren Typen angenommen hat. Handelt es sich z. B. um die Organisation des häuslichen Lebens, so wird man zunächst den rudimentärsten Typus, der jemals existiert hat, feststellen, um hernach Schritt für Schritt der Art und Weise nachzugehen, in der er sich allmählich kompliziert hat. Diese Methode, die genetisch genannt werden könnte, würde in einem die Analyse und die Synthese des Phänomens geben. Denn einerseits würde sie uns die Elemente, aus denen es besteht, in dissoziiertem Zustande zeigen, allein indem sie uns vorführt, wie sie sich allmählich aneinanderfügen; und zugleich wäre sie dank des weiten Gebietes der Vergleichung eher im Stande, die Bedingungen, von denen die Formation und Assoziation der Elemente abhängt, zu bestimmen. *Ein soziologischer Tatbestand von einiger Komplexheit läßt sich daher nur dann erklären, wenn seine integrale Entwicklung durch alle sozialen Typen hindurch verfolgt wird.* Die vergleichende Soziologie ist nicht etwa nur ein besonderer Zweig der Soziologie; sie ist soweit die Soziologie selbst, als sie aufhört, rein deskriptiv zu sein, und danach strebt, sich über die Tatsachen Rechenschaft zu geben.

Im Verlaufe solcher umfangreichen Vergleichungen kommt manchmal ein die Resultate fälschender Irrtum vor. Um die Entwicklungsrichtung sozialer Geschehnisse zu beurteilen, hat man bisweilen dasjenige, was in den Endstadien eines Typus vorgeht, mit dem verglichen, was in den ersten Anfängen der darauffolgenden Art vorgeht. Auf Grund eines solchen Verfahrens glaubte man beispielsweise behaupten zu können, daß die Abschwächung der religiösen Überzeugungen und einer jeden Überlieferung im Leben der Völker nur ein vorübergehendes Phänomen sein könne, weil es nur in der letzten Periode ihrer Existenz in Erscheinung tritt, um zu schwinden, sobald wieder eine neue Entwicklung beginnt. Doch setzt man sich bei einer solchen Methode der Gefahr aus, für den regelmäßigen und notwendigen Gang des Fortschrittes zu nehmen, was nur Wirkung einer ganz anderen Ursache ist. In Wirklichkeit ist der Zustand, in dem sich eine junge Gesellschaft befindet, keine bloße Fortsetzung des Zustandes, bis zu welchem die Gesellschaften, an deren Stelle sie tritt, gegen Ende ihrer Laufbahn gekommen sind, sondern er ist teilweise eine Folge dieser Jugend selbst, welche die unmittelbare Assimilation und Verwertung der Erfahrungen früherer Völker verhindert. So empfängt das Kind von seinen Eltern Anlagen und Fähigkeiten, die erst später in seinem Leben in Wirksamkeit treten. Es ist also, um das erwähnte Beispiel wieder aufzunehmen, möglich, die Rückkehr zur Überlieferung, die man zu Beginn einer jeden Geschichte beobachtet, nicht darauf zurückzuführen, daß ein Rückgang dieses Phänomens nur vorübergehend sein kann, sondern auf die besonderen Bedingungen, in die jede neu beginnende Gesellschaft hineingestellt ist. Die Vergleichung kann nur dann demonstrativ sein, wenn dieser störende Faktor des Alters ausgeschaltet wird. Um das zu erreichen, *wird es genügen, die der Vergleichung unterworfenen Gesellschaften in derselben Periode ihrer Entwicklung zu betrachten.* So wird man, um die Entwicklungsrichtung eines sozialen Phänomens festzustellen, seine Existenz während der Jugend eines jeden Typus mit seinem Werden während der Jugend des darauffolgenden Typus vergleichen, und je nachdem es von einer dieser Etappen zur anderen mehr, weniger oder ebensoviel Intensität zeigt, wird man sagen, daß es fortschreitet, zurückgeht oder sich erhält.

Wir fassen zusammen. Die unterscheidenden Eigentümlichkeiten der soziologischen Methode sind die folgenden.

Zunächst ist sie unabhängig von jeder Philosophie. Weil die Soziologie aus den großen philosophischen Lehren entstanden ist, hat sie die Gewohnheit bewahrt, sich auf irgend ein System zu stützen, dessen Schicksal sie derart teilt. So kam es, daß sie nacheinander positivistisch, evolutionistisch, spiritualistisch gewesen ist, während sie sich damit begnügen sollte, Soziologie schlechtweg zu sein. Wir würden nicht zögern, unsere Methode als naturalistisch zu bezeichnen, sofern das einzig bedeutet, daß sie die sozialen Phänomene als einer natürlichen Erklärung zugänglich betrachtet; und in diesem Falle ist das Epitheton ziemlich nutzlos, weil es lediglich ausdrückt, daß der Soziologe wissenschaftlich arbeitet und kein Mystiker ist. Doch weisen wir die Bezeichnung zurück, falls man ihr den Sinn einer Doktrin über das Wesen der sozialen Dinge gibt, wenn man beispielsweise damit sagen will, daß diese auf andere kosmische Kräfte zurückführbar sind. Die Soziologie hat zu den großen, die Metaphysiker trennenden Hypothesen keine Stellung zu nehmen. Sie hat ebensowenig die Freiheit wie den Determinismus zu vertreten. Alles, was sie für sich verlangt, ist das Zugeständnis, daß das Prinzip der Kausalität auf die sozialen Phänomene angewendet wird. Dazu wird dieses Prinzip von ihr nicht als eine rationale Notwendigkeit, sondern als ein empirisches Postulat, als Ergebnis einer berechtigten Induktion aufgestellt. Da das Kausalgesetz auf den verschiedenen Gebieten der Natur verifiziert worden ist, so daß es seine Herrschaft allmählich vom physikalisch-chemischen auf das biologische, von hier aus auf das psychologische Gebiet ausgedehnt hat, hat man das Recht zur Annahme, daß es in gleicher Weise auch für das Gebiet des Sozialen richtig ist; und gegenwärtig kann man hinzufügen, daß die auf Grund dieses Postulats unternommenen Untersuchungen es zu bestätigen geeignet sind. Dadurch wird aber die Frage, ob die Natur der Kausalverbindung allen Zufall ausschließt, nicht berührt.

Im übrigen hat die Philosophie selbst alles Interesse an dieser Emanzipation der Soziologie. Denn solange der Soziologe die Denkweise der Philosophen nicht ausreichend abgelegt hat, betrachtet er die sozialen Dinge nur von ihrer allgemeinsten Seite, worin sie den übrigen Dingen des Universums am meisten gleichen. Wenn nun die so aufgefaßte Soziologie dazu dienen kann, eine Philosophie mit merkwürdigen Tatsachen zu illustrieren, so kann sie diese nicht mit neuen Gesichtspunkten bereichern, da sie dem von ihr erforschten Gegenstande keine neuen Erkenntnisse entnimmt. Wenn sich die grundlegenden Tatsachen anderer Gebiete in Wirklichkeit auf dem sozialen Gebiete wiederfinden, so treten sie doch unter neuen Formen auf, die ihre Natur, deren höchster Ausdruck sie sind, besser verstehen lehren. Nur muß man, um sie unter diesem Gesichtspunkte zu sehen, über die Allgemeinheiten hinausgehen und in das Detail der Tatsachen eintreten. In dem Maße, wie sich die Soziologie auf diese Weise spezialisiert, wird sie der philosophischen Reflexion Stoffe von größerer Eigenart bieten. Schon das Vorhergehende konnte vermuten lassen, in wie völlig neuem Lichte so wesentliche Begriffe wie die der Art, des Organs, der Funktion, der Gesundheit und der Krankheit, der Ursache und des Zweckes erscheinen. Ist vielleicht sogar die Soziologie dazu berufen, eine Idee herauszuarbeiten, die nicht nur Grundlage einer Psychologie, sondern einer ganzen Philosophie sein könnte, nämlich die Idee der Assoziation?

Praktischen Doktrinen gegenüber gestattet und empfiehlt unsere Methode die gleiche Unabhängigkeit. Die also verstandene Soziologie wird weder individualistisch, noch kommunistisch, noch sozialistisch sein, wie man gewöhnlich diese Ausdrücke versteht. Sie wird diese Theorien, denen sie keinen wissenschaftlichen Wert zuerkennen kann, prinzipiell ignorieren, da sie nicht darauf gerichtet sind, die Tatsachen auszudrükken, sondern sie zu reformieren. Wenn sie sich dennoch dafür interessiert, dann nur in dem Maße, als sie hierin soziale Phänomene sieht, die sie bei der Erkenntnis der sozialen Wirklichkeit dadurch unterstützen können, daß sie auf Bedürfnisse der Gesellschaft hindeuten.

Das soll jedoch nicht heißen, daß sie praktischen Fragen gegenüber zur Interesselosigkeit verpflichtet sei. Man konnte im Gegenteile sehen, daß unsere ständige Bemühung darauf ausging, die Methode so zu orientieren, daß sie praktischen Zwecken dienen könne. Sie wird diesen Problemen am Ziele ihrer Untersuchungen notwendig begegnen. Weil ihr aber diese Probleme erst dann entgegentreten und sich daher aus den Tatsachen und nicht aus Affekten entwickeln, läßt sich voraussehen, daß sie sich für den Soziologen in ganz anderen Begriffen darstellen als für die Menge, und daß die im übrigen nur partiellen Lösungen, die er beistellen kann, sich nicht mit jenen decken werden, bei denen die Parteien stehenbleiben. Doch soll die Rolle der Soziologie in dieser Hinsicht gerade darin bestehen, daß sie uns von allen Parteien frei macht; sie tut das nicht so sehr dadurch, daß sie den Doktrinen wieder eine Doktrin entgegenstellt, als daß sie diesen

Fragen gegenüber zu einer besonderen Stellungnahme führt, zu der allein die Wissenschaft durch die unmittelbare Berührung mit den Dingen verhelfen kann. Die Wissenschaft allein kann uns historische Institutionen, welche immer es auch sind, mit Respekt, aber ohne Fetischismus, behandeln lehren, indem sie uns dasjenige, was sie Notwendiges und gleichzeitig Vergängliches haben, ihre Widerstandskraft und ihre unendliche Variabilität wahrnehmen läßt.

Ferner ist unsere Methode objektiv. Sie ist ganz und gar von der Idee beherrscht, daß die soziologischen Tatbestände Dinge sind und wie solche behandelt werden müssen. Zweifellos findet sich dieses Prinzip in ein wenig verschiedener Form auch am Grunde der Lehren von Comte und Spencer. Doch diese großen Denker haben nur die theoretische Formel dafür gegeben, ohne sie in die Praxis umzusetzen. Sollte aber das Prinzip kein toter Buchstabe bleiben, so genügte es nicht, es zu verkünden; man mußte es zur Grundlage einer ganzen Disziplin machen, die den Forscher in dem Augenblicke ergreift, in dem er seine Untersuchung beginnt und die ihn auf seinen Wegen Schritt für Schritt begleitet. Wir haben uns darum bemüht, diese Disziplin aufzustellen. Wir haben gezeigt, wie der Soziologe seine vorgefaßten Begriffe über die Phänomene ausschalten muß, um den Phänomenen selbst gegenüberzutreten; wie er sie auf Grund ihrer objektivsten Eigenschaften erfassen soll; wie er ihnen selbst das Mittel entnehmen soll, um sie in gesunde und kranke zu scheiden; wie er sich schließlich bei seinen Erklärungen ebenso wie bei der Nachprüfung dieser Erklärungen von demselben Prinzip leiten lassen soll. Denn hat man einmal das Gefühl, daß man sich Dingen gegenüber befindet, so denkt man nicht einmal mehr daran, sie durch utilitaristische Erwägungen noch auch durch Argumentationen irgendwelcher Art zu erklären. Man versteht den Abstand zwischen solchen Ursachen und solchen Wirkungen sehr wohl. Ein Ding ist eine Kraft, die nur durch eine andere Kraft erzeugt werden kann. Man sucht also, um sich über die sozialen Tatsachen Rechenschaft zu geben, Energien, die sie hervorzurufen fähig sind. Die Erklärungen sind nicht nur anders geartet, sondern sie werden auch in anderer Weise bewiesen, oder vielmehr es entsteht jetzt erst überhaupt das Bedürfnis, sie zu beweisen. Wenn die soziologischen Tatbestände nur Systeme objektivierter Ideen sind, so bedeutet ihre Erklärung, sie in ihrer logischen Ordnung durchzudenken, und diese Erklärung ist für sich selbst Beweis; höchstens kann sie durch irgendwelche Beispiele belegt werden. Im entgegengesetzten Fall können einzig methodische Erfahrungen den Dingen ihr Geheimnis entreißen.

Wenn wir die soziologischen Tatbestände wie Dinge betrachten, so immer nur *als soziale Dinge*. Das ist der dritte charakteristische Zug unserer Methode, daß sie ausschließlich soziologisch ist. Häufig schien es, daß diese Phänomene infolge ihrer extremen Kompliziertheit der Wissenschaft entweder gänzlich unzugänglich sind oder daß sie erst auf elementare, sei es psychische, sei es organische Bedingungen reduziert, also ihrer eigensten Natur entkleidet, der wissenschaftlichen Betrachtung unterzogen werden können. Wir haben im Gegensatz dazu die Ansicht zu vertreten unternommen, daß sie wissenschaftlich behandelt werden können, ohne daß ihnen irgend etwas von ihrem spezifischen Charakter genommen wird. Wir haben es sogar zurückgewiesen, die Immaterialität sui generis, die sie kennzeichnet, auf die doch schon komplexe der psychischen Phänomene zurückzuführen; aus um so triftigeren Gründen haben wir uns gehütet, sie, der italienischen Schule folgend, in den allgemeinen Eigenschaften der organisierten Materie aufgehen zu lassen *. Wir haben gezeigt, daß eine soziale Erscheinung nur erklärt werden kann, und haben gleichzeitig gezeigt, wie eine solche Erklärungsweise möglich ist, indem wir den Hauptmotor der kollektiven Entwicklung im inneren sozialen Milieu nachwiesen. Die Soziologie ist also kein Annex irgendeiner anderen Wissenschaft; sie ist selbst eine besondere und autonome Wissenschaft und das Gefühl für die Besonderheit der sozialen Wirklichkeit ist für den Soziologen so notwendig, daß ihn nur eine speziell soziologische Bildung für das Verständnis der sozialen Erscheinungen vorbereiten kann.

Wir glauben, daß dieser Fortschritt der bedeutendste von denen ist, die der Soziologie zu tun übrig bleiben. Wenn sich eine Wissenschaft im Stadium der Entstehung befindet, muß man sich allerdings, um sie aufzubauen, auf die einzigen bereits existierenden Vorbilder, nämlich auf die schon vorhandenen Wissenschaften beziehen. Hier gibt es einen Schatz von Erfahrungen, den nicht auszunützen unvernünftig wäre. Indessen kann eine Wissenschaft erst dann als endgültig konstituiert angesehen werden, wenn sie so weit gekommen ist, eine unabhängige Individualität zu bilden. Denn sie hat nur dann eine Daseinsberechtigung, wenn sie eine von den übrigen Wissenschaften nicht erforschte Gattung von Tatbeständen zum Stoffe hat. Jetzt erst wird es unmöglich, daß die gleichen Begriffe Dingen von verschiedener Natur in gleicher Weise zukommen könnten.

Das scheinen uns die Prinzipien der soziologischen Methode zu sein.

Dieses System von Regeln kann unnütz kompliziert erscheinen, wenn man es mit dem bisher in Anwendung stehenden Verfahren vergleicht. Dieser ganze Apparat von Vorsichtsmaßregeln scheint vielleicht für eine Wissenschaft zu mühsam, die von denen, die sich ihr widmeten,

* Es ist also wenig angebracht, unsere Methode als materialistisch zu bezeichnen.

bisher nur eine allgemeine und philosophische Bildung forderte; und in der Tat ist es gewiß, daß eine solche Methode, in die Praxis umgesetzt, kaum das Ergebnis haben dürfte, das Interesse an sozialen Dingen zu popularisieren. Sobald man als Bedingung vorläufiger Einführung von den Menschen fordert, daß sie die Begriffe, die sie auf eine Gattung von Dingen anzuwenden gewohnt sind, ablegen, um diese von neuem durchzudenken, kann man nicht erwarten, eine zahlreiche Anhängerschaft zu gewinnen. Das ist aber nicht das Ziel, dem wir zustreben. Wir glauben im Gegenteil, daß für die Soziologie der Moment gekommen ist, auf weltliche Erfolge zu verzichten und den esoterischen Charakter anzunehmen, der aller Wissenschaft zukommt. Sie wird dabei an Würde und Autorität gewinnen, was sie vielleicht an Popularität verliert. Denn solange sie in den Kämpfen der Parteien verstrickt bleibt, solange sie sich damit zufrieden stellt, mit mehr Logik als die Menge die gebräuchlichen Ideen zu bearbeiten, und solange sie infolgedessen keine besondere Kompetenz vertritt, hat sie nicht das Recht, laut genug zu sprechen, um die Leidenschaften und Vorurteile zum Schweigen zu bringen. Gewiß ist die Zeit noch weit entfernt, in der sie diese Rolle in wirksamer Weise wird spielen können; dennoch müssen wir von nun an daran arbeiten, daß sie instand gesetzt wird, diese Aufgabe eines Tages zu erfüllen.

Verzeichnisse

A. Die Werke von Emile Durkheim

Dieser Bibliographie wurden außer eigenen Notizen Angaben aus folgenden Werken zugrunde gelegt: *Charles E. Gehlke,* E. Durkheim's Contribution to Sociological Theory, New York 1915 (von Durkheim selber durchgesehen); *Harry Alpert,* E. Durkheim and his Sociology, New York 1939; *George E. Marica,* E. Durkheim. Soziologie und Soziologismus, Jena 1932 und *Armand Cuvillier,* Bibliografía de las Obras de Emile Durkheim, in: Revista Mexicana de Sociologia XXI (1959). Wir haben hier auch *Durkheims* Bücherbesprechungen aufgenommen, sofern sie außerhalb der *Année Sociologique* erschienen sind; die letzteren sind nur kollektiv durch einen Hinweis auf den vor kurzem (1969) von *Jean Duvignaud* herausgegebenen Sammelband „Journal Sociologique" aufgeführt, wobei wir den interessierten Leser auch auf die »Einleitungen« hinweisen, die *Durkheim* zu den einzelnen Rubriken der *Année Sociologique* zu schreiben pflegte, vor allem wenn er eine neue Rubrik einführte. Diese spielen z. T. in seinem Werk eine sehr wesentliche Rolle. Dagegen sind seine »Vorworte« zu verschiedenen Büchern seiner Schüler und Freunde ausgelassen worden. Die vielen Übersetzungen seiner Werke wurden ebenfalls nicht aufgeführt. Jüngstens legte *Steven Lukes,* Emile Durkheim. His Life and Work. A Historical and Critical Study, London 1973 die bisher bei weitem vollständigste Bibliographie von *Durkheim* vor. Siehe auch *R. König,* Emile Durkheim zur Diskussion, München 1978; *R. König,* Emile Durkheim, in: *Dirk Käsler* (Hrsg.), Klassiker des soziologischen Denkens, Bd. 1, München 1976.

1. Bücher

Quid Secundatus politicae scientiae instituendae contulerit, Bordeaux 1892 (franz. Übers. von E. Alengry, in: Revue d'Histoire politique et constitutionelle 1937. Neuere und bessere Übers. von A. Cuvillier in: E. Durkheim, Montesquieu et Rousseau, précurseurs de la sociologie, Paris 1953).

De la division du travail social, Paris 1893, 2. Aufl. mit Vorwort über die Berufsgruppen Paris 1902; 7. Aufl. Paris 1960.

Les règles de la méthode sociologique, Paris 1895, 2. Aufl. mit neuem Vorwort Paris 1901, 17. Aufl. Paris 1968.
Le suicide. Etude de sociologie, Paris 1897, 3. Aufl. Paris 1969.
Les formes élémentaires de la vie religieuse. Le système totémique en Australie, Paris 1912, 5. Aufl. 1968.
»L'Allemagne au-dessus de tout«. La mentalité allemande et la guerre, Paris 1915.
Qui a voulu la guerre? Les origines de la guerre, Paris 1915.
Éducation et sociologie, Paris 1923, Neuausg. 1966.
Sociologie et philosophie, Paris 1924, 3. Aufl. Paris 1967.
L'éducation morale, Paris 1925, Neuausg. 1963.
Le socialisme. Sa définition et ses débuts. La doctrine Saint-Simonienne, Paris 1928, 2. Aufl. 1971.
L'évolution pédagogique en France. I: Des origines à la Renaissance; II: De la Renaissance à nos jours, 2 Bde., Paris 1938, 2. Aufl. 1969.
Leçons de Sociologie. Physique des mœurs et du droit, Paris 1950, 2. Aufl. 1969.
Montesquieu et Rousseau précurseurs de la sociologie, franz. Übers. der Dissertation über Montesquieu von A. Cuvillier und Abhandlung über Rousseau von 1918, Paris 1953.
Pragmatisme et sociologie, herausg. von A. Cuvillier, Paris 1955.
Journal Sociologique, herausg. von Jean Duvignaud, Paris 1969.
La science sociale et l'action, hrsg. von Jean Claude Filloux, Paris 1970.
Textes, 3 Bde, herausg. von Victor Karady, Paris 1975.

2. *Abhandlungen*

Besprechung von Albert Schäffle, Bau und Leben des sozialen Körpers, in: Revue Philosophique XXI (1885).
Besprechung von Alfred Fouillée, La Propriété Sociale et la démocratie, in: Revue Philosophique XXI (1885).
Besprechung von Ludwig Gumplowicz, Grundriß der Soziologie, in: Revue Philosophique XXI (1885).
Les études de sciences sociales, in: Revue Philosophique XXII (1886).
Besprechung von G. de Greef, Introduction à la sociologie, in: Revue Philosophique XXII (1886).
La science positive de la morale en Allemagne, in: Revue Philosophique XXIV (1887).
Besprechung von Jean-Marie Guyau, L'irreligion de l'avenir, in: Revue Philosophique XXIV (1887).

La philosophie dans les universités allemandes, in: Revue internationale de l'Enseignement XV (1888).

Cours de science sociale. Leçon d'ouverture, in: Revue internationale de l'Enseignement XV (1888).

Le programme économique de Schaeffle, in: Revue d'Economie politique XI (1888).

Introduction à la sociologie de la famille, in: Annales de la Faculté des Lettres de Bordeaux X (1888).

Suicide et natalité, in: Revue Philosophique XXVI (1888).

Besprechung von W. Lutoslawsky, Erhaltung und Untergang der Staatsverfassungen nach Plato, Aristoteles und Machiavelli, in: Revue Philosophique XXVII (1889).

Besprechung von Ferdinand Tönnies, Gemeinschaft und Gesellschaft, in: Revue Philosophique XXVII (1889).

Besprechung von Gaston Richard, Essai sur l'origine de l'idée de droit, in: Revue Philosophique XXXVII (1893).

Note sur la définition du socialisme, in: Revue Philosophique XXXVII (1893).

Les règles de la méthode sociologique, in: Revue Philosophique XXXVII (1894).

L'enseignement philosophique et l'agrégation de philosophie, in: Revue Philosophique XXXIX (1895).

Crime et santé sociale, in: Revue Philosophique XXXIX (1895).

Lo stato attuale degli studi sociologici in Francia, in: Riforma sociale II (1895).

L'Origine du mariage d'après Westermarck, in: Revue Philosophique XL (1895).

Besprechung von Antonio Labriola, Essais sur la conception matérialiste de l'histoire, in: Revue Philosophique XLIV (1897).

Il suicidio dal punto di vista sociologico, in: Rivista italiana di sociologia I (1897).

La prohibition de l'inceste et ses origines, in: Année Sociologique I (1898).

Représentations individuelles et représentations collectives, in: Revue de Métaphysique et de Morale VI (1898).

L'individualisme et les intellectuels, in: Revue Bleue X (1898).

De la définition des phénomènes religieux, in: Année Sociologique II (1899).

La sociologia e il suo dominio scientifico, in: Rivista Italiana di Sociologia IV (1900), franz. Übers. in: Armand Cuvillier, Où va la sociologie française, Paris 1953.

La sociologie en France au XIXe siècle, in: Revue Bleue XIII (1900).

Deux lois de L'évolution pénale: Année Sociologique IV (1901).
De la méthode objective en sociologie, in: Revue de Synthèse historique II (1901) (später Vorwort zur 2. Aufl. der »Règles«).
Sur le totémisme, in: Année Sociologique V (1902).
De quelques formes primitives de classification. Contribution à l'étude des représentations collectives (mit Marcel Mauss), in: Année Sociologique VI (1903).
Sociologie et sciences sociales (mit Paul Fauconnet), in: Revue Philosophique LV (1903).
Pédagogie et sociologie, in: Revue de Métaphysique et de Morale 1903.
L'élite intellectuelle et la démocratie, in: Revue Bleue N. S. I (1904).
Sur l'organisation matrimoniale des sociétés australiennes, in: Année Sociologique VIII (1905).
La morale sans Dieu, in: La Revue Bd. 59 (1905).
On the Relations of Sociology to the Social Sciences and to Philosophy, in: Sociological Papers I (1905).
L'évolution et le rôle de l'enseignement secondaire en France, in: Revue Bleue N. S. V (1906).
La détermination du fait moral, in: Bulletin de la Société Française de Philosophie VI (1906).
Le divorce par consentement mutuel, in: Revue Bleue N. S. V (1906).
Pacifisme et patriotisme, Diskussionsbemerkungen, in: Bulletin de la Société Française de Philosophie VIII (1907/08).
L'inconnu et l'inconscient dans l'histoire, Diskussionsbemerkungen, in: Bulletin de la Société Française de Philosophie VIII (1907/08).
La morale positive, Diskussionsbemerkungen, in: Bulletin de la Société Française de Philosophie VIII (1907/08).
Science et religion, Diskussionsbemerkungen, in: Bulletin de la Société Française de Philosophie IX (1908/09).
L'efficacité des doctrines morales, Diskussionsbemerkungen, in: Bulletin de la Société Française de Philosophie X (1909/10).
Valeurs économiques, Diskussionsbemerkungen, in der Société d'Economie politique, in: Journal des Economistes XVIII (1909).
La sociologie et les sciences sociales, in: De la méthode dans les sciences, Paris 1909 (Bd. I).
Examen critique des systèmes classiques sur les origines de la pensée religieuse, in: Revue Philosophique LXVII (1909).
Sociologie religieuse et théorie de la connaissance, in: Revue de Métaphysique et de Morale XVII (1909).
La notion d'Egalité sociale, Diskussionsbemerkungen, in: Bulletin de la Société Française de Philosophie X (1909/10).

Jugements de valeur et jugements de réalité, in Revue de Métaphysique et de Morale XIX (1911).
L'éducation sexuelle, Diskussionsbemerkungen, in: Bulletin de la Société Française de Philosophie XI (1910/11).
Le problème religieux de la dualité de la nature humaine, Diskussionsbemerkungen, in: Bulletin de la Société Française de Philosophie XIII (1912/13).
Une nouvelle position du problème moral, Diskussionsbemerkungen, in: Bulletin de la Société Française de Philosophie XIV (1913/14).
Le dualisme de la nature humaine et ses conditions sociales, in: Scientia (Rivista di Scienza) XV (1914).
La sociologie (mit Marcel Mauss), in: La Science française, Paris 1915 (Bd. I).
Le contrat social de Rousseau, in: Revue de Métaphysique et de Morale XXV (1918), wieder abgedruckt in: E. Durkheim, Montesquieu et Rousseau, Paris 1953.
La pédagogie de Rousseau, in: Revue de Métaphysique et de Morale XXVI (1919).
Introduction à la morale, in: Revue Philosophique LXXXIX (1920).
La famille conjugale, in: Revue Philosophique XC (1921).
Définition du socialisme, in: Revue de Métaphysique et de Morale XXVIII (1921).
Histoire du socialisme: Le socialisme au XVIIIe siècle, in: Revue de Métaphysique et de Morale XXX (1923).
Saint-Simon, fondateur du positivisme en sociologie, in: Revue Philosophique IC (1924).
Dernier fragment. Critique de Saint-Simon et de la sociologie, in: Revue Philosophique IC (1924).
La morale professionelle, in: Revue de Métaphysique et de Morale XLIV (1937).
L'état, Fragment veröffentlicht von Raymond Lenoir, in: Revue Philosophique CXLVIII (1958).

*

Jüngstens wurde ein Sammelband mit den Rezensionen Durkheims in der Année Sociologique Bd. I-XII veröffentlicht:

Journal Sociologique, herausgegeben, bevorwortet und annotiert von Jean Duvignaud, Paris 1969.

B. Sekundärliteratur über E. Durkheim

unter besonderer Berücksichtigung des Problems der Methode

Da zahlreiche soziologische Werke mehr oder weniger eingehende Darstellungen von und Auseinandersetzungen mit *E. Durkheim* enthalten, würde eine vollständige Aufzählung der Sekundärliteratur zu einer Übersicht über einen großen Teil der modernen Soziologie werden, was im vorliegenden Rahmen nicht geschehen kann. Wir beschränken uns hier daher auf Bücher und Artikel, die sich entweder ausschließlich mit *Durkheim* befassen oder zu einem wesentlichen Teil, so daß man sie im strengen Sinne als Sekundärliteratur bezeichnen kann. Dabei liegt der Akzent überwiegend auf dem Gebiete der Methodologie, d. h. wir lassen auch alles aus, was vor allem auf Einzelprobleme ausgerichtet ist, wie z. B. Arbeitsteilung, Selbstmord, Familie usw.; schließlich werden auch alle Auseinandersetzungen mit seinen ethnologischen Forschungen den Spezialbibliographien überlassen, immer sofern es sich dabei nicht um methodologische Fragen handelt. Ebenfalls nicht berücksichtigt ist in der folgenden Bibliographie die *Durkheim-Schule*, die ja auch zahlreiche Probleme weiterführt, die zuerst von *Durkheim* aufgerollt worden sind. Wir verweisen dafür vorläufig auf *Eberhard Conze*, Zur Bibliographie der Durkheim-Schule, in: Kölner Vierteljahreshefte für Soziologie VI (1926/7) und *René König*, Die neuesten Strömungen der gegenwärtigen französischen Soziologie, in: Zeitschrift für Völkerpsychologie und Soziologie (Sociologus), VII und VIII (1931, 1932). Ferner *Josef Gugler*, Die neuere französische Soziologie, Neuwied 1961; neuerdings *Steven Lukes*, Emile Durkheim. His Life and Work. A Historical and Critical Study, London 1973 und *René König*, Emile Durkheim. Der Soziologe als Moralist, in: *Dirk Käsler* (Hrsg.), Klassiker der Soziologie, München 1976; ebenso *R. König*, E. Durkheim zur Diskussion, München 1978.

Alpert, Harry, France's First University Course in Sociology, in: American Sociological Review II (1937).

—, Durkheim's Functional Theory of Ritual, in: Sociology and Social Research XXIII (1938).

—, E. Durkheim and Sociologismic Psychology, in: American Journal of Sociology XLX (1939).
—, E. Durkheim and his Sociology, New York 1939.
—, Explaining the Social Socially, in: Social Forces XVII (1939).
—, Emile Durkheim and the Theory of Social Integration, in: Journal of Social Philosophy VI (1941).
—, Emile Durkheim: Enemy of Fixed Psychological Elements, in: American Journal of Sociology LXIII (1958).
—, Emile Durkheim: A Perspective and Appreciation in: American Sociological Review XXIV (1959).
Apchié, M., Quelques remarques critiques sur la sociologie d'Emile Durkheim, in: Archives de philosophie du droit et de sociologie juridique VI (1936).
Barnes, Harry E., Durkheim's Contribution to the Reconstruction of Political Theory, in Political Science Quarterly XXXV (1920).
—, Historical Sociology, in: *J. S. Roucek*, Contemporary Sociology, New York 1958.
Barnes, Harry E., und *Howard Becker*, Social Thought from Lore to Science, 2 Bde., Boston 1938, neue Auflage Washington D. C. 1952.
Barth, Paul, Die Philosophie der Geschichte als Soziologie, 4. Aufl., Leipzig 1922.
Bayet, Albert, La science des faits moraux, Paris 1925.
—, Sur la distinction du normal et du pathologique, in: Revue Philosophique LXII (1907).
Bellah, Robert N., Durkheim and History, in: American Sociological Review XXIV (1959).
Benoit-Smullyan, Emile, The Sociologism of Durkheim and his School, in: *H. E. Barnes*, Ed., An Introduction to the History of Sociology, Chicago 1948.
Benrubi, I., Les sources et les courants de la philosophie contemporaine en France, 2 Bde., Paris 1933.
Blondel, Charles, Indroduction à la psychologie collective, Paris 1928.
Bohannan, Paul, Conscience Collective and Culture, in *K. H. Wolff*, Hrsg., E. Durkheim (1858—1917), Columbus, Ohio, 1960.
Bonnafous, M., Le Suicide: Thèse psychiatrique et thèse sociologique, in: Revue Philosophique CXX (1933).
Bouglé, Célestin, Die philosophischen Tendenzen der Soziologie Durkheims, in Jahrbuch für Soziologie I, herausg. von G. Salomon, Karlsruhe 1925.
—, Bilan de la sociologie française contemporaine, Paris 1935.
—, La méthodologie de François Simiand et la sociologie, in: Annales sociologiques, Série A, fasc. 2, 1936.

Bouthoul, Gaston, Histoire de la sociologie, Paris 1950.
Branford, V. V., Durkheim, in: The Sociological Review X (1918).
Coser, Lewis A., Durkheim's Conservatism and its Implications for his Sociological Theory, in: *Kurt H. Wolff,* Hrsg., E. Durkheim (1858—1917), Columbus, Ohio, 1960.
Cuvillier, Armand, Introduction à la sociologie, Paris 1936, 5. Aufl. Paris 1954.
—, Durkheim et Marx, in: Cahiers internationaux de Sociologie IV (1948).
—, Où va la sociologie française?, Paris 1953.
—, Las ideologias a la luz de la Sociologia del Conocimiento, Cuadernos de Sociologia, Mexico 1957.
—, Sociologie et problèmes actuels, Paris 1958.
—, E. Durkheim et le socialisme, in Revue Socialiste Nr. 122 (1959).
—, E. Durkheim y su Concepcion de la Sociologia, in: Revista Mexicana de Sociologia XXI (1959).
Davy, Georges, Emile Durkheim. Choix de textes avec Etude du Système sociologique, Paris 1912; siehe auch vom gleichen Verf.: La sociologie de E. Durkheim, in: Revue philosophique LXXII (1911).
—, Le droit, l'idéalisme et l'expérience, Paris 1922.
—, Emile Durkheim, l'homme et l'œuvre, in: Revue de Métaphysique et de Morale (1919, 1920).
—, Sociologues d'hier et d'aujourd'hui, Paris 1931, 2. Aufl. 1950.
—, Sur les conditions de l'explication sociologique et la part qu'elle peut faire à l'individuel, in: Année sociologique, 3e série, 1948.
—, Montesquieu et la science politique, in: Le Centenaire de l'Esprit des lois, Paris 1949.
—, L'explication sociologique et le recours à l'histoire d'après Comte, Mill et Durkheim, in: Revue de Métaphysique et de Morale LIX (1949).
—, »Introduction« zu E. Durkheim, Leçons de sociologie. Physique de mœurs et de droit, Paris 1950.
—, Le social et le humain dans la sociologie Durkheimienne, in: Revue Philosophique LXXXV (1952).
—, Emile Durkheim, in: Revue Française de sociologie I (1960).
Dennes, William Ray, The Method and Presuppositions of Group Psychology, Berkeley and Los Angeles 1924.
Deploige, Simon, Le conflit de la morale et de la sociologie, Louvain 1911 (3. Aufl. Paris 1923).
Dohrenwend, Bruce P., Egoism, Altruism, Anomie and Fatalism: A Conceptual Analysis of Durkheim's Types, in: American Sociological Review XXIV (1959).

Duprat, G. L., La contrainte sociale, in: Revue Internationale de sociologie, 1926.
—, Aug. Comte et E. Durkheim, in: Gründer der Soziologie, 1932.
Essertier, Daniel, Psychologie et sociologie, Paris 1927.
—, Les formes inférieures de l'explication, Paris 1927.
—, Sociologie, in: Les savants Français du XXe siècle, Bd. IV, Paris 1930.
—, Psychologie, ibid, Paris 1930.
Foskett, John M., E. Durkheim's Contribution to the Problem of Social Order, in: Research Studies of the State College of Washington VIII (1940).
—, Emile Durkheim and the Problem of Social Order, Ph. D. Dissertation, Univ. of California, Berkeley 1939.
Francis, Emerich K., Art. Durkheim, in: Staatslexikon: Recht, Wirtschaft, Gesellschaft, Freiburg 1958.
Friedmann, Georges, Le travail en miettes, Paris 1956.
Gehlke, Ch. E., E. Durkheim's Contribution to Sociological Theory, New York 1915.
Ginsberg, Morris, Durkheim's Ethical Theory, in: British Journal of Sociology II (1951).
Gold, Martin, Suicide, Homicide and the Socialization of Aggression, in: American Journal of Sociology LXIII (1958).
Günzel, Kurt, Die gesellschaftliche Wirklichkeit: Eine Studie über E. Durkheims Soziologie, Ohlau in Schlesien 1934 (Berliner Dissertation).
Gurvitch, Georges, Essais de sociologie, Paris 1938.
—, La vocation actuelle de la sociologie, Paris 1950, 2. Aufl. 1957 (I. Bd.).
—, Morale théorique et science des mœurs, 2. Aufl. Paris 1948.
—, Pour le centenaire de la naissance de Durkheim, in: Cahiers internationaux de sociologie, N. S. XXV (1959).
Halbwachs, Maurice, La doctrine d'Emile Durkheim, in: Revue Philosophique LXXXV (1918).
—, Les origines du sentiment religieux d'après Durkheim, Paris 1925.
Hamelin, Oscar, Essai sur les éléments principaux de la représentation, Paris 1907.
Homans, George C., The Human Group, London 1951.
Hyman, Herbert, Survey Design and Analysis, Glencoe, Ill., 1955.
Inkeles, Alex, Personality and Social Structure, in: *R. K. Merton, L. Broom, and L. S. Cotrell, Jr.*, Sociology To-day, Problems and Prospects, New York 1959.

Kagan, G., Durkheim et Marx, in: Revue de l'histoire économique et sociale 1939.

König, René, Die neuesten Strömungen in der gegenwärtigen französischen Soziologie, in: Zeitschrift für Völkerpsychologie und Soziologie (Sociologus) VII und VIII (1931/32).

—, Besprechung von *G. Marica*, E. Durkheim, in: Deutsche Literaturzeitung 1933, H. 37; dito: Zeitschrift für die gesamte Staatswissenschaft Bd. 94 (1933).

—, Kritik der historisch-existenzialistischen Soziologie, ungedruckte Habilitationsschrift von 1938 (Zürich).

—, Drei unbekannte Werke von E. Durkheim, in: Kölner Zeitschrift für Soziologie und Sozialpsychologie VIII (1956).

—, E. Durkheim, in: Kölner Zeitschrift für Soziologie und Sozialpsychologie X (1958).

Lacombe, Roger, La méthode sociologique de Durkheim, Paris 1926.

—, La thèse sociologique en psychologie, in: Revue de Métaphysique et de Morale XXXIII (1926).

—, L'interprétation des faits matériels dans la méthode de Durkheim, in: Revue philosophique XCIX (1925).

Lazarsfeld, Paul F., Interpretation of Statistical Relations as a Research Operation, in: P. F. Lazarsfeld und M. Rosenberg, Hrsg., The Language of Social Research, Glencoe, Ill., 1955.

Lehmann, Gerhard, Das Kollektivbewußtsein. Systematische und historisch-kritische Vorstudien zur Soziologie, Berlin 1928.

Leuba, James H., Sociology and Psychology, in: American Journal of Sociology XIX (1913).

Lévi-Strauss, Claude, French Sociology, in: *G. Gurvitch* and *W. E. Moore*, Twentieth Century Sociology, New York 1945.

Lichnowsky, Leonore, E. Durkheim, in: *A. Weber*, Hrsg., Einführung in die Soziologie, München 1955.

Marica, George, E., E. Durkheim. Soziologie und Soziologismus, Jena 1932.

Marjolin, Robert, French Sociology: Comte and Durkheim, in: American Journal of Sociology XLII (1937).

Masson-Oursel, P., La sociologie de Durkheim et la psychanalyse, in: Psyche: Revue internationale des sciences de l'homme et de psychanalyse 1947.

Maus, Heinz, Geschichte der Soziologie, in: *W. Ziegenfuss*, Herausg., Handbuch der Soziologie, Stuttgart 1955.

—, Art. Durkheim, in: *W. Bernsdorf*, Internationales Soziologenlexikon, Stuttgart 1959.

Mauss, Marcel, L'œuvre inédite de Durkheim et ses continuateurs, in: Année Sociologique N. S. I (1923/24).

Merton, Robert K., Durkheim's Division of Labor in Society, in: American Journal of Sociology XL (1934).

—, Social Theory and Social Structure, revised ed., Glencoe, Ill., 1957.

Mitchell, M. M., Emile Durkheim and the Philosophy of Nationalism, in: Political Science Quarterly XLVI (1931).

Monnerot, Jules, Les faits sociaux ne sont pas des choses, Paris 1946.

Naegele, Kaspar D., Attachment and Alienation: Complementary Aspects of the Work of Durkheim and Simmel, in: American Journal of Sociology LXIII (1958).

Ottaway, A. K. C., The Educational Sociology of E. Durkheim, in: British Journal of Sociology VI (1955).

Ouy, Achille, La méthode sociologique de Durkheim, in: Revue internationale de sociologie XXXV (1927).

—, Les sociologies et la sociologie: Le sociologisme, E. Durkheim, in: Revue internationale de sociologie XLVII (1939).

Parodi, Dominique, La philosophie contemporaine en France, Paris 1918.

Parsons, Talcott, The Structure of Social Action, 2. Aufl. Glencoe, Ill., 1949 (zuerst 1937).

—, Essays in Sociological Theory, Pure and Applied, Glencoe, Ill., 1949.

—, and *Edward A. Shils,* Toward a General Theory of Action, Cambridge, Mass., 1951.

—, *Robert F. Bales* and *Edward A. Shils,* Working Papers in the Theory of Action, Glencoe, Ill., 1953.

—, and *Neil J. Smelser,* Economy and Society, Glencoe, Ill., 1956.

—, Foreword to: E. Durkheim, Education and Sociology, Glencoe, Ill., 1956.

—, Durkheim's Contribution to the Theory of Integration of Social Systems, in: *K. H. Wolff,* Hrsg., E. Durkheim (1858—1917), Columbus, Ohio, 1960.

Pécaut, F., E. Durkheim, in: Revue Pédagogique 1918.

—, Aug. Comte et Durkheim, in: Revue de Métaphysique et de Morale 1921.

Perry, Ralph Barton, General Theory of Value, New York 1926.

Petersen, Chr., E. Durkheim. En historisk-kritisk studie, Kopenhagen 1944.

Peyre, Henri, Durkheim: The Man, his Time, and his Intellectual Background, in: *K. H. Wolff,* Hrsg., E. Durkheim (1858—1917), Columbus, Ohio, 1960.

Pinto-Ferreira, Luis, Sintesis de la Contribución de Emile Durkheim a la Sociologia, in: Revista Mexicana de Sociologia XXI (1959).
Ranulf, Svend, Methods of Sociology, With an Essay: Remarks on the Epistemology of Sociology, Kopenhagen 1955.
Richard, Gaston, Le conflit de la morale et de la sociologie, in: Revue philosophique (1911).
—, La sociologie générale, Paris 1912.
—, L'athéisme dogmatique en sociologie religieuse, in: Revue d'histoire de la philosophie religieuse 1923.
—, Aug. Comte et Emile Durkheim, in: Revue internationale de sociologie XXXVI (1928).
—, La pathologie sociale d'Emile Durkheim, in: Revue internationale de sociologie XXXVIII (1930).
Rimet, Michel, Durkheim et son école, in: Vers une sociologie nouvelle, Paris 1952.
Schaub, Edward, A Sociological Theory of Knowledge, in: Philosophical Review XXIX (1920).
Schnore, Leo F., Social Morphology and Human Ecology, in: American Journal of Sociology LXIII (1958).
Seger, Imogen, Durkheim and his Critics on the Sociology of Religion, in: Monograph Series, New York, Bureau of Applied Social Research, 1957.
Selvin, Hanan C., Durkheim's Suicide and Problems of Empirical Research, in: American Journal of Sociology LXII (1958).
Sholtz, J., Durkheim's Theory of Culture, in: Reflex 1935.
Sicard, Emile, Breve Ensayo Sobre los Marcos Sociales de la Obra de Emile Durkheim, in: Revista Mexicana de Sociologia XXI (1959).
Simiand, François, Déduction et observation psychologique en science sociale, in: Revue de Métaphysique et de Morale 1899.
—, Méthode historique en science sociale, in: Revue de Synthèse historique 1903.
—, La causalité en histoire, in: Bulletin de la Société Française de philosophie 1907.
—, La méthode positive en science économique, Paris 1911.
—, Statistique et expérience: Remarques de méthode, Paris 1922.
—, Le salaire, l'évolution sociale et la monnaie, 3 Bde., Paris 1932.
Simpson, George, E. Durkheim's Social Realism, in: Sociology and Social Research XVIII (1933).
—, Methodological Problems in Determining the Aetiology of Suicide, in: American Sociological Review XVI (1950).
Sorel, Georges, Les théories de M. Durkheim, in: Le devenir social I (1895).

Sorokin, Pitirim A., Contemporary Sociological Theories, New York-London 1928, dtsche. Übers. München 1931.
Spencer, R. F., Culture Process and Intellectual Current: Durkheim and Atatürk, in: American Anthropologist LX (1958).
Tarde, Gabriel, La sociologie élémentaire, in: Annales de l'Institut International de sociologie I (1894).
—, La logique sociale, Paris 1894.
Tosti, Gustavo, Suicide in the Light of Recent Studies, in: American Journal of Sociology III (1898).
—, The Delusions of Durkheim's Sociological Objectivism, in: American Journal of Sociology IV (1899).
Uribe Villegas, Oscar, Repaso de la Metodología Durkheimiana a través de sa Aplicación al Estudio del Suicidio, in: Revista Mexicana de Sociologia XXI (1959).
Wiese, Leopold von, Art. E. Durkheim, in: Handwörterbuch der Sozialwissenschaften, Stuttgart-Tübingen-Göttingen 1960.
Wilson, Ethel M., E. Durkheim's Sociological Method, in: Sociology and Social Research XVIII (1934).
Wolff, Kurt H., The Challenge of Durkheim and Simmel, in: American Journal of Sociology LXIII (1958).
—, Hrsg., E. Durkheim (1858—1917), Columbus, Ohio, 1960.
Worsley, P. M., E. Durkheim's Theory of Knowledge, in: Sociological Review N. S. IV (1956).

NAMENSVERZEICHNIS

Adorno, Theodor W., 18, 20
Alengry, F., 23
Aron, Raymond, 19

Bacon, Francis, 64, 117, 128, 167
Baldwin, James, 23
Bayet, Albert, 76, 77
Bergson, Henri, 59
Blondel, Charles, 59
Bouglé, C., 22

Catlin, George E. G., 38
Comte, Auguste, 39, 40, 48, 73, 87, 103, 118, 119, 126, 166, 175, 176, 183, 184, 192, 199, 202, 205, 206, 220
Condillac, E., de, 127
Cuvillier, Armand, 23, 25, 79

Darmesteter, J., 130
Davy, Georges, 23, 24, 34, 73
Descartes, René, 21, 30, 44, 128
Démolins, E., 20
Dewey, John, 23
Dilthey, Wilhelm, 35, 36, 53, 54, 55, 56, 58
Dumas, Georges, 59
Dunkmann, Karl, 20
Durkheim, Emile, 15, 16, 17, 18 bis 20, 21, 22, 23, 24, 25, 26, 27, 28, 29, 30, 31, 32, 33, 34, 35, 36, 37, 38, 39, 40, 41, 42, 43, 44, 45, 46, 47, 49, 50, 51, 53, 54, 56, 57, 58, 59, 60, 61, 62, 63, 64, 65, 66, 67, 69, 70, 71, 72, 73, 74, 75, 76, 77, 78, 79, 80, 81, 82
Duvignaud, Jean, 19

Fauconnet, Paul, 34, 45, 66, 100
Filloux, Jean Claude, 20
Fouillée, Alfred, 20

Garofalo, 134, 136, 150, 162
Gugler, Josef, 20
Gumplowicz, Ludwig 20
Gurvitch, Georges, 21, 22, 23, 24, 27, 30, 35, 36, 43, 44, 59, 65
Guyau, Jean-Marie, 20

Halbwachs, Maurice, 59
Hegel, G. W. F., 33, 34
Hobbes, Thomas, 201, 202, 203, 204
Hoffmann, Inge, 20
Homans, George C., 72

Jonas, Friedrich, 17, 20

Kant, Immanuel, 53, 60
Käsler, Dirk, 20
Kiss, Gabor, 20
König, René, 19, 20, 21, 36, 37, 40, 50, 56, 58, 61, 63, 76
Kopernikus, Nik., 64
Krisam, Raymund, 18, 20

Labriola, Antonio, 20
Lacombe, Roger, 40, 59
Lévy-Bruhl, Lucien, 59
Litt, Theodor, 23, 35, 36, 37, 51
Locke, John, 127
Lubbock, J. (Lord Avebury), 136
Lukes, J., 15, 19
Lukes, Steven, 15, 19, 20

Machiavelli, Niccolo, 203
Marica, George M., 16, 19, 40
Marx, Karl, 17, 26, 33, 73
Matthes, Joachim, 17, 20
Maus, Heinz, 20
Mauss, Marcel, 34, 66, 72, 100
Mead, George H., 23
Mill, John St., 74, 75, 103, 122, 206, 207
Monnerot, J., 61
Montesquieu, 23, 24, 25, 26, 28, 31, 32, 33, 49, 50, 72, 73
Mueller, John H., 38

Needham, Rodney, 15, 19
Nelson, Benjamin, 15, 19
Neurath, Otto, 43

Pareto, Vilfredo, 15, 16, 18
Parsons, Talcott, 21, 23, 24, 27, 28, 29, 30, 32, 33, 35, 37, 38, 39, 42, 43, 44, 46, 47, 49, 50, 51, 54, 57, 61
Pascal, Blaise, 166
Pickering, W. S. F., 15, 19
Preising, Wulf, 18, 20

Ranulf, Svend, 27, 76, 78, 79, 80
Ratzel, Friedrich, 16
Richard, Gaston, 20
Rousseau, Jean J., 32, 33, 201, 202

Sagarin, Edward, 15, 19
Schaeffle, Albert, 20
Schelsky, Helmut, 63
Schiller, Friedrich, 55
Schmalenbach, Hermann, 51
Simiand, François, 27, 76, 78, 79, 80
Simmel, Georg, 16, 20
Simpson, G., 15, 19
Sokrates, 160
Solovay, Sarah A., 38
Spencer, Herbert, 33, 88, 103, 119, 120, 126, 134, 162, 169, 170, 176, 184, 192, 200, 202, 204, 220
Spranger, Eduard, 18
Stein, Lorenz von, 33
Steinmetz, S. Rudolf, 175
Stumpf, Carl, 53
Sutherland, Edwin H., 175
Swain, J. W., 19

Taine, Hippolyte, 20
Tarde, Gabriel, 22, 35, 41, 51, 58, 59, 112
Tönnies, Ferdinand, 20, 30, 33, 57

Vierkandt, Alfred, 175

Weber, Max, 41, 80
Westermarck, Edward, 20
Wiese, Leopold von, 35, 51, 58

Ziegenfuß, Werner, 20

SACHVERZEICHNIS

Abweichendes Verhalten s. Verhalten, abweichendes
Adäquatheit, logische (von Kausalbeziehungen) 72 f.
A-Funktionalität, als Dysfunktion 71
Aggregate, soziale 169 ff.
Akteur s. Handelnde, der 43, 62, 63, 64
Allgemeinheit (von Vorstellungen und Handlungen) 29 f., 40 f., 43, 109 ff., 151 ff., 155, 163
Allgemeinheit und Kollektivdasein 42, 43, 111
Alltagserfahrung s. Vulgärerfahrung
Analytik, wissenschaftliche 62, 63, 115
Année Sociologique (zitiert) 15, 64, 89, 175
Anomie, akute 56, 57, 61
Anormales (soziales Verhalten) 67
arrangement (Strukturierung) 41
Arbeitsteilung, soziale 28, 31, 34, 42, 179
Arbeitsteilung (Durkheims Werk, zitiert) 16, 28 f., 30, 35, 39, 42, 69, 120, 139, 149, 153, 161, 170, 179, 181, 182, 192, 196, 208
Arten der Gesellschaft s. auch Typen, soziale 25, 31, 69 ff., 165—175, 200
ascendance 48
Assoziation 187 f., 193/4
Atomismus, psychologischer 35, 40/1, 43, 59
—, sozialer 33, 36, 40/1, 51, 71
Atomistik, System der (Hegel) 33/4
Aussagen über Daten der Phänomene 38, 47
Autorität 57, 58, 160, 186

Bedürfnisse 177 f., 180
Begriffssystem, soziologisches 38, 39, 42, 43, 65/6
Beobachtung 26, 39, 47, 49, 66, 90
Beobachtungsfehler 139
Beweis 73 ff., 205—217
Beziehungslehre 22, 36, 51, 58
Bezugssystem, subjektives und objektives 58
Brauch 99, 105

Cartesianismus 21
»choses sociales« s. Dingcharakter des Sozialen 24 ff.
»Chosismus« 46
circumfusa 198
Common sense knowledge 63
Conscience als »Gewissen« 46, 56 ff., 58
Contrat social 32 ff.

Daten, soziologische 38 ff., 47, 49, 65
Daten und Theorie 77
Deduktion, analytische 75, 79, 103, 183, 207, 210
Definition, Begriff der 131, 147
Definitionsmerkmale, -kriterien 131, 134

Desozialisierung 71
Determination (des Handelns) 42 f.
Dichte s. auch Volumen 26, 72, 195 ff.
Differenzmethode 74, 208 ff., 210, 211
Diffusion 112
Ding, Definition 49, 89 ff., 125
Dingcharakter des Sozialen 46, 48 f., 49, 51 f., 61, 65, 89, 115 ff., Grundregel 125, 221
Dinge und Begriffe in der Soziologie 118
Dinge, physisch-materielle in der Gesellschaft, s. Materielle Dinge
Disziplin 56, 57, 58, 60 f., 82
Doktrinen, praktische s. auch Praxis 219
Dreistadiengesetz (Comte) 72, 199
Druck s. Zwang
Durchschnittstypus 67, 148

échantillonage (Sampling) 77
Eigenschaften 39
Enkulturationsprozeß 44 f.
Entfremdung 73
Entwicklungsgeschichte 75
Entwicklungsgesetz 103, 119, 166
Erfahrung, innere 90
Erhebungsauswahl 77
Erkenntnissoziologie 64
Erklärung, soziologische 69 ff., 78, 176—204, 205, 216
—, teleologische 182
Erwartungsnormen 29, 45, 46
Erziehung s. Kindererziehung; Pädagogik
Esoterik 81, 222
Ethik 121 ff., 185
Experiment 26, 90, 205/6, 209
Exteriorität des Kollektivbewußtseins 40 f., 42, 43, 45, 49, 50, 52, 54, 58, 60, 65, 92 ff.

fait social s. Tatbestand, soziologischer
Faktor, sozialer (soziologisch relevanter Faktor) 56
Finalursache (Erklärung aus; s. auch Zweck) 70, 176
Funktion s. auch strukturell-funktionale Analyse 60, 70 ff., 148, 178 ff., 181, 193, 200
— und Zweck 178, 181, 200
Funktionswandel 70

Ganzes (und Teil) 187
Gefühl in der Forschung 129
Gegenstand, soziologischer (choses sociales) 25, 27
Geschichte 72 f., 127, 198 f., 205, 212, 215
Gesellschaft, bürgerliche 32
— als »Synthese sui generis« 94, 187
Gesetzmäßigkeiten soziologischer Tatbestände 24, 38, 73, 183, 205
— und empirische Regelmäßigkeiten 39, 78, 80
Geselligkeitstrieb 190
Gesundheit 143 ff., 155
Gewissen 46, 56, 58
Gewohnheiten 25, 99, 106, 109, 139, 178, 179
Glaubensvorstellungen, gemeinsame (und Gefühle) 29 f., 34, 40, 43, 45, 109

Gleichförmigkeiten (und Regelmäßigkeiten) 41 f.
Group mind 42, 46
Gruppe 169 f., 188
Gußformen des Handelns 126

Handeln, soziales 40, 41, 43, 49, 58, 91, 112 ff., 125, 186 f.
Handelnde, der 45 f., 49, 50, 51, 52, 53, 54 ff., 57, 58, 61/2, 63
Harmonie, prästabilierte 178
Herrschaft (bei Spencer) 184
Horde 170 ff.
Hypostasierung (des Kollektivbewußtseins) 43, 46, 56, 58 f., 65
Hypothesen, Quellen für 81

Ideologische Analyse 62, 115 ff., 121, 126, 142
Idole (Bacon) 64, 117
Illustration 62, 64, 73 f., 77
Indikatoren 30, 41, 66
Individualisierung 34
— kollektiver Institutionen s. a. Internalisierung 100, 110
Individuum — Kollektiv 22 f., 37, 40, 58, 94, 201
— als einzig aktives Element der Gesellschaft 93, Anm.
Induktion 75, 103, 123
Institutionen 26, 66, 91, 98, 100, 126, 178, 200, 215
Interaktionslehre s. auch Beziehungslehre 35, 58
Internalisierung (von Normen) 38, 45, 58, 60 f.
Interpretation 74
Inter-Psychologie 51
Introspektion s. auch Selbstbeobachtung 90, 126
Intuition, phänomenologische 78
Kausalbeziehungen und Korrelationen 74, 75, 77/8, 80
Kausalgesetze 74, 78, 136, 199, 205 ff., 209, 217
Kausalhypothese, rational verstehbare 80
Kindererziehung 108
Klan 95, 132, 171 ff., 191
Klassifikation der sozialen Typen (Arten) 165—175
Klassifikationsprinzip der sozialen Typen (Arten) 173, 201
Kohäsion 25, 31
Kollektivaffekt 111
Kollektivbewußtsein 22, 24, 27, 29, 30, 31, 32, 34, 37, 40, 42, 46, 50, 56, 57, 60, 65, 94 ff., 187
— und »volonté générale« 32 ff.
— (zwei Bedeutungen des Begriffs) 31 f., 34, 37, 44
Kollektive Vorstellungen s. Vorstellungen, kollektive
Kollektivgefühle 157 ff., 181, 190
Kollektivleben (chemisch-physikalische Analogie) 92 ff.
—, Substrat des, s. auch Morphologie, soziale 50, 113
Kollektivzustand 35
Kolonisation 174
Komplementarität 58, 69
Konformismus 61, 68, 100
Konkomitante Bedingungen, Spezifität der 72, 73, 199
— (parallele) Variationen 26, 74, 75, 77, 209 ff., 211 ff.
Konkordanzmethode 74, 208 ff.
Konsolidiertes soziales Leben s. auch Kristallisierung 66

Kontingenz 76
Kontrakt und die nicht-kontraktuellen Elemente des Kontrakts 33, 35, 37
Kontrolle 78, 131
Konventionen 106
Konzentration 196
Kooperation, Begriff der — bei Spencer 120, 176
Korrelationen 26, 75, 76, 78 ff.
Korrelationsanalyse 77 ff.
Korrelationswert und Kausalbeziehung 74, 75, 77 f., 80
Krankheit 143 ff., 155
Kriminalität 86, 156, 161
Kristallisierung 41, 114
Kultur, materielle 51, 195

Lernprozeß 45

Materialismus 87
Materielle Dinge in der Gesellschaft s. auch Morphologie, soziale 50, 52, 93, 195
Meinungsströmungen 110
Menschenbild (bei Durkheim) 56
Menschenverstand, gesunder, s. auch Common sense knowledge 85
Metaphysik, monadologische 22
Methode, allgemein 23, 24 ff., 27, 86, 88, 103, 115, 121, 128, 218
—, experimentelle der Datenbehandlung 77, 167, 210
—, historische 205, 212
—, vergleichende 26, 75, 205, 208, 214 f., 216
Milieu, soziales (inneres und äußeres) 51, 72, 182, 194 ff., 198
—, soziales (als kausaler Faktor) 73, 197 ff., 201
Mittel und Zwecke 183
Mode 114
Monogamie 133 f.
Moral, persönliche und soziale 61, 122
Morphologie, soziale 50, 69, 113, 169 ff., 176, 194
Motivationsstruktur (des Handelns) 43, 45, 57 f.
Mystizismus 130, 142

Nachahmung 35, 41, 97, 112
Naturgesetze und Nationalökonomie 124
Naturrecht 202
Naturwissenschaften und Soziologie 117
Nominalismus 165
Normales (soziales Verhalten) 67, 135, 149 ff., 151 ff.
Normaltypus 148, 152, 154, 155 (Regeln), 156, 162 f.
Normenkonflikt 61
Normstruktur des sozialen Verhaltens 22, 29, 30, 34, 43, 45, 49, 50, 57, 58, 109 ff.
notiones vulgares (Bacon) 117

Objektivität 138, 219
Obligation, moralische 42, 57, 58, 60, 189
Ontologie 22, 88
Opakheit 65
Organismus 174
Ortsbestimmung, transzendentale 41

Pädagogik 62 ff.
Pathologisches (soziales Verhalten) 67, 148 ff.

Penetration und Fusion s. auch Kollektivzustand 35, 37 f., 44, 59
Person 57, 59 ff., 68, 71
Pflicht 60
Phänomenalität, Satz der 53
Phänomene, soziale (Tatsachen) 38 f., 61, 91, 180, 183
Phänomenologie 78
Phasen, historische 175
Philosophie 89, 165, 218
Physikalismus 43
Polis 172 f., 191
Positivismus 87
Prädisposition 189
praenotiones (Bacon) 117
Pragmatismus 79
Praxis s. auch Doktrinen, praktische 48, 61 f., 63, 116 ff., 138, 141 ff.
Primärerfahrung, verwissenschaftlichte 63
Proportionalität (zwischen Ursache und Wirkung) 207 ff.
Psychoanalyse 71
Psychologie 27, 36, 59 f., 90, 95, 97, 127 ff., 182 ff., 193/4, 201
— des Forschungsprozesses 64
Psychosoziologie 37
Positivismus 87

Rasse 191
Rationalismus 53, 79, 87
Realismus 88, 165
réarrangement 69
Recht, gesatztes 26, 49, 76, 105, 139
Rechtsnormen 58, 106, 114
Rechtssysteme 30, 66, 76
Regelmäßigkeiten, empirische 39, 40 ff., 78, 80, 126, 180
Regeln (der soziologischen Methode) 115 ff. (Hauptregel), 128 ff., 130 ff., 138 ff., 155 173, 193, 194/5, 207, 216
— (Durkheims Werk) 16, 18 f., 21 ff., 27, 28, 32, 35, 36 f., 38, 39/40, 42, 43 ff., 45 ff., 57, 63, 64 ff., 66, 68 ff., 72, 73, 81
Repressionssystem 86
Residualmethode 74
Reziprozität der Perspektiven 36
— (von Ursache und Wirkung) s. auch Proportionalität 181

Sachverhältnisse, Soziologie der 51
Sampling (Erhebungsauswahl) 77
Sanktionen 45, 55, 112, 136
Schuld, moralische 82
Segmentär (Gesellschaftstyp) 153, 170 ff., 196
Selbst 56
Selbstbeobachtung (Introspektion) 48
Selbsterhaltungstrieb 179
Selbstmordwerk (Suicide) 28, 30, 34 f., 37, 39, 56 f., 59, 69, 71, 74, 79, 164
Selbstverständlichkeiten, falsche 129
Sitten 26, 27, 105, 126, 149
Solidarität, mechanische 29, 30, 31, 34, 42, 50, 60
—, organische 30, 31
Sondermilieu 197
Sozial 107, 140
Soziale Dimension 22, 140
Soziale Strömungen 107
Soziales nur durch Soziales erklären 21, 66, 68 ff., 71, 190 ff.

Sozialisierungsprozeß 44 f., 71
Sozialpsychologie 35, 37, 59
Soziologie, objektive 88 f., 127, 138, 218, 220
— und Psychologie 97, 182 ff., 188, 190, 193/4
— als Wissenschaft von den Institutionen 100
— der Erkenntnis 64
— der Sachverhältnisse s. auch Materielle Dinge in der Gesellschaft 51
Spiritualismus 87
Spontaneität, soziale 41, 202 ff.
Stamm 172 ff.
Statistik 77, 110, 127
Strafe 86, 131, 136 ff., 157, 161 f., 181
Strukturell-funktionale Analyse 26, 69, 70 ff., 78, 114, 176 ff., 181
Strukturierung 41, 69, 160
Subjektive und objektive Perspektive (der Wirkung des Kollektivbewußtseins) 42 ff., 45, 53 ff., 57 f., 62, 64
Subjektivität und Objektivität 138 ff.

Tatbestand, soziologischer 38 ff., 44, 46, 51, 61, 65, 71, 86, 89 ff., 97 ff., 99, 105—114, 114 (Definition), 115—140, 126, 139, 149, 176—204 (Erklärung), 180, 186, 193, 197, 216, 220 f.
Tendenz 178
Tendenzen, innere s. auch Internalisierung 45, 109, 198,
Theorie, praktische 62 f.
—, soziologische 22
—, spekulative 80, 124
— bildung in der Nationalökonomie 122 ff.
Totales soziales Phänomen 72
Tradition 190
Typen, soziale, s. auch Arten der Gesellschaft 25, 67 ff., 165 bis 175, 176, 200 f., 213 ff.

Übereinstimmungsmethode s. Differenzmethode
Übung, tatsächliche 30
Umstrukturierung (réarrangement) 69
Umwelt, soziale (und ihre Reaktionen) 45
Unauffälligkeit (des normgerechten Verhaltens) 67 f.
Unbewußtes 44, 60, 108
Undurchsichtigkeit s. auch Opakheit 44, 47, 65
Uniformität 159
Ursache 181, 193, 197, 205 ff., 209 ff.
Utilitarismus 33

Variationen, erlaubte 100
—, konkomitante, s. konkomitante Variationen
Variationsreihen 74 f., 213 ff.
Veranlagung 192
Verbrechen 68 f., 85 f., 100, 132, 136 ff., 156—162, 181, 207
Verbrechen als Integrationsfaktor 68 f., 85, 157
Vererbung 174
Verhalten, abweichendes 45, 52, 61, 67 ff.
Verifizierung einer Hypothese 74, 75, 78, 79, 131, 210
Vermutungen (mit sehr hohem Wahrscheinlichkeitsgrad) 78

Verschmelzung 173, 196
Verstehen, rationales 79, 80
Vertragstheorie 33, 202
vis a tergo 200
Volonté générale 32
Volumen s. auch Dichte 25, 26, 72, 195 ff.
Vorbegriffe s. Vulgärbegriffe
Vorstellungen, kollektive 46, 95, 189
Vorurteile (der Vulgärerfahrung) 48, 63, 64, 82, 85
Vulgärbegriffe (Vorbegriffe) 47 ff., 64, 66, 82, 92, 115 ff., 118, 120 f., 128 ff. (Regel), 130, 132 f.
Vulgärerfahrung 62, 63, 66, 116

Wahrnehmung 138
Wahrscheinlichkeit, statistische 78
Wandel, sozialer 69, 178, 184
Wert (gemeinsame Glaubens- und Wertvorstellungen) 34, 40, 43, 45, 56, 60, 76
Werttheorie, ökonomische 123
Widerstandserlebnis 48, 52, 54 ff., 106, 112
Wirklichkeit, moralische, s. auch Normstruktur des sozialen Verhaltens 29, 30, 36, 41, 46, 48, 49, 51, 52, 54, 57, 60, 61, 65
Wissenschaft und Vulgärerfahrung 63, 66, 115—130, 138 ff., 141 ff.

Zwang, äußerer 40, 42, 43, 45, 49, 52, 56, 58, 60, 97 ff., 106 ff., 108, 112, 185 ff., 190, 201 ff.
— und Gewalt 58, 107, 203
—, sozialer und physischer 52
Zweck 70 f., 176 ff., 180, 181, 183, 192 f., 200 f.
Zweifel, methodischer 128

Soziologie und Systemtheorie im Suhrkamp Verlag Eine Auswahl

Dirk Baecker
- Die Form des Unternehmens. stw 1453. 288 Seiten
- Organisation und Management. stw 1614. 348 Seiten
- Organisation als System. stw 1434. 384 Seiten

Claudio Baraldi/Giancarlo Corsi/Elena Esposito. GLU. Glossar zu Niklas Luhmanns Theorie sozialer Systeme. stw 1226. 248 Seiten

Karl-Heinrich Bette. Systemtheorie und Sport. stw 1399. 307 Seiten

Günter Burkart/Gunter Runkel (Hg.). Luhmann und die Kulturtheorie. stw 1725. 289 Seiten

Elena Esposito
- Die Fiktion der wahrscheinlichen Realität. Aus dem Italienischen von Nicole Reinhardt. es 2485. 127 Seiten
- Soziales Vergessen. Formen und Medien des Gedächtnisses der Gesellschaft. stw 1557. 419 Seiten
- Die Verbindlichkeit des Vorübergehenden: Paradoxien der Mode. 192 Seiten. Kartoniert

Peter Fuchs
- Die Erreichbarkeit der Gesellschaft. Zur Konstruktion und Imagination gesellschaftlicher Einheit. 291 Seiten. Gebunden
- Intervention und Erfahrung. stw 1427. 160 Seiten
- Moderne Kommunikation. Zur Theorie des operativen Displacements. 248 Seiten. Gebunden

NF 125/1/3.08

- Die Umschrift. Zwei kommunikationstheoretische Studien: »japanische Kommunikation« und »Autismus«. stw 1216. 198 Seiten
- Das Unbewußte in Psychoanalyse und Systemtheorie. Die Herrschaft der Verlautbarung und die Erreichbarkeit des Bewußtseins. stw 1373. 240 Seiten

Peter Fuchs/Andreas Göbel (Hg.). Der Mensch – das Medium der Gesellschaft? stw 1177. 368 Seiten

Hans-Joachim Giegel/Uwe Schimank. Beobachter der Moderne. Niklas Luhmanns ›Die Gesellschaft der Gesellschaft‹. stw 1612. 352 Seiten

Matthias Grundmann (Hg.). Konstruktivistische Sozialisationsforschung. Lebensweltliche Erfahrungskontexte, individuelle Handlungskompetenzen und die Konstruktion sozialer Strukturen. Beiträge zur Soziogenese der Handlungsfähigkeit. stw 1429. 352 Seiten

Kai-Uwe Hellmann. Soziologie der Marke. stw 1679. 532 Seiten

Kai-Uwe Hellmann/Rainer Schmalz-Bruns. Theorie der Politik. Niklas Luhmanns politische Soziologie. stw 1583. 319 Seiten

André Kieserling
- Kommunikation unter Anwesenden. Studien über Interaktionssysteme. 520 Seiten. Gebunden
- Selbstbeschreibung und Fremdbeschreibung. Beiträge zu einer Soziologie des soziologischen Wissens. stw 1613. 306 Seiten

NF 125/2/3.08

Bruno Latour
- Die Hoffnung der Pandora. Untersuchungen zur Wirklichkeit der Wissenschaft. Aus dem Englischen von Gustav Roßler. stw 1595. 386 Seiten
- Eine neue Soziologie für eine neue Gesellschaft. Aus dem Englischen von Gustav Roßler. Mit Abbildungen. 488 Seiten. Gebunden
- Das Parlament der Dinge. Für eine politische Ökologie. Aus dem Französischen von Gustav Roßler. 365 Seiten
- Wir sind nie modern gewesen. Versuch einer symmetrischen Anthropologie. Aus dem Französischen von Gustav Roßler. stw 1861. 205 Seiten

Dieter Lenzen (Hg.). Irritationen des Erziehungssystems. Pädagogische Resonanzen auf Niklas Luhmann. stw 1657. 236 Seiten

Niklas Luhmann
- Ausdifferenzierung des Rechts. Beiträge zur Rechtssoziologie und Rechtstheorie. stw 1418. 459 Seiten
- Das Erziehungssystem der Gesellschaft. Herausgegeben von Dieter Lenzen. stw 1593. 236 Seiten
- Funktion der Religion. stw 407. 324 Seiten
- Die Gesellschaft der Gesellschaft. Zwei Bände. stw 1360. 1164 Seiten
- Gesellschaftsstruktur und Semantik. Studien zur Wissenssoziologie der modernen Gesellschaft.
  Band 1. stw 1091. 319 Seiten
  Band 2. stw 1092. 294 Seiten
  Band 3. stw 1093. 458 Seiten
  Band 4. stw 1438. 185 Seiten
- Ideenevolution. Beiträge zur Wissenssoziologie. Herausgegeben von Andre Kieserling. stw 1870. 400 Seiten
- Die Kunst der Gesellschaft. stw 1303. 517 Seiten
- Legitimation durch Verfahren. stw 443. 261 Seiten

NF 125/3/3.08

- Liebe als Passion. Zur Codierung von Intimität. stw 1124. 231 Seiten
- Die Moral der Gesellschaft. Herausgegeben von Detlef Horster. stw 1871. 401 SeitenDie Politik der Gesellschaft. Herausgegeben von André Kieserling. stw 1582. 444 Seiten
- Protest. Systemtheorie und soziale Bewegungen. Herausgegeben und eingeleitet von Kai-Uwe Hellmann. stw 1256. 216 Seiten
- Das Recht der Gesellschaft. stw 1183. 598 Seiten
- Die Religion der Gesellschaft. stw 1581. 368 Seiten
- Schriften zur Kunst und Literatur. Herausgegeben und mit einem Nachwort von Niels Werber. stw 1872. 300 Seiten
- Schriften zur Pädagogik. Herausgegeben und mit einem Vorwort von Dieter Lenzen. stw 1697. 350 Seiten
- Soziale Systeme. Grundriß einer allgemeinen Theorie. stw 666. 675 Seiten
- Theorie der Gesellschaft. Neun Bände in Kassette. Die Kassette enthält: Soziale Systeme / Die Gesellschaft der Gesellschaft / Die Wissenschaft der Gesellschaft / Die Wirtschaft der Gesellschaft / Das Recht der Gesellschaft / Die Kunst der Gesellschaft / Die Politik der Gesellschaft / Die Religion der Gesellschaft / Das Erziehungssystem der Gesellschaft. Zusammen 5100 Seiten
- Die Wirtschaft der Gesellschaft. stw 1152. 356 Seiten
- Die Wissenschaft der Gesellschaft. stw 1001. 732 Seiten
- Zweckbegriff und Systemrationalität. Über die Funktion von Zwecken in sozialen Systemen. stw 12. 390 Seiten

Niklas Luhmann/Peter Fuchs. Reden und Schweigen. stw 848. 227 Seiten

Niklas Luhmann/Karl Eberhard Schorr. Reflexionsprobleme im Erziehungssystem. stw 740. 390 Seiten

NF 125/4/3.08

Niklas Luhmann/Karl Eberhard Schorr (Hg.). Zwischen Intransparenz und Verstehen. Fragen an die Pädagogik. stw 572. 325 Seiten

Niklas Luhmann/Stephan H. Pfürtner (Hg.). Theorietechnik und Moral. stw 206. 267 Seiten

Rudolf Maresch/Niels Werber (Hg.)
- Kommunikation – Medien – Macht. stw 1408. 450 Seiten
- Raum – Wissen – Macht. stw 1603. 309 Seiten

Richard Münch. Offene Räume. Soziale Integration diesseits und jenseits des Nationalstaats. stw 1515. 318 Seiten

Armin Nassehi. Der soziologische Diskurs der Moderne. 502 Seiten. Gebunden

Armin Nassehi/Gerd Nollmann (Hg.). Bourdieu und Luhmann. Ein Theorievergleich. stw 1696. 272 Seiten

Frithard Scholz. Freiheit als Indifferenz. Alteuropäische Probleme mit der Systemtheorie Niklas Luhmanns. 287 Seiten. Kartoniert

Rudolf Stichweh
- Der frühmoderne Staat und die europäische Universität. Zur Interaktion von Politik und Erziehungssystem im Prozeß ihrer Ausdifferenzierung im 16.-18. Jahrhundert. 427 Seiten. Gebunden
- Wissenschaft, Universität, Profession. Soziologische Analysen. stw 1146. 402 Seiten
- Theorie der Weltgesellschaft. Soziologische Analysen. stw 1500. 275 Seiten

NF 125/5/3.08

Helmut Willke

- Atopia. Studien zur atopischen Gesellschaft. stw 1516. 263 Seiten
- Dystopia. Studien zur Krisis des Wissens in der modernen Gesellschaft. stw 1559. 291 Seiten
- Heterotopia. Studien zur Krisis der Ordnung moderner Gesellschaften. stw 1658. 356 Seiten
- Supervision des Staates. 380 Seiten. Gebunden

NF 125/6/3.08